持续改变
才是
真正的改变

【美】朱迪斯·莱特 鲍勃·莱特◎著

蒋小虎◎译

华夏出版社

HUAXIA PUBLISHING HOUSE

推荐 │《持续改变才是真正的改变！》

"《从优秀到卓越》(*Good to Great*)利于公司,《持续改变才是真正的改变！》(注：以下简称《改变！》) 则惠于大众。"

——杰克·坎菲尔德 (Jack Canfield), 畅销书《成功准则：如何从你的现在到自己想要的未来》(*The Success Principles: How to Get from Where You Are to Where You Want to Be*) 作者

"两位莱特博士的著作激发了各个层面的人类潜能。他们培养出的学员能力卓越、责任心强，充分证明了二人功力了得。"

——穆罕默德·尤纳斯 (Dr. Muhammad Yunus), 孟加拉乡村银行 (Grameen Bank) 创始人及诺贝尔和平奖得主

"我亲眼见证，两位作者采用以科学为基础、以事实为证明的技术培养了社会各界领袖及大众，培养成果独一无二，震撼人心。学员们的全面发展、辩证思维和成绩进步令人印象深刻。"

——布兰德·安德森 (Brad Anderson), 百思买 (Best Buy) 前任首席执行官

"得益于朱迪斯·莱特博士和鲍勃·莱特博士，我们有了一套能够唤醒个人乃至全球的全面的有效工具。如果你想激发与生俱来的潜力，这本'必读书'你一定要好好读好好用。你一定会发现，你生活的方方面面都发生了显著改变。"

——巴纳特·拜恩（Barnet Bain），电影制片人，作品有《美梦成真》（*What Dreams May Come*）和《圣境预言书》（*The Celestine Prophecy*）

"鲍勃·莱特和朱迪斯·莱特教会人们如何发现内心的自我，充分发掘神圣的自我潜力，这真令人欣喜。我们活在世上不是为了吃喝'享乐'；可是当时间还充裕的时候，鲜少有人意识到这一重要真理。人只有到了生命尽头才恍然大悟，吃喝不会让他们'快乐'，甚至没有带来任何满足感。看到鲍勃和朱迪斯致力于帮助大家激发潜能、展现真实神圣的自己、让大家充满勇气和信念、教会大家用实用方法来创造无限可能，我倍感骄傲。接受培训、向世人传递这一精神的人越多，我们的未来——个人以及世界——就会越辉煌。"

——切达南达大师（H. H. Pujya Swami Chidanand Saraswatiji Maharaj），帕玛斯尼克坦瑜伽学院（Parmarth Niketan Ashram）院长及精神领袖，印度瑞诗凯诗（Rishikesh）

"你是否想来一次真正的脱胎换骨？这可不是什么真人秀或以前那类自助书，这是一本关于你的现状和未来希望的书。朱迪斯和鲍勃在这本新书中给出了大量自我改变的诀窍和技巧。他们的秘方是各种生活滋味的糅合——发现你的激情——调制成营养美味——帮助他人创造一个更美好的社会、更和睦的社区、更高效的机构。他们激励人心的文风和动人心弦的故事共同发力，推动你实现自己的梦想。"

——理查德·伯亚斯（Richard Boyatzis），美国凯斯西储大学（Case Western

Reserve University）心理学、认知科学与组织行为学院特聘教授；西班牙艾萨德商法学院（Esade）人力资源兼职教授；与丹·戈尔曼（Dan Goleman）、安妮·麦基（Annie McKee）合著享誉国际的畅销书《首要领导力》（*Primal Leadership*）；与安妮·麦基合著《回声领导力》（*Resonant Leadership*）和《高情商领导力》（*Becoming A Resonant Leader*）

"莱特二人非常了解改变及改变的过程。他们以科学调查为基础，紧跟各领域研究前沿，这让我非常钦佩。这本书是引导个人改变的有效指南。"

——罗纳尔多·E·利吉欧（Ronald E. Riggio）博士，克莱蒙特麦肯纳学院（Claremont McKenna College）亨利·R·克拉维斯领导力研究所（Kravis Leadership Institute）组织心理学教授，合著《转变型领导力》（*Transformational Leadership*）

"莱特二人从根本上改变了'改变心理学'。他们的研究和实践揭示出力量、幸福和生命意义的本质。作为实践者，他们与大众分享自己真实的兴趣，以一种卓尔不群的能力与大家进行简洁易懂的沟通。《改变！》一书条理清晰，文字精炼。它为大家呈现自己的理论、给出实例和案例分析。《改变！》是职场人士和终生学习者的必读书，它将帮助大家勾勒精彩生活的蓝图。阅读《改变！》推动我不断进行积极的自我转变。"

——伯纳德·罗斯金（Bernard Luskin）博士，美国心理学会（American Psychological Association，简称 APA）媒体心理学和技术分会（Society for Media Psychology and Technology）2012 年新会长、多家知名学校教师与创始人、临床职业心理治疗师、研究型心理学家

"渴望事业成功、人际和睦、精神愉悦？那就《改变！》吧！莱特二人的改变过程独一无二。他们这套有科学依据的技巧将帮助领导者从里到外彻底改变。"

——大卫·马杰，迪帕克之家（Deepak HomeBase）联合首席运营官，著有《都市可持续性：企业家革新机构 DNA 的盈利指南》（*Street Smart Sustainability: The Entrepreneur's Guide to Profitably Greening Your Organisation's DNA*）

"能帮助读者过上梦想生活的绝技手册。《改变！》是一本有深度的、循序渐进的和实用的指南。这本著作可读性极强，将个体自我改变的真实事例与控制你我生活的科学知识完美结合。不同于许多自助励志图书只能引导你做出暂时性的肤浅改变，鲍勃和朱迪斯告诉我们，任何一个人都能以深入、可持续的方式实现系统性的自我改变。如果你只想碌碌无为地过点安逸而枯燥的日子，你大可对这本书置之不理。"

——M·萨拉胡汀·汉（M. Salahuddin Khan），著有《西康德》（Sikander），美国数字地图 Navteq 公司前任首席技术官和市场总监，丘氏市场协会（QMarket Associates）市场部主任，管理咨询师

"我们很少能在一本书中同时看到出色的科研成果以及激励人心的实际案例。如果你想了解神经学、行为经济学和积极心理学的最新成果如何结合在一起推动改变，如果你想读完一本书然后四处推荐……那就读这本书吧。"

——马西亚·维德（Marcia Wieder），美国梦之营培训机构（Dream University）首席执行官及创始人

"任何一位希望能在这个不断变化的世界留下积极而持续的影响的机构领导人，都应当主动进行自我改变。鲍勃和朱迪斯毕生致力于探索如何实现由里

至外的改变、如何在职场上和日常中都过上精彩的生活。本书为心怀梦想的读者加油，提供务实的指导。"

——罗伯特·怀特（Robert White），优才有限责任公司（Extraordinary People LLC）总裁，著有《过上优质生活》（*Author of Living An Extraordinary Life*）

"朱迪斯和鲍勃两位博士的这本著作实现了从理论到实际的突破。它激励人们心怀梦想、勇于冒险、有所作为，从而过上真正有意义的生活。"

——雷·布郎查德（Ray Blanchard）博士，未来领导家，共同制作《万能钥匙》（*The Answer to Absolutely Everything*），合著畅销书《成功的艺术和科学》（*The Art and Science of Success*）

"朱迪斯和鲍勃完美地将梦想和成功连接起来。他们提出的方法和策略高度契合，基于现实，激发了我的核心转变，这对工作和生活都至关重要。他们一方面稳稳扎根于人类发展和改变的历史传统，又能从各类现代科学中吸取最新的科研思想，这令我十分敬佩。"

——马特·伯提（Matt Booty），中央电子游戏公司（Midway Games Inc.）前任总裁及首席执行官

"两位莱特博士分享的个人案例和体验'改变了'我。该著作是理论和实际的完美结合，充满鼓舞人心的真实故事。他们认为，'变身是个人积极改变而带来的演化'。在我看来，《改变！》让我对自己的生活有了更多的'坚信'。坚信，我可以创造更多时间。坚信，我可以和妻子更加和睦恩爱。坚信，我可以成为机构的成功领导。读完这本书，我发现、表达、分享最真实的自己。也许同样激励人心的是，我发现自己的'变身'推动了身边人的积

极的自我改变。"

——罗伦·丹顿（Loren Denton），美国环保署（US Environmental Protection Agency）处长

"今天，很多人甘于小有成就而非完美不凡，甘于肤浅享乐而非志向高远，甘于声色犬马而非惬意自在，甘于感官之乐而非刻骨铭心，这真是一大悲剧。他们认为，这已是'尽头'。鲍勃和朱迪斯这部鹤立鸡群的著作不仅鼓励大家进步，而且务实地教大家如何进步。……两人在作品中运用了古代哲学思想和现代神经心理学知识，解释了为何很多人安于现状，多亏了这本著作，我们学会了如何从现状中破土而出，尽情绽放。"

——沙德夫·巴格瓦迪·萨拉瓦迪（Sadhvi Bhagawati Sarawati）博士，帕玛斯尼克坦瑜伽学院（Parmarth Niketan Ashram Administrator），印度瑞诗凯诗镇（Rishikesh）

"我似乎一直在阅读个人发展的书籍。虽然这些书读起来有条有理、趣味十足，但却不一定适用。莱特二人的这本著作着重于结果，我觉得这是活生生的佐证！改变——真正的改变——不再是一个假大空的理论，而是实实在在的改变！本书中所描述的路线图是金玉良言——我的职业、婚姻、人际关系以及对目标的感知都从中受益。"

——托马斯·特里（Thomas Terry），JP 摩根福利与退休政策部（JP Morgan Benefits and Retirement Strategies）前任首席执行官

"我首次接触莱特是在 2008 年经济最萧条的时期，我当时食不果腹，受尽白眼，前途无望。可现在，我领导着两家非常成功的新型合资企业，斗志高昂、充满活力。这本书鼓舞人心，其中所描述的核心原则每天都在指引我深入

6

思考，发现重点。"

——科克·哈鲁维尔（Kirk Hallowell）博士，著有《百万美元竞赛：业内人告诉你如向赢得梦想职位》（*The Million Dollar Race: An Insider's Guide to Winning Your Dream Job*）

"鲍勃·莱特博士和朱迪斯·莱特博士有理有据。他们不仅借鉴了心理学、教育学、行为经济学和神经学的前沿学者的思想，同时还极罕见地转化理论研究，使得读者能够借鉴从而改变自己的生活。在个人思想、职业发展、精神状态和人际关系等层面，我的生活因为这种努力而变得更为丰富和满足。他们在书中呈现的模式和过程从根本上发挥作用，由此创造出一种自然而然的重心引力，吸引我们开始更为健康而丰富的生活。这是脑中有所思和心中有所求的差别。"

——劳拉·巴罗斯（Laura Barrows），心理学博士

"鲍勃和朱迪斯与我们分享了他们关于改变的百宝箱。这些原则和策略行之有效。莱特二人不断发展、改进其理论和方法，这二十多年来我也感受到变革的力量。我生活的方方面面都经历了变化，取得了令生活更加丰富的成就，其中涉及我自己的成长、婚姻、家庭、咨询事业和教会。我每天都能看到，莱特的改变原则给我所关心的人的生活带来了与日俱增的变化。这些原则改变了我所有的人际关系，最为重要的是我与上帝、信念之间的关系。请阅读这本书，开始享受生活的转变。"

——里奇·布鲁（Rich Blue），基督生活改善中心（Centre for Christian Life Enrichment）创始人及临床主任，第二序会（2nd Order Ministries）创始人

"《改变！》对我以及家里的男女老少都产生了重要影响。我父母、孩子还有很多朋友都参加过这个项目，均收获了喜人成果，例如对生活更心满意足，目标更清晰明确，生活有了明显改变。这套方法和项目的确奏效。我变成了一位更优秀的好丈夫、好父亲、好朋友和好老板。如果你曾放弃过梦想，或觉得眼界狭窄，那么莱特二人的方法必会对你有所裨益。走出牢笼，最大化地激发你的潜能，点燃生命。"

——理查德·B·利昂斯，MBA，利昂斯咨询公司（Lyons CG）首席执行官兼总裁

"我的生活发生了很多变化——变身模式果真有用！通过这一项目，我收获了更为美满的婚姻，工作责任更重更广，涨了薪水，完成了博士课程学习，还担任我们医院首位非医学专业出身的伦理委员会会长，真是一次出人意料的经历！"

——戴尼斯·达夫斯（Denise Delves），注册护士，持证助产士，教育学博士

"现在街头巷尾都在议论'改变'，然而只有这本书中所论述的改变才是真正持久的。我发现了生命的可能性，发现了自己之前不敢想象的成功机会。这一切都要归功于朱迪斯博士和鲍勃博士，他们所提出的模型不仅能帮助个人改变，也将有利于人类社会改变。"

——克里斯汀娜·康莱特（Christina Canright），康莱特交流公司（Canright Communications）总裁

"鲍勃博士和朱迪斯博士勾勒出大众如何改变从而实现各自可能的路径。他们二人揭开了这一过程的神秘面纱，真是造福大众。他们的方法能帮助大家

获得更有意义、更为满意的生活。"

——迈克尔·茨威尔（Michael Zwell），博士，茨威尔国际集团（Zwell International）首席执行官

"《改变！》教会大家方法，而非只是空谈，它帮助大家成为最优秀、最强大、最真实的自我。"

——索尼亚·乔奎特（Sonia Choquette），著有《荣耀、指引与天赋：指引你前行的恩赐》（*Grace, Guidance & Gifts: Sacred Blessings to Light Your War*）

献给叛逆者：

真诚坦率，
倾听心声，
勇敢生活，
遵循理想，
冲破束缚，
逆流而上，
有理有据。

挖掘最深真相。
直面他人之畏。
超越当下局限。
听心声掀波澜，
乘风浪踏征程，
张扬生命之帆。

受尽责难非议，
但却不容小觑。
他们释放潜能，
绝不盲目从众，
效仿甘地和特蕾莎，
感受卓越生活。

他们是改变者。

10

目 录
Contents

导　论

　　昨天晚上，丽贝卡（Rebecca）在课程毕业仪式上说："我不费吹灰之力就减了25磅。我涨了工资，又升了职。今年之前，我从未想象过自己有一天会站在100人面前自信地发言。为了改掉我丈夫酗酒的坏毛病，我让他和我一起学习，努力了这么多年，我现在已经有能力自力更生，享受生活。我之前因为害羞内向常被忽视，如今朋友们都把我视为榜样。我对未来充满期待——我永远不会停下生命的冒险旅程。"丽贝卡等人铿锵有力的发言提醒我们，为何要开展研究，最后还撰写了这本《持续改变才是真正的改变！》。

　　另一班完成了我们年度改变课程的学员告诉来访的客人，参加课程的这一年里，他们学习了、成长了、转变了。这些毕业学员来自各行各业，有不同的教育背景和宗教信仰，在"人生"这个项目中都取得了重大进步。他们参加了一个周末的介绍课程、四个周末的培训课程以及每周课堂，这些课程让大家了解我们的四个课程领域，这是我们30年课程开发、研究和进步的结晶，融合了人类发展技术最佳应用方案。我们的培训聚焦于学员的终生发展，让大家的每一次努力都充满意义，涵盖了生活的方方面面。课程项目广泛借鉴了各种挖掘人类天赋的做法，从古希腊哲学到最前沿的神经学和行为经济学。它还大量吸收了麦琪诺（Mezirow）的转化教育学理念、阿尔弗雷德·阿德勒（Alfred Adler）的生活方式改进学说以及存在主义对个人责任和选择的强调，其中还包括发展型心理视角，重视个体的成长经历。在每周的培训课程中，学员需要汇报本周作业的完成情况，是否每天都挑战自我，从而改善自己的行为、思维和感知。学员们以自己的生活为实验，每周都在成长，从而源源不断地取得进步，让自己更有满足感、更有效率、更为充实。每参加完一堂课、每接受一项作业，学员们都会开始一周新的冒险旅程。

经年累月的研究，包括我们的博士研究，让我们明白如何才能更有效地安排每周课程和任务，并使之与上周内容一脉相承。每位参加课程的学员都有领悟、有成长，有些人真正改变了自己，例如文章开头说到的丽贝卡。她转变的表现包括：害羞变成主动，依赖变成独立，口袋空空变成钱包鼓鼓。于我们而言，"改变"二字不是老生常谈的夸耀之词——它代表着身和心真正的变革。

转变不是某个年龄段或阶级的特权。有位学员拄着助行架颤巍巍地走到教室前面："这是我70年生命里最好的一年。我从不曾奢望自己有一天能如此热血沸腾。我以前觉得自己走到头了，可是我重新焕发生机，也许我的腿没办法复苏，可我的心一定可以。眼下，有很多事情令我兴奋——帮助他人，树林漫步，体会幸福，不因退休而倦怠。我以前总是沉默寡言，离群索居，以后的日子里，我要更加积极主动，谈笑风生。"

听他们自己的声音

改变是基于现有资本和未来目标。我们年度改变课程的每一位学员每周都要针对自己的学习和成长撰写两份报告。所谓学习是指掌握以前的"未知"，所谓成长是指完成以前的"未行"。信念、思维、行为的改变也许看着微不足道，却大有深意。

每个季度快要结束的时候，我们都会撰写一份《季度报告》，学员们总结在成长过程中掌握的知识和技能。等到了年末，每位学员都会在《年末总结》中发现自己的进步，这无疑令人欣慰雀跃。

下文援引的是一位科学家的年度总结，他的工作是搞科研，他的生活小心翼翼，风平浪静——这种生活模式后来发生了翻天覆地的改变。写完这篇总结两年之后，他被一家知名消费品公司聘为某研究项目的二把手，几年之后，他有望领导该公司的研究部门。

诺亚 38岁，资深经理，研发工作

诺亚的《年末总结》

在我参加年度改变课程之前，我有不少错误的自我认知："我生活完美；我能应对任何情况；我爱人人，人人爱我；我是所有人的百事通；我事业有成，家庭美满；我比其他人更为道德高尚；我不需任何改变。"

刚开始参加课程时，我疑虑重重。我的朋友扬言，课程将会改善我原本就不赖的日子。我那时依旧疑窦满腹："我的生活本来已经很完美了，参加这个年度课程还能有什么改善呢？但是第一个周末的培训让我一窥之前从未想象过的可能性。"

我第一季度的重点是**目标生活与精神发展**。我暗自问道，能从这些人身上学到什么精神发展呢？难道是基督教式的精神发展？我信伊斯兰教，该不会有人身危险吧？……结果令我大为惊喜。那个周末真是刺激，我曾错误地认为，精神只能源自宗教，但这一观念终于被撼动了。这一观念转变让我全面开启了生活和精神转变模式。我对上帝的畏惧之情变为敬爱之心，我现在相信，上苍爱怜众人，爱怜我。

我开始体会到自己身处于世的位置，也明白了生活应有的目标。仅仅是感受到自己在生活中所处的位置和目标，就强化了我对创世之信仰。我的存在是上帝的特意安排，他关爱我，赋予我天赋，我必须去发现、开发这些天赋。有此体会之后，我不再相信什么"概率"论调，不再认为自己不过是一种偶然存在。相反，我是怀抱某种目标的特别创造。我有责任发现自己的目标，利用上苍赋予我的天赋，朝那个目标迈进。

我第二季度的重点是**吸收养分与自我照料**。我原本以为，所谓自我照料就是给自己多买点东西，但这一观点现在已经不复存焉。忽然之间，我那辆英菲尼迪 G35 汽车有了截然不同的意义。我回头张望，回想起数年前购买此车时的情景。为了让自己出风头，我"必须"买下这辆轿车，为此我给自己找了无数个冠冕堂皇的理由。

随着这一季度课程的推进，我开始认识到自我情感的重要性。要想全面吸收养分就必须经历痛苦，我非常赞同这种观点。先苦才能后甜。

我开始直面恐惧，而不是转身逃避。这次，我鼓起勇气申请了一个之前不敢申请的职位，最后我成功了。

进入第三季度课程——**家庭关系与亲密人脉时**，我很是忐忑不安。我之前一直在逃避一些恐惧、苦楚，即使是说出我家庭的规矩和信仰都十分困难，因为我认识到，也许自己会在妻子、兄弟姐妹甚至我刚出生不久的孩子身上投射我的观念。另外，我意识到自己一直希望母亲能够更强硬一些，我希望她能勇敢地为自己而活，追寻自己的梦想和期待。我如果向妻子表达这一"愿望"，要是没有结果我一定会失落沮丧。然而在我获得清醒认识之后，我改变了方式。我回想起很多痛苦的过往。这个季度，我积压了很多情绪和感想，最后在母亲面前彻底爆发，泪流满面，主要是因为 22 年前父亲离世所带来的悲伤。我觉得那是自己第一次彻彻底底地宣泄自己的哀伤和痛楚。我也第一次和母亲进行了心与心的交流，谈论她的梦想，以及我对她以后日子的关怀。这是我人生当中第一次与母亲的深度沟通。

我当时热切期待第四季度的课程——**个人力量**。我很快就意识到，自己以前不过是在利用自己被动的闯劲，压根没有去真正追求心中的梦想。于是我学会了珍惜，并发挥自己的积极性以及接受能力。我摒弃了"我不配"这样的观念，并且以崭新的态度面对妻子以及旁人。尤其值得一提的是，我对妻子的批评让我俩进行了一次深入对话，也让我了解了她埋藏于心中的一些往事。我们讨论曾经的苦楚，对未来有了共同的设想。我不得不说，这是该季度最有效的环节。

这一年的旅程如同学习一门新语言——首先是基础词汇，然后在一个宽容的环境中练习。接着便是挑战，如今我意识到，逃避苦楚、恐惧无益于步入更好的未来。

去年，我工资涨幅最高，可是并未升职。我发现，自己是职场受害人，不过我没有一味抱怨管理层，而是制订了更能体现责任心的行动计划。我主动大胆地预约公司首席执行官兼总裁，和他讨论我个人发展的问题。（注：诺亚供职于全球最大的一家消费品公司）我离开了自己的安全区，在公司另一个部门谋求一个真正具有挑战性的职位。这份工作和我以前承担的任务截然不同，涉及技术、市场、员工，从管理一个小分部到负责直接对上级报告。

竞争很激烈，我也时不时有几秒钟怀疑自己的实力，不过我坚持不放弃。我怀抱梦想，直面恐惧，充分发挥自己的能力。最后，我获得了这个职位，如今我乐在其中。这就是我最勇敢的梦想和目标——一个更美好的未来。现在我肩上的担子更重，影响力更大，眼界更开阔——我成了公司极具实力的领导者。我已经能够提供直接诚恳的反馈意见，同事们都让我指导他们的工作，这让我非常自豪。

这也是我和妻子同一屋檐下的第一年。我俩坦陈各自的担忧，绝不逃避痛苦，我们的关系如今更为亲密，也更加了解对方。这一年，我们有了爱情的结晶，彼此交流各自的情感和顾虑。虽然前路漫漫，不过我们已经打下了良好的基石。除此以外，我和自己的七个兄弟姐妹以及母亲有了更多真挚的心灵沟通，这也是一种进步。

虽然小有成就，可我深知自己还只是浮于表面，不过至少我找到了值得挖掘的"面"，可以从中收获成功。

《年末总结》一般会把很多项进展融入一篇文章。年末的成就虽然喜人，不过通过阅读《季度总结》，你就能看到那一步一步的脚印。

下文援引自一位已婚经济学博士生撰写的一篇《季度总结》。

达伦（Darren） 29 岁，经济学博士生

达伦的《季度报告》

这些任务真叫我为难：实现自己的愿望，发现不悦中的喜悦。

在这个季度里，我意识到，自己忽视了太多心中愿望，甚至还欺骗自己，很多心中愿望压根不存在。这要归咎于长久以来自己从未梦想成真。通过这个季度的学习，我更为清晰地认识到自己的愿望，找到了先前被遗忘的梦想，开始追求自己真正的梦想。比起以前，我如今能够更快更准地发现眼下的愿望。

我也认识到，我对"希望自己有价值从而招人喜欢"的这一观念理解不够。因此，不悦中的喜悦这项任务变得尤其棘手。我觉得自己能力强，但是这项任务看着容易，做起来难。我不愿意去做（就像彻底屏蔽一样），因为自己内心深处非常害怕不招人喜欢。

出于这种害怕，我一时无法充分表达自我情绪。我担心这会令人沮丧或恐惧，所以一直压抑自己的愤怒和受伤情绪。在一次和妻子的争吵中，我的情绪终于一泻而出，连自己都被震撼了。我表达自我愿望时情绪很激动，她吓了一跳，我自己也难以置信。我意识到，尽管在表达愤怒情绪之前自己内心深处就有所认识，不过直到宣泄之时才发现其强度。这是一个极有成效的学习过程。

我之前一直不敢向母亲及妹妹开诚布公。然而在这一季度的学习中，

我和她们的关系大为改善。我不再对母亲遮遮掩掩，以前我只告诉她自己骄傲的事，或是挑挑拣拣地向她诉说，如今我和她分享自己生活的更多方面。她并不能完全理解我的渴望。不过随着我更好地表达自己的梦想，我发现她其实非常赞赏。我和妹妹的沟通也更为坦诚，她知道了我很多以前刻意隐瞒的烦恼，我也给了她一些中肯的批评。我们的对话很有成效。

不论每个人的生活环境有多少差异，现在开始改变永远不迟。下文摘录自一位 70 岁老太太的《每周总结》，我们前文也提到过她，这只是其中一篇。

洛贝塔（Roberta） 70 岁，退休老人

洛贝塔的《每周总结》

你学到了什么？

我认识到，了解自我所想意义重大，不要继续浑浑噩噩。每天时刻关注当下，能让我愈发感受到力量的汇集。在不断前进的过程中，我的思维越发活跃。基于此，我对自己和上帝有了更深的认识。

成就：

我这周去见大夫，我的激情昂扬令他大为惊叹。我告诉他自己的任务，还说这个学习项目非常管用。他说："从你的面色、你的声音就能感受出来。"我俩都觉得这有助于改善我的免疫系统，我非常赞同。我告诉他，当我意识清醒时，感觉浑身充满力量。我说，也许这听着像是转世投胎，不过我如今的改变真是令人欣喜，我希望能和所有人一起分享。

挑战或调整错误观念：

我十分敬畏并且时刻注重当下的力量，这股力量能带我抵达新境界。我努力改善，我感受到一股强大的力量在指引着我。我儿子和女儿都说从未见过我这么情绪高昂、精力充沛。

昨天，我坐在一个安静的角落里哭泣，因为尽管有很多事情令我苦不堪言，可一直有人真诚关爱我。痛苦主要是因为曾经的巨大的家庭动荡。不过当我用心体会之后，我感受到其中所体现的真爱与平静。情绪是神圣的，必须尊敬。从小，我母亲就不太爱我，还告诉我表达心中所想是懦夫所为。我知道她的想法是错误的，可是我用了太长时间才学会尊重我的情绪。

虽然我的家庭有太多不愉快，可是现在我和自己的孩子们坦诚沟通。我们相互倾诉残酷的真相。我女儿和儿子如今更有责任心，这令人欣慰。我热爱自己的生活，我爱自己，而且我现在知道，别人也爱我。

改变是充分激发人性、充分提高意识、充分承担责任的果实，必须认真对待每一分每一秒。除了本书末尾所感谢的人，我们还要感谢各位学员，他们克服恐惧，英勇无畏地踏上征程，得益于他们的启发、鼓舞和支持，我们才有了今天这本著作。

《改变！》，这是他们的故事。

朱迪斯·莱特，鲍勃·莱特

2012 年 7 月 26 日

第一章　改变迫在眉睫

> 人人心中都有一件赏心悦事！那便是你不知道自
> 己的能力、关爱、成就、潜力有多强大！
>
> ——安妮·弗兰克（Anne Frank）

你有一种不可剥夺的基本权利——发现并施展潜力的权利。要想行使这项权利，你必须从现在的你改变、进化为梦中的你。

人们不停探寻如何过上优质生活，这种感触引发了数千年的共鸣。古希腊人称幸福生活为 areté，该词一般被译为"美德"，不过更严格来说，它是指最大化地发挥你的潜力。古希腊人生活的目标不是快乐或满足，而是人性发展——eudaimonia（幸福）——发挥我们独一无二的功能，发挥我们的最大潜能。

每一位宗教领袖和精神导师——不论是伊斯兰教穆罕默德、基督教耶稣、佛教菩萨，还是那些遵循召唤探索未知境界和可能的圣人们，他们的宗旨都是教我们如何过上幸福生活、如何变得耳聪目明突破幻觉（印度教称之为"Maya"）、如何更上一层楼、如何最充分地利用我们的生命、如何做到最佳的自己。

存在主义哲学家，例如克尔凯郭尔（Kierkegaard）和尼采（Nietzsche），他们秉承了古希腊人的观点。他们重视人的存在和潜能，强调真实生活的重要性，这意味着我们为将来的自己奋斗，而不是为曾经的自己苟活。

个体心理学之父阿尔弗雷德·阿德勒受到尼采的权力意志和自我掌控理论的启发，提出自我完善动力的概念：这是指一种全面发挥自我潜能的动力，将有助于我们步步接近理想自我。

人本主义心理学之父亚伯拉罕·马斯洛（Abraham Maslow）将自我完

善视为自我发挥及实现自我潜能的动力。

研究幸福生活的积极心理学家和经济学家也发现，这将提高参与感、发现人生意义并有机会改善生活。他们给出确切证明，能够带来满足感的不是我们所购买的所拥有的，而是自我身份及体验。

当今文化潮流也反映了这些观点，不论是美国陆军"成就你自己"的倡议，还是美国著名主持人奥普拉·温弗里（Oprah Winfrey）"活出最好的自己"的口号。

从哲学家到心理学家，从宗教领袖到改革者，从教育家到经济学家，从士兵到明星，我们都能听到对自我改变、发挥潜力的呐喊——这是人类共同的当务之急。

我们生而具有改变的能力

奇异的是，我们不仅呼唤改变，当今神经学研究也明确表明，人类生来具备改变、发挥潜力的特性。不论是心脏还是大脑——特指大脑结构，我们自身埋藏着改变的动力和工具。

我们具备令人惊喜的神经可塑性：创建新神经电路、更新自我、再创生命的能力。我们完全可以转变大脑和思维，转变我们的信仰、身份和生活。我们能够改变。

我们具备神经可塑性这一事实说明，我们有许多出乎意料的能力。不过，要想激活我们的改变电路，我们只能通过主观意识选择，我们必须激发自己的好奇心，聚焦意志，接收大脑收到的祈盼和情感信号。"注意，这很重要！"这种专注不仅能够重新构建我们的大脑电路，还能影响我们的基因表达。

我们探寻、探究、探索。当我们因为思维和期待而欢欣雀跃时，我们的探寻电路就开始工作，激活大脑中某个愉悦中心。我们处于跃跃欲试和目标明确的状态当中——这一阶段是人类最为钟意的。对成就的热切期待激励我们采取行动。

虽然这种状态令人兴奋，可只有当我们激活大脑的另一愉悦中心——满足中心，才能收获真正的满足和改变，要想实现这一点，必须探寻路径并采取行动，达成我们更为深切的愿望。

我们生来便是探索家，在探索的过程中，我们的大脑因为愉悦而轻松畅快。最能让我们的大脑兴奋并激活神经可塑性的不是最后的结果，而是新奇。每当学会新知识，超越现有能力之时，我们的大脑就处于"最愉快"的状态。这时，我们搭建出新电路，变得更加卓越。

每每敞开胸怀迎接新可能，将自己从局限性思维中解放出来，以崭新的方式看待自己和世界，我们的大脑将产生一系列的神经元活动。遵循新观念，超越能力界限，我们的神经可塑性将带来改变——改变我们的思维、信仰、行为和身份。

我们体内还潜伏着另一股强大的改变力量。当我们激活大脑中最后进化成功的那一部分——额叶（前额皮质）时，改变的魔法迅速上演。我们的意图和意愿就蕴藏在额叶中。我们的坚持和专注将会刺激该大脑区域，从而行动起来。由于我们一直聚焦于最高价值，更多血液进入额叶，我们对理想和价值越是关注，改变的力度就越大。

我们生来就具有改变的力量

我们体内的确潜藏着一股力量，改变的力量。

孩提时代，我们便幻想"可能"——我想成为一名宇航员，我想成为一名探险家，我想成为一名摇滚明星，等我长大了要成为一名_____。孩子的渐渐成长其实是天赋的开发。细想孩子是如何持续改变的——每一个成长阶段、每一次成长经历，每一次的新体验都秉承以前的自己，展露他或她的天分，进一步凸显出孩子的独一无二。亲眼见证孩子的成长真是一件赏心乐事，似乎孩子每一阶段的成长、变化都显露出一个截然不同而且更为深刻的自我。

这些可能性不会因为告别孩提时代就画上句号。成年人也是如此：我们越是积极改变，就越能变成真实的自己。不过到了成年，改变模式发生变化。学习、发展和改变的能力对于稚子孩童而言是纯属无意，可对于成年男女而言则是刻意而为，只有积极留意、主动选择、发挥自由意志，我们才能激活这种能力。

孩子随着成长发生变化是自然而然的事。而作为成人，我们需要通过有意识地进行自我改变——我们可以称之为变身，才能自我创造，并书写各自命运。这是改变过程的一个术语——"变身"源自拉丁语evolare，是指展翅高飞或破茧而出，是一种蜕变。它和"进化"不同，后者是指逐渐适应现有环境，但是"变身"是指以内在目标而非外在需求为出发点，有意创造出尚不存在的事物。"变身"是一个持续过程，从一个层面飞跃到更高级层面，从一种生活提升到更加优质的生活。它会催生大步跃进——改变的跃进。

朱迪斯的故事：我如何学会改变，你也能

我首次上台表演舞蹈是在3岁那年，自那时起，我就一直扮演着领导人和成功者的角色。10岁，我就通读指导社团和会议运营的《罗伯特议事规则》（*Robert's Rules of Order*）；12岁，我是国际红十字会初高中生领袖营最年轻的成员，我当时被票选为该国际小组的组长。上高中的时候我依旧是个中翘楚，

担任过游行乐队鼓队女指挥、学生会干事、年册编辑，还代表全班致毕业辞。进了大学，我仍然荣耀加身，以优等生身份和最高荣誉奖毕业。后来我和一位酷似西尔维斯特·史泰龙（Sylvester Stallone）的高智商男子结了婚，可我还是觉得不满足，但又不知道究竟缺少什么。

1973 年的《康复法案》（Rehabilitation Act）下拨示范款项，以帮助残疾人上大学。23 岁那年，莫特社区学院（Mott Community College）聘请我管理国家示范基金项目，帮助残疾学生顺利完成大学学业。这是一次绝佳的机会，可以做一些之前从未经历过的事情——设计、创建并管理一个项目，并为其他学院提供学习榜样。我代表一个部门，从行政管理到为社区分部提供咨询服务，我一人全包。为了和聋哑学生进行交流，我学会了手语。我为那些身体重度残疾的学生提供顾问服务，他们很多人因为大脑瘫痪、肌肉萎缩或脊髓损伤而不得不坐轮椅，然而在这一过程中，我进入了从未想象过的世界。我对人性有了更深刻的认识，我为密歇根州撰写帮助残疾人的指导书，在电视和电台演讲——然而我总觉得缺些什么。

我在莫特社区学院工作出色，后来被芝加哥的伊利诺伊大学（University of Illinois）和伊利诺伊州政府的一个联合项目聘用，负责管理另一个帮助残疾孩子的国家示范项目。这项工作涵盖了项目开发、员工安排和运作监督，另外还要和有成长障碍的孩童的家人沟通。常见的障碍包括发育迟缓、大脑严重瘫痪、智障、先天性脊椎骨裂等，很多时候是多重疾病并发。值得一提的是，在困境面前，有些家长不屈不挠，有些则极其需要拉一把以渡过难关，有些一蹶不振。那些乐观的家庭直面挑战真正改变，而那些逃避困难的就永远深陷苦海。

虽然到最后该项目让绝大多数人都转变了，但恰在此时我又开始绞尽脑汁，试图找出生活的缺憾。长久以来，我得偿所愿，申请了资金数目一个高过一个的项目，可我仍不满足，我之前和现在所接触的这些家庭和学生似乎都比我快乐。他们原本是被迫改变，但是最后接受了改变。

那我该怎么办呢？我以前很胖——还没说过这事儿，对吧？好吧，后来我减肥了——又完成了一个目标，不过我还是不满足。我善于与人打交道，我社交能力强，我是能理解对方、预测需求、满足需求的领导，我富有同情心，可我真读不懂也无法满足自己的需求。我参加社交活动，我开怀大笑，可我并不开心。我的社会交往水平和情商都很高，可是却不了解自己。在需要时我能控制自己的情绪，可是却无法让自己情绪激昂以获得满足感。我依旧不是自己，我甚至都没有踏上自我发现的旅程，直到一个警钟响起：很多看似境况不如我的人，其实比我活得更为快乐、幸福。

我意识到，以前的自己过于关注外在的成功，忽视了内心对于与人结交、受人重视、真实自我和发挥作用的祈盼。我以前没有让自己真实的情感和真相见见天日。我开始重新与那位男子沟通，如今他已是我前夫，我当时听到了人生第一个响亮警钟：他无法面对遵循内心祈盼的我——我倾诉心声，有更多期待——所以我们的婚姻走到了尽头。因为这件事我去咨询专家，参加了个人发展培训。我终于学会了倾听内心呐喊，超越浮于表面的目标，踏上自我改变旅程。

我人生中的第二个重大事件发生在 30 年前，那时我开始与一位正在进行自我改变的男士约会，他坚持向心理学大师及精神导师学习。他和我之前遇见的人都不一样。这个男人全身心地认真生活，不停探索，传达生命真相，实现自己的最高理想。不过，他并没有意识到自己一直在改变。

他的生活便是拥抱一个又一个新可能、新想法和新维度——不仅为了学术事业，也是为了发现并展示最本质的自己这一深刻目标。他不仅最先突破安于现状，也是打开心胸勇敢撼动自身信仰和观念的第一人。大学期间，他曾在不同环境和国家生活，都是为了一个追求——发现更深刻的终极真相。他的职业生涯极具开拓精神，他成了治疗师的治疗师，培养出一批专业人才，为包括博格华纳（Borg Warner）和哈考特布雷斯（Harcourt Brace）在内的全国大型企业提供员工援助、管理式保健及各种咨询顾问服务。他从未停下学习的脚步，每块"石头"他都要翻过来瞧瞧——本意喻意均是如此。

我们第一次约会是在 1980 年 10 月，七个月之后，也就是到了 1981 年，我们结婚了。鲍勃鼓励我表达自己的愿望。起初，我不敢说出心声，觉得坦白令我不自在，所以我转身逃避或是抗议。等我们经历了前期的磨合和争吵，我学会了祈盼，和他一起，以新的方式开始行动。我的生活质量一跃而升。我不再简简单单地为了实现目标，而是要遵循自己更深刻的祈盼。极具讽刺意味的是，随着我愈发关注自我需求，我取得了比之前更傲人的成就。我现在珍惜当下，珍惜发现自我、认识他人的旅程，不仅是鲍勃，还包括所有我遇见的人。真实自我的方方面面不停展现在眼前，我和鲍勃的关系愈发紧密也愈发宽阔，我们现在共同撰写这本书，这对我俩而言都是一次改变盛举。这本书讨论的是优质生活和改变，然而倘若读者细细阅读，一定会在字里行间留意到一段爱情故事，两个人的生命像双螺旋线一样结合在一起——我们的一生都是在向读者传达举足轻重、大有裨益的研究成果。

我很感谢这项研究，它孕育出了改变过程，它让我得以反思并分享我的改变历程，也让我回顾曾经作为"实现者"的过往，那时的我虽然是个好学生，实现了一个个目标，但可惜不是一个"改变者"。我可以解释为何现在我的满足感和成就感更为强烈，以及自己如何完成了先前未敢想象的事情，成为从未设想过的自己。我很庆幸有机会在不同的平台上（包括奥普拉脱口秀、20/20、今天、早安美国等电视访谈节目中，与企业高管进行一对一培训，以及向台下各类听众讲解）分享自己的所学。能帮助不同背景的人开始他们的改变旅程，而且是以自己从未预想过的方式来进行，我感到十分荣幸。

另外，能通过一种条理明晰、可复制的渠道与读者分享这些发现，并指引我们共同的改变、前进道路，我感到热血沸腾。

改变的好处——不论你身在何处

不管你是否已经迈出了个人发展的脚步，或仍旧停在起跑线上，如果你使用改变的原则和知识，你一定会收获意想不到的成就。我们如此肯定，是因为我们已经帮助了来自不同阶层、教育程度高低不同的上千人创造出令人瞩目的辉煌生活，过上令人艳羡的日子。

要注意，我们所说的可不是帮助他们戒烟、减肥、找伴侣、获得事业成功或精神平静，虽然在与我们相处合作的过程中大家也都完成了这些事情。但更为重要的是，他们以前所未有的惊人方式改变了生活的方方面面。

你也许还没有留意到，比起达成某项特定目标，有些事情更为举足轻重。在那一端，有一种或许眼下的你不敢想象或从未设想的生活正在等你。也许，我们对自己未曾设想或未曾意料的日子难以提起精神。不过在每天一成不变的思索之下，我们每个人的灵魂深处都有一股动力或是一种能成为真正自我的祈盼。

如果你正在改变，你将有更丰富的收获、更深刻的感受以及更多样的体验。这条路上的行人绝不会感到厌倦乏味。每天的改变会让生活变成冒险，充满了新奇和挑战。因为行走在这条路上，不仅传统意义上的喜事会光临——升职、婚姻、孩子和旅游，而且你同时也在经历一段自我发现的旅程。

注意，这是一个持续不断的过程。我们所指的不仅是你实现目标时收获成果，而且是你将源源不断地享受丰收果实。太多时候，人们对生活做出积极改变，有了成就便心满意足，于是不经意间又落回到改变前的状态。他们对改变没有警觉性，因此无法持续享有成功。改变课程绝不允许这种现象发生。它要求将改变作为一种生活方式。

改变的成果，有大有小，有外有里，有集中有分散，有日常有终生。此外，采取行动本身也将带来成效。莱特培训机构是我们的个人及职业发展机构，同时也是培训机构，我们设计了"任务型生活方式"，意思是我们的学员需要基于所学采取实际行动、迈出新脚步、尝试新事物、愿意担风险。对传统研习会的最常见抱怨是，一旦研习结束，学习结果既没有持续性也没有叠加性。还有人抱怨传统治疗方法就是空谈空想，没有行动。我们虽然坚信反思、冥想和对话的力量，但我们也主张将所思、所想、所谈带到现实生活之中。西恩（Sean）是一家全球金融企业的首席信息官，在参加完我们的第一季度培训之后，他妙语连珠地总结了不断做出细小改变的好处：

"我发现自己的生活一帆风顺，没有那么多负担了。我不再花大把时间担忧自己必须完成的事情，我直接去做。我感觉在百忙中改变行为会让自己心情舒畅。小改变带来大不同。变化越多，能力越强。我乐在其中。"

我们的学员相信卓越的存在，并坚持不懈地在生活的各个领域中积极探寻。他们致力于发现自我，成为梦想中的自己。他们冲破局限认知的大门，挑战错误狭隘的观念，探寻一切可能。他们庆祝成功，但绝不会因为某一个小成就甚至大进步而裹足不前。

我们的学员一直积极改变。他们毕生都在学习并运用技巧获得优质生活。他们祈盼的不仅仅是传统价值，他们当然也有这些渴望，不过他们希望能有更好的人际关系、掌握更强的学习能力、不断成长发展、不断提高意识和感知。他们渴望一种献身于某项重要事业的归属感，在人生各领域都有积极改变。他们期待一脉相承、意义重大的生活方式，并且以各自独一无二的形式实践、贯彻下去。

发现过程

我们的学员成功的改变过程历经时间考验，直至我们开展研究，调查了部分学员如何凭借该改变过程实现了飞跃式进步，我们才执笔撰书。我们希望和读者共享这一过程是如何发展演化的。

长期以来，我们注意到，有些学员可以说是改头换面。他们的能力出现了跨越式进步，而相应的，他们对不同社区的贡献、生活幸福感、深层人际关系、职业成就和人生满意度都大幅提高。他们对各自不同的宗教观念更为笃信、对不同人群的影响力更为明显，而且比起以前，他们收获和付出的关爱也更多。

为什么是他们呢？通过指导、研讨、同龄人培训实验和任务型生活方式等内容的综合作用，我们绝大多数学员的生活都产生了积极改变，收到了显著成效，其中有为数不多的一些人，他们比其他人走得更快、踏得更深、行得更远。我们邀请了一位外部研究员帮助我们研究这些出众的学员。我们得到前期数据后，立即亲自探寻，这些优秀学员究竟做了什么，以至出现如此令人惊喜而振奋的改变。我们将在下一章节详细介绍这项研究成果，不过现在，我们还是想让大家对他们的一些共通点一睹为快。我们的优秀学员：

· 不论何时何地都要遵循自己心灵深处的"愿望"。这些愿望出于各种不同的动机：希望受人重视、与人结伴、发挥重要影响、培养更强能力。

· 遵循"愿望"，行动起来，不要消极等待，不要只空想或空谈。落实意味着采取行动，这往往费时费力，充满挑战，有时甚至令人望而生畏。

· 体验认识自我及认识他人的喜悦。他们重新定位基本的生活构想，并形成了新想法，揭露了无意识的局限观念，更新信念，为学习和成长带来更多机遇。

将这些研究结果运用到其他一些改变者身上，我们发现，这些优秀学员和人类历史上的英雄有颇多相似之处，例如温斯顿·丘吉尔（Winston Churchill）、小马丁·路德·金（Martin Luther King）、甘地、德蕾莎修女和巴克敏斯特·福乐（Buckminster Fuller，美国哲学家、建筑师及发明家）。诚然，这些伟人比起本书的两位作者早生很多年，然而改变理论却同样适用于他们，我们的学员和他们之间的可比性也令人惊异。他们从本质上改变自我，同样的，我们的优秀学员通过课程培训专注于人生建设。

要是能借用他们的改变力量呢？要是能基于对他们的观察从而完善改变过程呢？好吧，这就是我们的工作。我们没有推倒重来——数年来我们一直应用的改变过程对绝大多数学员而言是极其有效的。不过通过结合进展神速的优秀学员的经验，我们得以让这一过程更为高效。

另外，新近崛起的不同学科取得了许多重大突破，也帮助我们进一步改善了这个过程。我们以积极心理学家、文化进化论者、神经科学家、行为经济学家等不同专家的研究成果为基石，使得该过程既有科学根据，又有实证依据。读者将在本书中看到对这些先锋科学家们的援引参考。

这会儿，读者也许正在暗暗思忖："值得吗？"其实真正的问题应该是："你值得吗？"我们强调过，改变需要付出。不仅如此，改变还要求主动学习，拥抱挑战，甚至经历情绪的起伏跌宕。人们之所以心甘情愿，是因为他们将收获可喜成果，找到更真实、更圆满的自我。

你要做的事

不论你是否已经在改变的旅途中或刚刚迈出第一步，你都需要完成两件事。

第一，坚韧勇敢。如果这事轻而易举，每个人都会改变。很多时候，在这段旅途中，你必须拿出勇气。如果你害羞内向，你可能就要当着众人的面公开发言。如果你有某项日常事务难以脱身，你恐怕就要咬牙狠心将其抛到一边。

如果你是不折不扣的个人主义者，你没准就要主动上门寻求反馈和帮助。我们会让你承担风险，处理困难任务，因此你需要面对一定程度的不安。这着实不易，因此你需要坚韧勇敢才能不断前进。

第二，期待卓越。我们生来就有过优质生活的能力。然而，社会化却限制了这一能力。好消息是，我们能重新激发这股自然力量。我们坚信不疑，大家具备实现卓越的潜质。这绝非海市蜃楼般的乐观，而是脚踏实地的自信。我们已经指导、培养了很多人，他们在各自生活的方方面面均取得了傲人成就。他们学会了改变——换言之，有意识地唤醒了走向卓越生活的力量。我们热切期待，在阅读本书时，你不仅燃起了过上卓越生活的热情，还决心踏上这段卓越旅程，步步向前，越行越远。

第二章　小转变与大改变

> 改变就如同修改了建筑基础，而不是简单地将新家具搬到房子里，或是从这个房间移到那个房间。它是某种深刻的结构性变更……改变了存在基石。
>
> ——丹尼尔·西格尔（Daniel Siegel，美国临床精神病学教授，著有多本著作）

不论眼下有多少快乐、曾经有多少成长、过去有多少改变，我们总觉得还能更上一层楼。不论成就多寡，我们总听到未被实现的潜在自我在召唤。我们体内某一部分问道，我是否完成了使命？我是否过着应有的生活？是否朝着梦想中的自己前进？是否还有更好的生活——更好的自己——在等待我去发现？当日子没有遂心如意，我们总期待能有更好的生活。

卓越的可能性催人向前，这就是为何改变的故事总能打动人心。看到哈利·波特不断进步的魔法能力、《星球大战》的天行者卢克持续增长的"原力"、《魔戒》里的弗罗多潜藏的勇气，我们备受鼓舞。心目中那些英雄的改变事迹也同样令我们热血沸腾：从律师到精神领袖——甘地；从被虐待的小姑娘到万人追捧的媒体巨人——奥普拉；从蜷缩在一间陋室到入主白宫——亚伯拉罕·林肯。

但是，这些改变难道只属于神话传说、遥远的历史伟人或者超级明星吗？改变是否可望不可及？像你我一样的寻常百姓真的能实现显著多样的改变吗？真的可以彻底改变整个人生吗，包括人际关系、职业发展、自我意识、精神思维、领导能力和贡献精神？

如果你和绝大多数怀疑论者一样，你没准会认为掏钱参加课程无异于买张狗皮膏药。实际上，也许你的储物柜里已经塞满了锈迹斑斑的狗皮膏药，可从未拆封使用；也许你参加过有关改变的研讨会或课程，可最终，往好了说你倍感失望，往坏了说你上当受骗；也许你沉思冥想、接受治疗或听从导师教诲，希望自己能脱胎换骨，可最后却发现，尽管自己也做出了一些改变，可本质上自己还是一成不变。这也就难怪你会疑虑重重！

现在有个简要回答。我们都曾被坑蒙拐骗过——也许对方并非出于恶意，而是因为我们本人不知道怎样才能实现真正的改变。我们都渴望速效对策，可是掏钱买这种对策无异于狂吃垃圾食品，摄入没有营养的卡路里永远不会带来饱足感，这真是不幸。不过幸运的是，我们不仅亲眼见证了数千人的真正改变，而且我们的研究和其他数百篇科学报告、论文和科研结论都证实了这一点。

不，改变绝非轻而易举，不过却完全可能。通过坚持不懈的努力和对自然能力的有效利用，你就能成功改变。在这本著作中，我们将与读者分享学员们的改变经历，以及推动他们改变的科学基石。迄今为止我们已经翻来覆去地说了多次这个词——究竟是什么改变？

改变是指从一种状态到另一种状态的变形。它所指代的绝非仅仅是改善行为。尽管大众普遍认为，换工作或转行、从孤家寡人到谈情说爱或从怨天尤人到心满意足等，都是翻天覆地的变化。我们无意贬低这些生活变化，不过改变的意义更广更深，它延绵不绝。当你改变的时候，将来的你将迥异于今天的你——情感上、认知上、精神上均是如此。改变将对生活质量带来全方位的积极影响——人际关系、职业发展、自我意识、助人态度和精神生活。我们所说的绝非表面功夫，你不能单单从减了几磅体重、赚了几块钱、实现了几个目标来衡量改变。想想毛毛虫变花蝴蝶的改变——彻彻底底、完完全全、从头到脚的脱胎换骨。

改变的标准如下：

你做了之前自己从未预想过能做的事情，成为了之前自己从未设想过的自己，最终，你过上了之前从未想象过的生活。

改变是勇敢迈入未知领域。诚然，未知总是骇人。这也就是为什么真正踏入改变疆域的人凤毛麟角的原因。然而，未知也同样充满惊喜，它能启发心智，令人茅塞顿开。更可贵的是，不论在地上摸爬滚打多久，我们都能蜕变成蝶。我们并不是说要把你套入某个固定公式，而是解读一个让你释放潜在自我的过程。这绝非空谈。我们已经亲眼看见，这个过程能够促进蜕变，我们也对此进行了研究。不过，我们特别希望怀疑论者和质疑者了解我们的科学改变之路。

突破局限、大开眼界的研究

数年以来，莱特培训项目的一小批学员脱颖而出，他们不仅学习成长，解决难题，实现目标，同时还抓住机遇，在生活的不同方面都取得了大跃进。他们充分吸收了我们的课程内容，就像行走在沙漠里就快要渴死的人纵身跳入绿洲一样，他们对改变如饥似渴，永不满足。他们认同我们的课程，其本质是结合理论指导与实际方法，开发人类在生活方各面的潜力，充分吸取古希腊哲学思想、存在主义、行为科学、社会科学、教育学、发展论、阿德勒个体心理学派、人文学、积极心理学、行为经济学、神经学等的最佳理论及方法，以及各种有关人类发展的最佳技能。

这些如饥似渴的学员拓宽了我们精心打造的课程之范围，令我们更加注重实验和评估，促进了我们的改变过程。

看着这些出类拔萃的学员，我们深知新一轮评估和课程发展的时刻已经来到。虽然我们的绝大多数学员都掌握了新技巧，提高了能力，也取得了出乎意料的进步，可是这些特别的学员却制定了新标准。尽管大家参加的都是别无二致的课程，可他们卓尔不群和自我改变的程度着实令我们喜出望外。这些卓越不凡的学员有：

• 一位沉默寡言、成天和数字打交道的会计，后来成了广受尊重的作家，而且还是他那一领域的思想先锋，被国会召去提供专家咨询。

• 一位胆怯保守的律师，在某次会议上冒着丢饭碗的危险，站出来指责上司的错误决策，后来却在金融界成了一名受人尊敬的首席运营官。

• 一对即将离婚的夫妻，就在马上要把离婚文件交给律师事务所的时候，拯救了自己的婚姻，而且还重新开启了亲密挚爱的伴侣关系，开始为其他夫妻提供培训服务，鼓励他们培养梦想家庭。

• 一位基督教导师，他深深感化过无数人，是教会牧师和精神领袖。他改善了自己的婚姻关系，改进了引导服务，撰写充满激情的文章鼓励更多人坚定信念、发展自我。

• 一位腼腆的物理学家，她有两个孩子，这位母亲成功渡过离婚后的艰辛岁月，引导了一个处在叛逆期的孩子，而且变得更为自信，迎接新伴侣的关爱呵护。

• 一位年轻的学者，曾经的她总是掩藏自己的真实情绪和感觉，只在乎如何让其他人活得舒坦，如今她成了一位非常有感染力的演说家，是女性的榜样。

• 一位美艳的交际花，她过去总是花天酒地，喜欢玩弄男人于股掌间，后来她开始注重内在修养，改变了自己的价值观和生活方式，回到大学重修学位。

这些学员在各自的生活领域取得了显著乃至跨越式的进步，他们可以说是实现了质的飞跃。他们经历了心理学家所称的"第二级转变"：持续的生活改变不仅是指进步，更是指崭新的行为，将对人际关系、职业发展和精神境界都带来积极影响。他们在满足、自爱和自尊方面都取得了巨大丰收，同时也在生活当中为他人做出贡献。

那一刻，我们意识到必须采集有关该现象的客观数据，因此我们邀请了一位知名学者比尔·塞德曼（Bill Seidman）博士，他是积极偏离研究领域的专家。根据统计学研究，积极偏离者使用了与其他人全然相同的资源，却有远远超乎常人的极端表现（两到三个，甚至更多的标准偏离）。塞德曼博士的研究方法主要是评估积极成功偏离案例的核心因素，并将其最佳做法推荐给企业或组织，甚至包括数一数二的跨国公司。我们希望他能帮我们揭开这些优秀学员的成功秘诀。

首先，比尔让学员们从同班学员中挑出自己心目中的积极偏离者。在这一过程中，几个名字反复被提及，这几位都是我们先前认为在生活中做出突出转变的学员——也就是不断改变的学员。由于比尔决定将评估对象控制为 12 名，所以我们也将同班学员挑选出的积极偏离者人数限定为 12 人，接着让他们接受比尔为期三天的密集面试。比尔从面试当中收集数据，我们以这些数据为基础，通过扎根研究方法（译者注：grounded research，属于一种定性研究方法，强调对原始材料的深入分析和概括，进而上升到理论）展开细致研究，力图发现这些学员究竟是因为做了什么，而取得如此惊人的成就。

研究结果的可行性和简洁性令我们精神为之一振。它解释了为何有些人表现欠佳，也预测出谁将超越期待。它指引我们去帮助那些正在苦苦挣扎以及那些正在一跃而起的人进一步改善。通过我们的调查，并以神经学、心理学、哲学等领域的研究为辅助，我们已经能够清晰地掌握研究结论所揭示的过程，并创建一个有用的模式，为那些希望自我改变的人指明方向。它充分借鉴了这些积极偏离者所展示出的改变力量，我们称这些偏离者为"改变者"。同样重要的是，研究也揭示出在改变过程中会面临的情感和认知障碍。以这些信息为出发点，我们改进了方法，力图扫清这些障碍。

我们的研究明确区分了进步和改变，为那些急切希望生活有所获的人指出方向。我们融合了神经学和绩效研究的最佳成果，并将其纳入一个动态过程之中。

和绝大多数有效模型一样，这一过程适用于不同情况、人群和环境。我们将研究对象扩展到学员以外，从而对人类的学习、成长以及最重要的改变都有了深刻认识。我们还发现为何有些人的生活发生了重大的实质性改变，而有些则裹足不前。为什么乔什（Josh）能够以惊人的方式成长发展，而乔（Joe）就举步维艰？为什么玛丽（Mary）能为自己的人际、健康、精神注入新血液并焕发新光彩，而简（Jane）虽然在职场上迎来了有意义的变化，可是自己的整个人生并未改变？当然，一个人的态度、过往经历等各类因素都会对他或她能否走上改变之路带来影响。不过，我们也发现，只要过程正确，并且有人相助，任何人都能实现改变。大家都能收获质变：墨守成规的能标新立异，不可知论者能笃信不疑，害羞腼腆的能热情合群，愤世嫉俗的能安之若素。下面，我们将与读者分享研究调查对象（积极偏离者）的故事，以及其他一些掌握了这一强大过程的学员的切身体会，我们希望他们的改变能令读者精神振奋，就像我们当时的反应一样。让我们从莱娜（Laine）开始吧。

莱娜的生活并不糟。和我们很多学员一样，她事业有成。她之前是个销售能手，后来还读了心理学博士，接着在某机构谋了一份没有出头之日的工作，如一潭死水。尽管她不断发展，可是生活却并不如意。她内向腼腆，在人际关系和自尊心方面总是挫败连连。如果你很早以前就认识莱娜，你一定会说她为人可亲，不过在为人处世上总缺乏自信，左摇右摆。她有时甚至令人觉得冷漠高傲。如果你是她的客户，你会觉得她才华横溢。要是莱娜向你吐露心声——她很少这么做，你就会发现，她并不快乐，也不满足。尽管颇有成就，可她总觉得不如人意。莱娜离过婚，所以她总倾向于去讨好别人，往往忘了去做能让自己快乐的事情。

三年转瞬即逝。莱娜如今成了一位全职治疗师，将自己的成功经历发扬光大。她更为坦率真实，甚至可以说是热情奔放。她渐渐成了讲坛上启发心智、鼓舞励志的常客，成了大家公认的多面手。

她有了新恋情，在这段认真的感情中，她不再只予不取，这在她的人生中还是首次。他们的关系非常平衡，相互贡献，在和新男友的沟通中，莱娜发现自己的坦率和真挚前所未有。她甚至敢批评对方，敢于提出要求，她以前总害怕这样做会断送爱情。

莱娜的改变对以前熟悉她的人而言非常明显，包括她的父母和姐姐。她的父母对她的改变印象深刻，于是也和她一起走上了自我发展和改变之路。年届古稀的二老正视家庭关系中潜藏的问题，这在同辈人中实属罕见。她和姐姐之间的感情更加深厚，整个家庭也步入了诚挚而亲密的新时期。

她的父母在几个月里先后去世，这无疑令人悲痛，然而好在大家曾经开诚布公地促膝长谈，莱娜和姐姐如今仍旧能真切地感受到家庭温暖、父母关怀以及姐妹情谊。

如果你在三年前与莱娜结识，直到现在才再次与她重逢，你一定会惊诧究竟发生了什么事。曾经那个表情平淡、怕得罪人的姑娘蜕变成了一个活力四射、责任心强、敢说敢做的女人。莱娜以前说话总是支支吾吾、低声细语，如今她条理清晰、风趣幽默、铿锵有力、自信十足。不过莱娜依旧保留了一些"老样子"——只是她内心深处的亲切和真诚添了一件热情洋溢的新衣。她的改变如此之多，如果你没有在旁边亲眼见证这一演变的艰辛，你没准会以为只有浮士德和魔鬼签署的合约才能带来如此彻底的改变。

改变的真理：抛弃狗皮膏药

你的改变故事也许将不同于莱娜，不过如果你下定决心要通过改变过上真正心满意足的生活，你必须理解有关改变的四个基本真理和误解。

真理一：改变发生在各个层面，将会影响整个生活，而绝非某一领域。

人们请一个生活导师、参加研讨会或是接受治疗，希望能解决某个问题或实现某个目标。他们的关注点是更加幸福快乐、不要断送关系或是步步高升。这没问题，可是解决一个问题或实现一个目标只能在改变的成绩单上拿个代表低分的小写 c。我们并不是要打击你，相反，我们是要推动目标的实现，因为这将为个人生活带来飞跃式进步。不过这不是改变，改变是全方面的。我们研究的积极偏离者在大脑思维、职业发展、人际关系和性格性情上均发生了改变。全都变了。从家庭到职场，所有的事和人都被赋予了新意义。改变也许意味着高就，从原来年薪五万美元变成年薪百万美元，然而它也对肉眼看不见的领域带来影响，而且程度不可小觑。

以道格（Doug）为例，他是工商管理硕士及注册会计师，曾就职于一家全球领先的咨询公司，来头不小。他来我们这里时，生活似乎要分崩离析。妻子要求和他离婚。由于工作，他错失婚姻，因此正在慎重考虑是否要对自己的职业生涯来个重大转型，成为一名户外领导力培训导师。那时，换个职业和地点对于道格而言都是改变，不过这更像是一种逃避。我们建议他留下来，好好认识生活带给他的教训，仔细分析自己的处境，如果他真打算离开公司，那也要走得漂亮。

通过改变课程培训，他成了一名改变者，在他那一行业里指引着国家政策。他的精神世界生机勃勃，不仅留住了妻子，而且夫妻二人之间更为深情，成为一个完整的家庭。他现在与身边人沟通交流的方式和以前相比也有天壤之别。他不仅在原来的职场上取得成功，而且还有了不敢想象的收获——属于行业翘楚的公司聘请他，他还著书为其专业领域编纂会计必修技巧指南。他为另一家公司在芝加哥开设分部，这个分部被卖掉之后，他自己开了公司。

道格和国家及国际标准委员会携手合作，揭露企业高官中存在的补贴账目问题，不仅改变了自己，还改变了工作本质。他没有安于捧着铁饭碗，而是推动企业进行补贴改革。他打赌说知名企业的董事会一定会接受他的改革建议，如今他梦想成真。他后来和妻子双双拿下博士学位。

真理二：改革没有捷径，只有一步一个脚印。

当你理解了大脑的运作方式，以及大脑如何才能构建新的神经回路时，你就会明白，没有捷径——要是有人提供捷径，往好了说是误人子弟，往坏了说是招摇撞骗。也许你参加某个课程、研讨会或是其他学习培训项目，它们会提供一些如何改变整个生活或部分领域的有用知识。你花了数小时乃至数天去钻研这些理论和方法，你觉得受益匪浅甚至醍醐灌顶。你对自己以及需要改变的事情有了一定了解，你跃跃欲试地要将所学付诸实践。不幸的是，上一堂物有所值的课和将课堂所授付诸实践完全是两码事。

鲍勃年少时就会吹长号。在我们的周末改变培训课堂上，他告诉学员们他要教大家吹长号。他言简意赅，并且熟练地演示了如何吹长号——嘴唇如何发力，吹出高低不同的音调。他说既然大家现在都掌握了这种乐器的基本知识，那么，"哪位学员觉得自己可以站在前面为大家吹长号呢"？自然而然，没人办得到。学和做存在巨大鸿沟。虽说鲍勃和专业音乐家相差甚远，不过没有数百小时乃至上千小时的练习，恐怕没人能演奏得像他那么动听。既然演奏乐器都如此不易，那跨越式的积极改变又当如何呢？

本书所论述的改变过程不仅包括理论模型，而且涵盖了大量任务和方法，从而让该模型适用于个体。改变要求每天坚持、不怕犯错、接受指导、自我反思、边做边学。改变没有捷径——捷径只能带来短暂肤浅的变化，这就是重点。改变需要时间和实践——费时又耗力。

如果我们总幻想通过捷径实现永久性改变，那我们不仅是自欺欺人，同时也扼杀了真正改变的可能性。从即时短信到即时微波炉，我们早已习惯了快捷便利。很多人掏钱买捷径，因为他们误以为这世上有万灵药，包括能带来改变

的灵丹妙药。世上没有万能钥匙。所谓"万能"需要在有效策略和方法的引导下进行艰苦不懈的努力，

真相三：没有最佳时节，改变不能挑时间。

这听起来有些违背自然规律，不过绝大多数人之所以转变不是因为他们以改变为目标，而是希望自己更加幸福快乐、事业有成、精神舒畅。我们发现，绝大多数人怀抱着特定目标，而非泛泛而指的改变。也许某个特定的短期目标才能驱使你走向改变之路，这没关系。一旦选对道路，走对方向，你很有可能就心生向往，要过上优质生活，而这只有改变才能助你成功。

另外还要留意，人类有一种内在动力去学习、成长和改变。我们对"学习"的定义是掌握未知的知识，将"成长"定义为做从未做过的事情。所有人都希望开发潜力，不断改善我们的人际关系，事业节节攀升，在日常琐事中发现更多意义。戴安娜·弗沙博士是新兴人际神经生物学的先锋人物，她认为："人们对改变有种根本性的渴望。我们善于成长和治愈。……我们有开发自我、释放自我的需求，我们努力瓦解障碍，消除虚假自我。……在剧烈的改变过程中，我们离真实自我越来越近，更加清楚地认识自我。……（这种）全面性的刺激力量……将推动我们去获得最大化的活力，实现最大化的自我，以及与他人进行最真挚的交往。……这种倾向（改变）的本性一直躲在我们大脑深处。"

不过绝大多数时候，这一需求并不是以强烈愿望的形式表现出来的，相反，其体现往往是激烈的抵制。如果没有行走在改变之路上，我们总会坐立不安，总觉得必须做些什么，总觉得错过了一些事，我们隐约感觉到错失良机。这就是存在主义哲学家所称的"本体自责"，我们往往企图通过软瘾（soft addiction，译者注："软瘾"是指一些并无明显害处的习惯）将这种感觉从脑海中消除，例如看电视、说是非、发短信、逛商城等上百种渠道，意图盖住脑海里不停回响的烦人声音：我们必须做点什么。

因此，不要误以为因为希望改变，所以不得不被迫将生活翻个底朝天。哪

怕是模模糊糊的一点不满或星星之火的愿望就能驱动你。我们绝大多数学员都是始于一小步，随着时间推移，学习和成长的速度渐渐飙升。

真理四：改变持续进行，无所不包。

我改变了身体，减了 100 磅，每天都锻炼。

我经过五年的治疗改变了思维。

我通过冥想改变了精神。

我原来极度自卑，现在自信满满，这得益于参加周末强化工作坊，包括角色扮演、情绪释放和专家引导。

不少自我改善的专家以及他们的病人、客户和学员都经常说到"改变"这个词。然而，很多时候他们口中的"改变"虽然悦耳动听，却有局限性和短暂性。例如，治疗无疑非常有用，但可惜只是关注解决问题本身，而没有推动全面持续的改变，更别说彻底挖掘人的潜能。毕竟，治疗的片面含义就是让病人恢复到混乱之前的状态——回到问题恶化之前的初始阶段。同样的，饮食和锻炼也许会让人身强体壮，不过对生活的其他层面就束手无策了。

让我们从统计学角度看看改变。2008 年，世界少年棒球联盟的儿童成员共有 260 万人，而那一年职业棒球手才 1200 人。因此，长大成人之后加入职业队伍的儿童少之又少。同样的，加入各类自我改善培训项目和活动的人都憧憬着崭新生活，但他们成功的比率也不容乐观。他们中有些人或许在生活的某一方面经历了积极却短暂的变化，解决了阻碍职业发展、人际关系、身心健康的拦路虎，不过真正改变并过上卓越生活的可能性微乎其微。

我们莱特项目的学员中，96% 的人表示自己发生了显著持续的改变；20%到 40% 的人正在经历改变，其余很多人依旧努力变化并／或改变。因此，本书所呈现的改变过程将提高改变可能性，这比其他培训更牢靠。我们不敢打包票你一定会改变，不过这几率非常高。

改变过程：六大阶段

先前我们用蛹化蝶来比喻改变的过程，或许对于很多人而言，从面相丑陋的小爬虫蜕变成美丽惊艳的小飞仙，这一过程令人心驰神往。不过毫无疑问，还有一些人会留意到，蛹化成蝶的这一脱胎换骨过程绝非轻而易举。当这只小虫待在茧中，包裹其身体的丝状物此时开始了"组织溶解"的过程——虫子要由里至外将自己化掉。从根本上来说，它要变成一滩黏糊糊的物体，然后才能重塑自我，变成蝴蝶。

谢天谢地，我们没有哪位学员成了一滩黏糊糊的物体，不过绝大多数学员都经历过转变的艰辛，这是难免的。我们以不同方式学习、成长、变化，因为对于自己必须有所舍弃，所以你一定会觉得焦灼不安。为了过上优质生活而不得不采取一些行动，你或许会因此心惊胆战。你也会听到一些积极的鼓励，不过声称个人改变将一帆风顺肯定是大错特错。改变犹如生活，乱如麻。

幸运的是，你不是孤立无援的虫子，独自在茧里无人支援。我们发现，最能推动改变的是一套行之有效的程序。当你心生恐惧、单枪匹马、迷失方向的时候，一定会萌生弃意。一套得到验证的可行性程序将引导你、帮助你。我们这个培训项目的所有积极偏离者都凭借改变过程实现了人生的积极转变。这套定位明晰的程序如同指南针，帮助你应付改变旅程上的各种挑战。你将会发现，我们不仅会详细描述该程序的各个阶段，还会提供相应的方法和案例，以期引导、鼓励学员。

不过现在，我们希望大家对各阶段内容及其运作方式有个浮光掠影的了解。

祈盼：一种欲望或者众人皆有的期待，希望创造、交际、感动与被感动、爱与被爱、被人重视、有价值、有人聆听、贡献、帮助与被帮助。这种祈盼昙花一现，转瞬即逝，尔后再次短暂浮现。比起其他人，改变者倾听并认识自己更深层次的祈盼，而且采取实际行动。祈盼不同于"想要"——我想要挣钱、想要娱乐、想活得体面。我们都有想要的东西，然而"祈盼"是改变的动力，"想要"是目标的动力，最糟糕的情况是我们沉湎于软瘾。只有知道了我们的祈盼，才能引导这股激励人心的能量，掌握前进的方向，迈入下一阶段。

投入：深层祈盼驱使我们做出自然而然、不假思索、立足当下的反应。投入意味着对这些欲望做出回应，而非忽视或克制。显而易见，我们不能见到欲望就拜倒在其裙下，我们必须确定哪些欲望才是我们真正的祈盼，如果是，那么我们就必须采取行动做出回应。如果想通过有意义的方式改变我们的行为，就必须学会遵循祈盼，及时行动。

提升：这不仅指对自我本身及新可能性的认识，同时也指充分表达自己。提升能够鼓舞人心，就像发现了新的行为可能性，也许我们觉得这是不祥之兆，例如当我们认识到自己被一套程序左右着的时候。在这一阶段，我们会意识到自己受制于一种自我认知预言，一套错误观念和局限性思维组成的"基质"限制了我们的脚步、幸福感和满足感。我们起点不同，提升将会帮我们走上不同的思维道路。

释放：走出惯常栖息的牢笼，在这个牢笼里，做不能做，说不能说。释放就是要做一些与提升阶段发现的限制性程序或基质背道而驰的事情。改变者培养出释放型的生活方式。他们循着提升阶段所指出的方向，一改往日的习惯，持续采取新行为。在这一阶段，我们开始以显著方式改变行为，我们开始突破传统的局限模式，从职场环境到人际交往都有了改变。

重塑：反复进行，建立新的神经路径。重塑是改变者的暗号。解放或许让人心情畅快，如果不主动持续释放，改变旅程就会半途而废，我们也就休想重塑。当我们冲破惯常生活模式，采用了新的行为方式，我们没准会自以为已经实现了改变，殊不知，绝大多数情形下，这充其量只算是学习成长。从本质上来说，重塑意味着给大脑重新编程——更改我们的观念。重塑让我们充分利用大脑可塑性——研究显示，要想自我改变，就必须创建新的神经路径。没有重塑，也就没有持续的改变。重塑让我们学会如何通过实践新方法——有意识、有目标地循环反复，从而重建我们的思维。

永恒：最后这一阶段要求毕生都要致力于有意识地、持续地及有目标地突破惯常行为模式。这看起来也许不太可能，不过根据我们的研究，只有永恒才能让大家保持优质生活的状态。永恒要求改变永不间断。当真正达到永恒，我们才能意识到，为现有一切而停留不能获得优质生活，持续的祈盼、行动、提升、释放和重塑才能带来优质生活。

尽管我们依照顺序列出了各个阶段，而且下文中每一阶段都会有对应章节，不过在现实生活中，它们并不泾渭分明。某一天，你也许释放，发现新祈盼，投入新行动。另一天，你上床睡觉，思想提升，一觉醒来，萌生新灵感，从而发现了自己更深刻的祈盼。如果你坚持永恒，所有这些行为都将步入重塑环节。或者，你发现自己花在提升阶段的时间要远远多于释放阶段，或者是相反情况。你要谨记的是，在脑海里牢记这些阶段，因为它们是整体的一部分。经过一定程度的练习，你就会发现自己能够在日常生活里区分这六个阶段。

除此之外，必须谨记，六个阶段是持续性的，而非割裂性的。换言之，你需要循环反复。千万不可某一天到达"永恒"阶段，然后就算完事了。你必须不断重复各个环节，发现新任务，并且在新的生活环境中付诸实践。通过这种方法，这些阶段将逐渐成为你身体的一部分——这是成为改变者的重大成就。

改变阶段

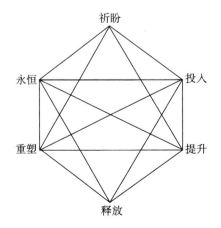

理论与实践

学习、成长和改变之间有何区别？

学习是了解以前未知的事物；成长是做之前未做过的事情；改变是成为先前未曾想象过的自己。如果人们混淆这三个词，问题便随之而来。他们参加了一场非常棒的研讨会，听到了一些令人茅塞顿开的概念，从而相信这些认知改变了他们的生活——他们改变了。实际上，他们只是学习了，这是改变的核心组成部分，但绝不能等同于改变。

如果从六个阶段出发，分析这三个词，你就能更清晰地发现个中区别。许多培训课程、研讨会、治疗和精神开导方法都会对祈盼和提升阶段有一定触及——这涉及学习。其他一些活动还补充了释放环节——这要求成长。有的项目能帮助学员开始重塑，可是说不上是改变，因为它们无法提供坚持的技巧。

改变意味着不同，而不仅仅是更好。更好没什么不对，实际上它能促成改变，不过其本身无法成为促成改变的真正催化剂。要想让改变成为现实，我们必须采取截然不同的举措，从本质上发生转变。不少人瞧着好像是改变了，可是很快又被打回原形，他们的改变不够持续。根据我们的研究，这些学员没有做到坚持。改变需要不断经营——现实是"不用则废"。你或许不会成为90磅的气球人，没有改变，但你没准能装出个气球人的模样，可是骗得了所有人，骗不了真正的改变者。

你将在下图中看到改变的运作方式。学习发生在前三个阶段：祈盼、行动和提升。成长在第四阶段：释放。改变需要在重塑阶段进行循环反复、目的明确的行动、思考和感知，而且必须在永恒阶段持之以恒。

改变过程：成长VS改变

改变过程可被用于自我评估和规划，也能作为路线图。它解释了学习和成长，分析了成长中的进与退。它帮助学员制定计划和策略，为走向成功和将败笔降至最小提供一套工具。

通过判断已经完成的阶段、当下所处的阶段或即将进入的阶段，从而评估进展和估测未来走向。它的作用犹如一本指南，有助于方位判断。例如，在很多自我发展培训项目中，参与者未能充分激发潜力，根源在于他们陷入迷局，没有认识到要想冲破迷局只需要步入下一阶段。手上有了这个图表，你就不会因为学完入门课程之后，发现没有显著改变，于是乎在自我发展的道路上半途而废。你会发现，这是由于自己没有通过祈盼阶段，从而未能促使自己投入行动。

这一过程是持续进行的，给人类带来新的可能性。当你成为一名改变者，你将不断设置更高标准，不仅能实现愈发宏伟的目标，还能从个人成就以及日常生活当中品尝到与日俱增的满足感。

现在，你也许暗暗自问：改变值得吗？我们有两个答案，一个是科学理论答案，一个是实证经验回答。

大脑变化

直至最近，传统观念仍旧认为，出生时是个什么大脑，以后也不变，我们就只有认命的份。长久以来，我们一直认为大脑是静态的而非动态的，我们不

28

得不接受认知局限。然而，大量新型科研成果，尤其是神经学研究，极大地撼动了这些论调。我们的研究充分验证了"大脑可塑性"或者说"神经可塑性"——大脑基于经验和学习重构神经路径的能力。从改变的视角出发，就意味着人类可以利用极具韧性的大脑成长和发展；我们可以学会更高效的沟通方式；我们可以突破惯常模式并建立新的生活方式；我们可以超乎想象地掌握新技能，开创事业新局面；我们可以摆脱过去自我施加的束缚，进一步发展心智、身体、情感和精神。

但是，绝大多数人从来没有充分利用好大脑可塑性。而改变者们有效开发，重建思维，成为过去未曾设想过的自己。当你经历改变的各个阶段时，你将自然而然脱颖而出。重中之重在于，"重建思维"不是夸大其词，也不要曲解其意。它是完全可能的，不过你也犯不着跑去某间科学实验室，然后头上挂满电极，或要求外科医生在脑袋上动刀子。

丹尼尔·西格尔是人际神经生物学专家，撰写了《心智洞察力》，他写道："根据神经学的发现，我们认为，我们的情绪变化……在大脑的各物理层面都是可改变的。"西格尔对注意力聚焦的研究直接验证了我们的发现，这些都是思维重构的关键："培养将注意力集中在我们内心世界的能力"（我们称之为祈盼），"我们就如同拿起了一把'手术刀'，重新打造我们的神经路径（行动、提升、释放和重塑），刺激影响精神健康和幸福感的大脑核心区域"。

精神病专家杰弗瑞·施瓦茨博士提出的"注意力密度"强化了这一概念。他的观点是，如果想改变生活，我们必须认真、持续地关注影响某种特定改变的所有问题。"注意力密度"激活了大脑电流，通过多次的循环反复，它最终会调整大脑结构。凭此方法，"思维的确改变了大脑"。

以下的一些研究结论，如果综合考量，会为"思维改变大脑"提供强有力的证据支撑。

·四年之内 IQ 能提升 21 个点。2012 年年初,《新闻周刊》记者沙隆·贝格利发表文章,报道了认知科学家凯西·普莱斯等科研人员的研究结果。研究人员发现,通过集中注意力,IQ 能得到显著提升,并且随着 IQ 的提升,大脑还会产生物理变化。

·根据对僧侣的研究,冥想越久,他们的灰色物质就越发达,伽马射线更具活力。理查德·大卫森博士对一群冥想数载的僧侣进行研究,最后发现,他们大脑中与同情、自我认知、共鸣、自我意识、快乐相关联的灰色物质增多。安德鲁·纽贝格博士是研究祈祷对大脑的影响的专家,他发现,经常性的祈祷和冥想会大大改变大脑的结构和功能,而这些改变将会影响价值判断和认知感受。

·大量研究显示,即便是正在衰老的成年人,其大脑可塑性仍旧能够提高。诺曼·多吉在其《自我改变的大脑》一书中分析了一个关于佩德罗·巴赫－利－瑞塔的有趣案例。巴赫－利－瑞塔是一位西班牙加泰罗尼亚诗人和学者,患上了严重中风,所有医生都觉得他无法康复了。就在这时,大脑可塑性发挥作用了。他的儿子乔治是位精神科医生,他不愿接受这种断言,于是全力以赴照料父亲,想使其彻底康复。日夜流逝,这一年,乔治帮助父亲反复练习一些细微动作,以构建新的神经元网络,取代因中风坏死的神经元。令所有人大吃一惊的是,佩德罗又可以重新教学、写作,还能精神矍铄地进行户外活动。

这类研究虽然简洁明晰却意义重大:我们具备改变大脑和改变生活的认知能力。本书当中将使用重建、重编、重塑等术语论述我们该如何利用大脑可塑性。我们通过迫使自己学习新知识和采取新行动,解决曾令我们退避三舍的难题,从而提升能力,改变我们的大脑,促进自我改变。

为何改变?

对于个人改变的好处，我们可以写出 101 个，不过重中之重是：你能催生一个更优秀的自己。不论现在的年龄或处境如何，你都无从得知更优秀的自己是何模样，虽然也许你曾经对此略有设想。你曾暗自思忖，要是我能做成某事，就算大功告成了；或许，你期待能与伴侣、孩子及父母的关系更为融洽和睦；或许，只要你有一个优秀团队，或者没有各种责任负担、财政考虑和自我顾虑，你会梦想为人类做出大贡献。在内心深处某个地方，你知道自己可以更加卓尔不凡。

改变就是让更优秀的你从思维顾虑中脱身而出，让他或她重焕生机。期待优质生活绝非自视甚高、不切实际或痴人说梦。事实上，安德鲁·科恩和肯·威尔伯等文化进化论者认为，人们希望能操纵自己的进化过程，实现下一阶段的发展。我们不是生来就是容易满足、怕苦怕累的人，所有人都有一股探索和学习的动力，不过社会环境或我们自身的成长经历给这股闯劲浇了冷水，以至于我们认为自己能做成的也就仅仅如此了。

如果我们问你对生活的期待，恐怕没几个人会回答"卓越和优秀"。如果你和绝大多数人一样，那么你一定有一些关于职业发展、人际关系、亲戚家人、精神世界等各个领域的特定目标。改变将有助于你实现这些目标——事实上能让你超越想象，不过这些都是一个更大目标的副产品。回想一下我们之前的改变试金石：做未曾做过的事，成为之前未曾设想的自己。未来某一刻，如果你正在改变的旅途中，你将会发现自己正在做一些不可想象的事情。第一步也许是你鼓起勇气实话告诉那位凶神恶煞、挑三拣四的上司，他的那套策略行不通；也许是你开始某段朝圣之旅，而你先前从未想过有朝一日会有如此神圣的旅途（甚至都没想过自己是做这种事的人）；也许是和自己 20 年不曾交谈的亲眷重新联络；也许是坚守在自己讨厌的岗位上，直至自己完全掌握技能为止；也许是为别人打了这么多年工，终于开始自己开公司。

然而最喜人之处在于，改变能够影响生活的任一方面——也就是整个人生。让我们欣喜若狂的事情是看到大家改变，然后成为未来最容光焕发的自己。我们的学员经历了心理学家所称的"第二级改变"——比标准情况更为广泛和深入的转变，如果我们向读者呈现他们前后对比的照片，这绝对比某人减肥一百磅的前后比照图更为震撼。这就像是他们摘下了佩戴多年的面具，向世人展示出真正的自己，犹如蛹化蝶。

第三章　祈盼：心的呐喊点燃改变

> 我们就是欲望。它是人类灵魂的核心和人类存在的奥秘。没有欲望，人类所谓的丰功伟业都是空谈。没有欲望，就不会有人谱写交响乐，不会有人攀登高峰，不会有人反抗不公，不会有人维系爱情。欲望是你我探索生命价值的动力源泉。
>
> ——约翰·艾杰奇（John Eldredge，美国知名作家和顾问）

如果你与众人相仿，你一定知道自己所想。实际上，倘若被威逼利诱，你没准能絮叨出一长溜的愿望：轿车、豪宅、度假、工作、电子设备，不一而足。可要是说你祈盼什么，恐怕你脑子里就一片空白了。

关于祈盼这个术语，有些模糊陈旧的解读。它顶着《旧约》的光环。或者，像是维多利亚时代小说里的女主人公，倚靠着哥特风格的尖塔窗户向外张望，望眼欲穿地等着劳燕分飞的恋人归来团聚。恐怕如今你很少用"祈盼"造句了，说起来舌头打结，想起来拿捏不定……也不觉得它是改变的驱动力量和源泉。

每每提及改变，我们所说的绝非一个公式，而是从内心深处崛起的更深刻的你——崭新独特的你。花点时间好好思考自己的祈盼。放空大脑，聆听心声。设想你的灵魂可以说话，可以清晰表达它对这世界的最强烈渴望，或者更简单一点，想想自己最深的欲望，什么才能将你的良好生活变成优质生活？

还是一无所获？没关系。祈盼是可以培养的自然能力。

或者你能够列出一张祈盼清单，其实都是自己想要的——"祈盼"富裕、"祈盼"环游世界、"祈盼"自由、"祈盼"和恋人结婚、"祈盼"一台超大电视。

错把"想要"当"祈盼"，也没关系，我们都是这样，不过它无法帮助我们改变。

所幸的是，我们了解你的祈盼——恰恰是这种祈盼才能催生改变。你的祈盼，恰好是世人共有的祈盼。明确说来，我们祈盼：

- 发挥作用
- 爱与被爱
- 受人重视
- 做出贡献
- 与人结交
- 有归属感
- 行家里手
- 被人肯定
- 精神提升

分析这些祈盼的方法不一而足——马斯洛的需求层级便是其中之一，我们还可以从其他角度观察它们，从已经学会有效利用祈盼的人的切身体验，到不同学科视角，如教育学、积极心理学、神经学和行为经济学。现在我们认识到祈盼的普适性，通过了解这些祈盼，你将为生命开启卓越的大门。

那么你要做的是否就是背诵这张清单，然后就算万事大吉？这也太简单了，莫非我们打一个响指就能让职场失意、人情冷漠、悲痛感伤和低落沮丧凭空消失？了解你的祈盼是门熟能生巧的活儿，你必须掌握整个过程。我们深知，"过程"一词听着枯燥死板。然而，这个特殊过程和枯燥死板绝不沾边。相反，它充满挑战、刺激和改变。

第一步，你必须将祈盼贯彻至日常生活。即便大家祈盼相同，也并不意味着大家将为此做相同的事。比如出于与人结交的祈盼，我与同事加强沟通，而你却可能选择与亲朋好友促膝长谈；我也许祈盼在生活之中发光发热，所以要在工作上干出成绩，而你却可能选择养家育人来实现这个祈盼；我也许会通过公共演讲来满足自己成为行家里手的祈盼，而你却选择下国际象棋并教授下棋技巧使夙愿得偿。

实现你我祈盼的机遇俯拾皆是。换言之，改变动力随时都有，我们只需要利用祈盼的动力。自我发展的技巧在于学会认清机遇，并随时握在手中。我们所说的并非是毕生仅有一次的宏愿——环游世界或退休。即使是在最单调乏味的日常琐事里，我们依旧能实现祈盼，在修葺住宅、失眠之夜或四处出差的路上，我们都能找到非比寻常的意义。

我们虽然朝着相同的终点，但是却走在不同的祈盼道路上。因此，把众人皆有的祈盼转换到个人生活当中，存在一定风险。为了减少风险，我们不如先分析一部很受欢迎的电影，电影主角错把"想要"当成了"祈盼"。

乔治·贝礼不祈盼周游世界

你也许看过《风云人物》这部 40 年代中期由弗兰克·卡普拉执导的影片，男主角由詹姆斯·斯图尔特（昵称吉米·斯图尔特）出演。这部电影备受推崇的原因很多，其中就包括对祈盼的探索。吉米·斯图尔特饰演的男主人公乔治·贝礼坚信自己最大的祈盼是到异域他乡旅行，只有自己摆脱了贝德福特瀑布镇上那些肩上重任，他才能真正心情畅快，得以走遍世界。

他所依赖的获得满足感的方法是错误的，可他偏偏坚信这个方法是正确的。只有当事实证明其想法错误，他才认识到自己的与人结交、相互关怀、爱与被爱的深层祈盼。乔治需要改变对自我最深刻欲望的认知，改变自己对旅行的过分偏爱，立足当下，看到对饱含激情的生活、与亲朋好友亲密无间、受人关怀、关爱他人的愿望。忽然，他不再坐立不安、精神压抑、愁眉不展。他了解到自己的祈盼，每一刻都与众不同，哪怕只是把玩着女儿朱朱送给他的花朵——他原以为这份礼物不翼而飞了，于他而言都是千金难买的一刻，因为他从小细节中发现了大意义。

我们都应该享有朱朱的花朵，在人生之中这一刻不仅只有一次，而应该有千万次。设想每一天都令人心满意足，意义非凡，这会令你的灵魂知足常乐，夫复何求。这便是你深知自我祈盼并日夜为之奋斗的结果——生命成了一段实现自我祈盼的旅途。一般而言，诸如乔治高喊豪言壮语"我想重生"的重大时刻是多个祈盼叠加的结果，它们将会汇集成改变的时刻，正如乔治所经历的那样。然而，我们很多人总是忽视祈盼，或者一直在追求误以为会令人满足的事物，因此，我们总与祈盼擦肩而过。要想真正实现它们，我们必须首先纠正"想要"的错误。

表层愿望：为何我不能收获满足

不幸的是，说起祈盼，我们才是自己最大的敌人。积极心理学家丹尼尔·吉尔伯特和提摩西·威尔森曾提出"表层愿望"的罪过。我们坚称某事能让我们快乐，可是实际上这件事只能为我们带来短暂的欢愉。结果，我们忽视了更深层次的祈盼，只关注表层愿望。

如果你对最后这句话心存怀疑，首先你必须明白，我们的大脑就是这么构成的。神经学家已经辨别出大脑中不同的愉悦中心，其中一部分与我们的想要或需求相关，另一部分则与更深层次的满足感密切相连。当我们关注并沉浸在想要或需求时，大脑就会释放出多巴胺；如果深层次期待得以实现，就会释放出内源性鸦片肽。绝大多数时候我们选择了多巴胺，而将内源性鸦片肽抛至一边。我们将多巴胺与满足感相混淆，结果给自己列出一堆想要的东西，却遗漏了大脑释放内源性鸦片肽的中心区域。想要就是想要，而且现在就要！我们内心不再挣扎，"我究竟该不该吃那么大一碗冰淇淋？或者我应该努力满足更深层次的渴望，要在这世上享有地位发挥价值"？我们没有多想，狼吞虎咽地吃下冰淇淋。我们麻木了舌头，麻木了自己，忽视了更深刻的要求。

在我们的研讨会上，我们经常做一个练习，以阐释追求表层愿望时的情绪。试试和朋友一起练习吧：

花点时间，想想自己这一刻特别想要的东西，不论什么都可以——食物、最新的智能手机、假期、工作或财富。让你朋友拿个计时器设定一分钟，然后完成这个句子"我想要 ____"，大声说出来，一分钟之内能说多少就说多少，就好像在这个时间段内你所说的都能心想事成。时间到了，转换角色。等两人都说完了一分钟，再花几秒钟，两人同时大声快速说出自己想要的。现在，好好感受一下内心情绪。最后对比两人的愿望，分享各自的情绪。

如果和大家相似，你会觉得"兴奋"：热血沸腾，情绪高昂，兴高采烈。这便是为表层愿望投入行动时你的感受。当品尝一袋曲奇饼，或买下一件新款拉风外套，或白天的交易让你大赚一笔时，你就能感受到这种期待被满足的刺激，可惜它转瞬即逝。更为重要的是，它让我们误以为，这能为我们带来全身心的愉悦感。如果你买过豪车、酷炫设备或是其他一些炫目的奢侈品，你一定深有体会。实际上，有个专门术语：买家懊悔。人们数周数月翘首期待，等终于得偿所愿，不过是一时刺激。之后，一切烟消云散，随之而来的空虚感迫使我们另觅目标。我们曾壮志凌云，然而令人费解的是，即便真真切切地拥有想要的东西，我们依旧觉得心里空荡荡的。

然而，这一时的刺激却让我们忽视了自己真正的祈盼，它使得我们只关注能够轻而易举拿下的事物，关注那些会让大脑多巴胺迅速增多的事物，比如盼望已久的体育赛事、电视节目、约会等。我们也许已经被洗了脑，觉得一辆炫酷汽车、最新潮的科技玩物、度假村、时尚服装或是等离子电视能为我们带来真实的愉悦感，然而事实证明，我们总是看错能让我们永远、彻底地心满意足的事物。积极心理学家称之为情感预测失误。

更令人揪心的是，当我们发现新款等离子电视无法让我们感受期待已久的长期愉悦感时，我们还是不能从错误中吸取教训。你会认为，当假期、电子设备或升职无法为我们带来持续的愉悦感时，在经历了两次甚至三次之后我们就会有所醒悟，可惜我们依旧我行我素。我们在脑海里自言自语，如果升职或在乡间拥有一栋漂亮别墅无法带来持续的满足感，没准这是因为真正能让我们幸福快乐的是一艘豪华游艇，或是一个美若天仙的新婚妻子，或是最新款 iPad，或是去拉丁美洲阿鲁巴岛旅游。

问题的症结不仅仅在于我们的思维以及大脑愉悦中心。由于从外界收到各类繁杂讯息，我们对真正能令我们快乐的事物感到一头雾水。别去买苹果设备，可这家公司的广告绚烂夺目，让人应接不暇，很容易就让你觉得一旦买下它的产品，生活必定更上一层楼。广告、电视剧、电影、爱情小说、网络和音乐都在强化我们的表层愿望。工作压力大，要应付叛逆的未成年孩子，担心财政困难，我们很容易就被那些将事件神化的媒体讯息侵蚀：一辆车、一枚钻戒或一次旅游，好像都能令人改头换面。

因此，要想成为真正的改变者，你必须有能力区分想要和祈盼的差异。让我们看看相关的技巧和方法。

"这样才能" 的红灯信号

想要是外在的，祈盼是内在的。换言之，你想要的处于你的核心之外。你想要物品、地位、豪车、头衔和金钱。然而祈盼却关乎你的本质核心：你祈盼成为行家里手、与人结交和发挥作用。不过想要的往往和祈盼的存在关联，因此会迷人耳目。你也许想赚大钱，这和你希望感动与被感动、被爱及受人肯定的祈盼相联系。就外在来说，你想赚大钱是因为你认为腰缠万贯会让你更受欢迎和尊重，而且令旁人艳羡。但是，从更深层次出发，你祈盼与更多人结交，希望大家关爱你这个人，并非因为你的财产；或者你祈盼能为其他人做出贡献。富裕也许能为你带来暂时的愉快，但是很快，内心的不满足感将愈发浓烈，正是因为你没有实现自己更深层次的祈盼。这是一个关键性的差别："得到想要的东西"带来的愉快转瞬即逝，而回应祈盼却能收获更持久和更深刻的心满意足。

想要总是诱惑人心，似乎它就是令人心满意足的关键所在。

例如，露西梦想自己能成为所在律师事务所的首位女性合伙人。在她看来，这是自己毕生唯一宏愿。她告诉自己，这绝非为了头衔或金钱这么简单，她这么做是为其他妇女开启职业大门。她梦想着众人夸奖她是开拓先锋。

梦想伟大，能激励人们努力实现宏伟目标，不过即便如此，很多时候它们不过是披着霸气外衣的"想要"。这绝非说我们不应该去追求梦想。不过我们要认识到，自己祈盼的不仅是成为公司一把手或是被赞为创新人物。

从更深层次来说，露西祈盼感动与被感动、发挥作用和成为行家里手。从表面来看，她希望成为公司领导人的梦想的确和这些祈盼密不可分，可即便梦想实现，问题依旧存在。她无法享受真正的满足感，因为她没有充分认识到也没有一步到位地实现自己的祈盼。

露西刚坐上合伙人位置的时候，她欣喜若狂，朋友们给她办了场隆重的庆祝会，用她自己的话说："我那一周都情绪高昂。"可接下来的几周，露西跌到尘埃里了，她发现自己被合伙人的各种细枝末节的工作纠缠不休，每天忙于应付各类繁文缛节的问题。她还发现，自己制定的政策难以落实，因为其他一些资深合作伙伴反对。不到几个月，她便怀疑自己大错特错，对自己的新角色牢骚满腹。

为了让露西意识到自己的祈盼其实是感动与被感动和发挥作用、成为行家里手，确实花了一些功夫，不过在有了这一认识之后——我们将在下文看到，她开始在职场和家庭的不同领域重新构建自己的生活。

我们的重点是，有些想要极易辨别，诸如衣服和轿车等物品，其他则潜伏太深。因此，千万不要以为自己长期以来有个目标或突然有股动力要实现某个目标，就妄下定论：这一定比想要更深刻。但愿露西的例子已经让你幡然醒悟。她希望实现最初目标的动力来自于她的深层祈盼，但绝非直接受其启发。她想成为合伙人，这样才能拥有更多控制权；她想拥有更多控制权，这样才能让公司改头换面；她想让公司改头换面，这样才能彰显自己愈发重要的地位；她想让自己的地位愈加重要，这样才能感动并接近他人，在他人心目中举足轻重。她后来发觉，这一切其实一直存在于她职业生涯的每一个阶段。

你如何判断出什么是自己想要的，什么是自己祈盼的？扪心自问，你的想要、期待和目标究竟在哪？或许不是那么显而易见，不过如果你深刻思考自己所想，就能发觉更深层的祈盼。将自己狂热的欲望放到"这样才能"这个"炼丹炉"里。

在一张白纸上写下三个你认为会让自己幸福愉快的目标、物品或环境，并使用下面这个句型："我想_____，这样才能_____。"

例如：

"我想成为首席执行官，这样才能让父亲为我骄傲自豪。"
"我想有一辆新款捷豹车，这样才能让别人对我刮目相看。"
"我想减肥，这样才能变得性感。"
"我想他能请我出去约会，这样才能让我自我感觉良好。"
"我想升职，这样才能赚更多的钱。"

很多时候，如果你的欲望只是一种想要，那么"这样才能"后面的空格就极易填上。一个个想要会接踵而至，想要永远画不上句号。可如果是祈盼，你就会抵达最后一个"这样才能"。那是因为有了祈盼就一切圆满，祈盼本身就是终端和结局。我们祈盼重视与被重视、与人结伴、感动与被感动——我们付出种种，只为了这单纯的渴望，别无其他。

从想要到祈盼

现在，回到自己的清单，看看是否有不同层级的"这样才能"。这个句子一直写下去，直到尽头为止——你的祈盼很有可能就藏在想要或目标之中。例如：

"我想升职，这样才能赚更多的钱。"
"我想赚更多的钱，这样才能尽情享乐，尽情玩跳伞。"
"我想玩跳伞，这样才能感受刺激。"
"我想感受跳伞的刺激，这样才能感知生命的脉动。"
"我想感知生命的脉动，我祈盼生命的脉动。"

发现藏在目标中的祈盼将使实现它们的过程充满更多满足感。但是，如果在日常生活中关注祈盼，我们往往能超乎想象地实现更多的目标。目标华丽，不过也没必要非得等到升职和跳伞才去实现更深层的祈盼，例如感受生命的脉动。每天都聚焦于更深刻的祈盼会让我们活在当下，脚踏实地。一个着眼于当下并脚踏实地的自己将更有可能高升，而且还能得到更多收获。并且，实现了这些目标，满足感将会更强。

祈盼是内在动力的核心，改变的动力源自我们的内心，它本身就能让人感到满足。"想要"则是外在动机——想要某事某物，以获得其他果实。得益于

普遍性祈盼

以下是我们人类所共有的一些普遍性祈盼。如果你觉得每一项都适用于自己，那就大声读出来，看看哪个最能引起你的共鸣。我祈盼：

生存与存在感

存在

体现我的存在

受人重视

有人倾听

体会感动

欣赏我的存在

感受关爱

得到肯定

受人尊重

表现我的存在

表达自我

丰富体验

学习成长

信任发展

传递感动

积极创造

与人交流结伴

为人所知

得到理解

发挥作用

了解对方

关系紧密

搭建人脉

与人深交

相知相依

关爱呵护

发挥作用的感觉

地位重要

珍视与被珍视

履行毕生责任

带来改变

尊崇上帝

实现目标

书写命运

向圣人靠拢

接近强者

成为众人一员

了解上帝

与圣人同步

内在动力，我们不仅满足感更强，也能收获更多。研究行为经济学家和动机学者已经证实，较之于外在动机，内在动力能使人获得更多的成就感和愉快感。自发性的探索心和好奇心、更强的创造力和生产力都是内在动力的果实。如此看来，内在动力与神经学家所称的大脑满足中心密不可分，祈盼能激活该区域。科学研究指出，祈盼的重要性和力量远远超过"想要"。

想要和祈盼的另一关键差别在于特定性和普遍性。如果你的愿望涉及某个特定的目标，人、名牌或生活方式，那就属于想要。你想要一个凯特·丝蓓手袋、最新款的 iPad、吉米·周鞋、和乔什约会、参加职业棒球梦之营或夏天在希腊度假。这些和普遍发挥作用、带来改变和施加影响的祈盼背道而驰。另外还需谨记，你对这些具有普遍性祈盼的表述或许与我们的措词有所不同。例如，我们说祈盼施加影响，你的表述也许是祈盼有人倾听有人重视。但是，其本质是一模一样的，这种普遍性和特定化、个人化的想要大相径庭。

良好生活与优质生活的区别

让我们回到露西律师的案例，看看她在经历了从想要到祈盼的转变之后发生了什么。

露西聪明机智，富有同情心，充满魅力，是一个一定能够心想事成的能人。实际上，早在她从法学院毕业之前，她就做了很多有闯劲的人都会做的一件事：列出目标清单。之后的十年里，她专心致志地完成这些目标，为此牺牲了大量时间和精力。有些目标和其职业密切相关——她想在 35 岁前成为某家大型律师事务所的合伙人。

露西想找"一位成熟稳重、风度不凡的职业精英"组建家庭，27 岁那年她找到了自己的白马王子。她计划在 30 岁以前生两个孩子——再次得偿所愿。

她还有很多小目标——在一个有口皆碑的郊区拥有一套住宅，去巴黎、伦敦和巴塞罗那度假，等等。全部逐一实现。

然而当露西迈入40岁时，她对自己的生活牢骚满腹。她成了合伙人，登上职业的巅峰。家庭事业双丰收，她着实弄不懂为何自己依旧不满足。成为合伙人第一年，这种不满情绪愈发强烈。她极力摆脱——实现了这么多目标，自己却满腹牢骚，她很有罪恶感——可就是挥之不去。

这一年里，她与管理委员会沟通，想找人顶替自己。她意识到自己必须改变生活，尽管她也不清楚究竟该如何改变。露西觉得心里堵得慌，不知所措，跑来向我们咨询。

作为培训过程的一部分，露西开始认识自我。对自己的认识越清晰，就越能看清藏在所有想要之下、被自己忽视的东西。露西祈盼感动与被感动、发挥作用、带来改变，可她在公司爬得越高，她的重要性似乎越低。她的一切抉择，从挑丈夫到选工作，都是严格按照社会标准执行的。按照这些标准来衡量，露西过上了良好生活。但是，从她深层次的自我感知来判断，她离自己祈盼的优质生活相去甚远。

露西开始认识到真正鼓舞着她的深层祈盼，于是着手重建生活。首先，她不再单单从业务角度与客户打交道，而是将客户视为遇到各种烦恼的个体，从担忧公司未来、职业发展到退休生计等，那些烦恼无所不包。当露西扩大并深化其服务时，她发现自己做出了更大贡献。这让她激动不已，感觉自己就是客户的亲朋好友。反过来，得益于她更为高尚的驱动力和责任感，她的工作成绩大幅提升。露西通过前所未有的方式实现了增值。客户们委托给她更多工作，许多人慕名而来。这一过程中，她与员工们融为一体，更加关心员工队伍的培养。看到大家学习成长，她倍感欣慰，不久之后，很多人都愿意加入她的团队，这令她喜出望外。

从合伙人的岗位上辞职只是第一步。后来几年里，露西数度改变生活，这一切都围绕着她的感动与被感动、发挥作用的祈盼。更为微妙的是，她和丈夫更加和睦恩爱——经常外出约会、更诚挚的沟通和反馈、生活上职场上彼此帮助。露西改掉了自己高高在上的育儿方法，利用更多时间完成自己长久以来的夙愿——给孩子们提供帮助，一对一与他们交流沟通。孩子们每周都盼着与妈妈在一起的特别时刻。

最令露西惊喜的要数自己祈祷观念的升华。她很早就被告知要像孩子一样祈祷，不过这与其说是与圣人的亲密关系，倒不如说纯属习惯。内心深处，她极其祈盼创世者的指引，她不禁想，自己以前的那些成就不过是为了实现这一深层愿望而误打误撞的结果。露西正在学习从微观和宏观上，在生活各领域遵循祈盼的指引。

了解自己的祈盼让露西能做真实的自己。露西已经能够体会祈盼的重大意义，即使时间流逝，她也能紧握祈盼。那么你要思考如何才能做到这一点。

冲动：当下的祈盼

和对待祈盼一样，你恐怕很少去体会冲动这个词。冲动的含义也许与你的理解有所区别，因为大家时常错用这个词。例如，冲动和渴望不同：你渴望吃一粒糖；你有股冲动，要用最高嗓门演唱自己喜欢的甲壳虫乐队的歌曲。我们用渴望描述软瘾——获得即时而短暂的欢愉，如糖、新外套或看电视。冲动源自更深层次的领域，属于当下和眼前。

冲动是源自祈盼的力量。和渴望不同，冲动极其个人化，有些时候甚至是绝无仅有。它们从内心涌出，它们不是有意识的决定。通过早期的社会化过程，我们学会了不要受制于冲动，相反要掌控它们。我们接受的教育是，事事受冲动驱使被社会所不容。不论冲动多么急切，你都不能在总统就职演讲典礼的前排坐席上想唱就唱。然而与此同时，冲动和深层祈盼密不可分——你想庆贺、想沟通、想感染在场的人。重点在于，你有能力留意到这种冲动，并能够发现孕育它的祈盼，即便你并没有即刻采取直接行动。任何时刻，我们内心都有无数种冲动。不过就如同冲浪者不会追逐每一股浪潮，我们也不会有冲动就行动，不过要想学会遵循祈盼，就必须多加留意我们的冲动。

影片《圣诞精灵》里有一段经典情节，威尔·法瑞尔饰演的主人公巴迪一蹦一跳地穿过人行横道，小心翼翼地只踩白线。他在栏杆下面捡起一块口香糖，有滋有味地嚼了起来。接着，他在一个旋转门里反复兜圈，终于肚子被卡住了。他看到有个男人向他招手，于是兴高采烈地挥手回应，结果发现对方是在招出租车。最后，他走进帝国大厦，搭上电梯，按下某层楼的按钮。他发现一按下，按钮就亮，于是大开眼界的他按了一个又一个，最后102层所有按钮全亮了。这个片段充分反映出他遵从了自己的冲动，而这是源自与人结识、参与行动和发现探索的祈盼。

改变者不一定要去模仿威尔·法瑞尔在《圣诞精灵》里的所有举动，不过他们却能从中感知存在的乐趣，从而较之他人更能享受这种乐趣。如果可以遵从冲动，他们的行为将更具自发性，少些刻意性。对于我们所有人而言，单单关注这些冲动就能帮助我们了解各自的祈盼，朝改变者迈进。

让我们看看以下这些普遍的冲动，看你能辨认出多少。

· 发自内心地拥抱某人（而非在正式场合表示友好）

· 偏离人行道

· 不假思索地说出真相

· 向电梯里所有人问好

· 忽然引吭高歌

· 在平常的时刻告诉某人你的关爱（例如吃午饭或打网球的时候）

·朝陌生人微笑

·编写并说出你自己的祷告词

·街头起舞

·突然决定

我们能够列举出上千种冲动，不过我们希望读者用下面这十条，分析它们的祈盼根源。以下是部分普遍性的祈盼：

A. 发挥作用

B. 爱与被爱

C. 受人重视

D. 做出贡献

E. 行家里手

F. 被人肯定

G. 精神提升

H. 与人结交

现在，回到刚才的冲动清单，将祈盼字母编号与相关的冲动配对。以下可供参考：

1. 发自内心地拥抱某人（而非正式场合表示友好）B

2. 偏离人行道C

3. 不假思索地说出真相D

4. 向电梯里所有人问好A

5. 忽然引吭高歌G

6. 在平常的时刻告诉某人你的关爱（例如吃午饭或打网球的时候）H

7. 朝陌生人微笑 F

8. 编写并说出你自己的祷告词 G

9. 街头起舞 C

10. 突然决定 E

这不是绝对答案。就某种程度而言，冲动的祈盼根源取决于个体。如果你在街头翩翩起舞，也许体现出你对受人重视和受人赞赏的愿望，如果换个人，这也许体现出他对表达、结伴、庆祝或发挥影响的需求。这一练习的目的是帮助你开始思考自己的冲动，并将之与祈盼相连。如果有意识地反复练习，你将会形成条件反射，也将对自己的祈盼有更深的认知。

我们为何不再祈盼

你是否想过，为何我们无法自然而然地感知祈盼？事实上，我们确实可以主动祈盼。换言之，发现祈盼并付出行动为何变得如此困难？原因不一而足，然而首要的是，我们的愿望不够有力度。有些东西阻止我们去顺应自己的冲动、深切欲望和心灵愿望。我们感知其存在，可是脑海里某个声音叫道：

这样不好。

我不配。

我太贪心了。

我当自己是谁？

我就是爱做梦，现实点！

我承担不起。

这不是我。

时机不成熟。

我改天再做。

要是我……没准我就能……

我们接受的教育是必须压抑祈盼。孩提时代，我们缺乏社会认识、自控能力、判断能力和行为技巧，无法合理有效地遵循冲动，行动起来。基于大人对我们的引导和斥责，很多讯息被我们内化，无意之中限制了我们的闯劲和冲动。这也限制成年之后的我们无法感知祈盼以及合情合理、令人充实的欲望。

祈盼的最大障碍在于我们不允许自己有足够期待，但是还有其他一些拦路虎：

·表层愿望（上文已经讨论过了）

·软瘾，让我们对自己的祈盼麻木无知

·损失厌恶（loss aversion），不敢放弃熟悉的惯常生活，即便之后可能会过上更有意义、更加充实但不太熟悉的生活

不要让这些障碍阻止实现祈盼的努力！在改变过程中，请切记，你有权享受优质生活，而唯一途径就是唤醒并提高你感知祈盼的能力。

祈盼的全貌：意义所在，价值所在

祈盼让你成为最全面、最深刻的自己。了解自己的祈盼将改变你的生活，让你渐渐成为真正自我，并了解真实自己。读到这句话，你肯定会问："怎么做？"

发挥你化枯燥为充实的能力。设想你在公司开会。你希望公司能旗开得胜，可担心某个策略会让公司一败涂地。你有种要一吐为快的冲动。你祈盼自己能做出贡献，得到认可。这间会议室里，你职位最低，要是自己开口，恐怕会显得不知天高地厚，可要是沉默不语，公司将会遭殃。

这就是乔什碰到的问题。乔什一直努力倾听自己的祈盼，他知道自己有股强大的冲动，不愿再做生活的旁观者，而是要为生活做出贡献，因此他觉得这一刻是自己回应祈盼的机会。他胆怯地举起手，告诉大家自己觉得这策略有缺陷，大家必须认识到首席执行官的局限性，否则这事办不成。会议室里鸦雀无声，总裁正襟危坐，一脸不屑，空气十分压抑。最后，总裁把乔什赶了出去。一开始，他们说不再需要乔什在这帮倒忙，不过很快，总裁又把他叫回来，让他一起帮忙解决问题。从那一刻起，乔什和客户的关系突飞猛进，他时常把这次经历视为成功的催化剂，让他成为一名深谙如何直言真相的知名顾问。

如果你不了解自己的祈盼，就可能错失良机。如果不在会议当中说出所想，你没准将在朋友那里耗时耗力抱怨：公司被目光短浅的领导毁了；又或者，你会错过自己对孩子的关爱和教育，因为当你帮女儿盖好被子，她想和你说话时，你满脑子是自己职场上的那些"工作任务"；又或者，你飞速跑出家门，只是蜻蜓点水般地瞥了伴侣一眼，错失了注视和欣赏彼此的机会，错失了实现爱与被爱祈盼的时刻。

当你真的回应自我祈盼，每一刻都将变得更加深刻也更加充实。生活中，绝大多数人的兴奋源自瞬息的喜悦。得到想要的东西，我们情绪高涨，可是很快就被打回原形。这一上一下的循环压根不会令人心满意足。相反，我们经历一个又一个兴奋，这让我们默认了其中的间歇日子，模糊了深层愿望未被实现的真相。

现在让我们设想另一情况。试想如果我们一直对祈盼全神贯注并努力为之奋斗，结果会如何呢？在和鲍勃相处的过程中，如果他忽视了我说的话，我觉得有些受伤，不过我没有暗自神伤，因为我知道问题所在：我祈盼有人倾听，自己能发挥作用，而鲍勃的忽视暗示我不重要。找到自己的祈盼让我有了满足感，而不是毫无目的地大吵一架，认清祈盼能让我更有效地与鲍勃沟通："我感觉不好，好像自己是空气，不足挂齿。"这类沟通次数多了之后，鲍勃忽视我的观点的情况大量减少，我们的关系也大为改善。很多时候，我曾经认为他的态度就是置之不理，但是把话说开之后，我发现其实这并非是我所认为的置之不理。不论是在两人的交流中，还是对我本人的思想，我们对事情本质的把握更为迅速。鲍勃知道了我的敏感和脆弱，于是态度缓和，我也接受他的视角，我俩的沟通更为直截了当。我们很快找到了问题的解决办法，避免浪费宝贵的情感和智力。

试想自己不再浪费时间是何种感觉。试想不仅从一年一次的大进步而是在日常生活里上百次的所思所做当中品尝浓郁的满足感，这些所思所做都镶嵌在你的祈盼之中。生活的任一领域——工作场合、人际交往、空余闲暇、家庭关系——都将迈入新阶段。

例如，我们的学员埃利特，他是一名编辑，很多年来，他对自己的工作也算是喜欢，也能说是擅长。不过，有些时候他也怀疑，即便是在一家知名出版社担任举足轻重的编辑，但是这种工作究竟是否适合自己呢？他有时觉得枯燥乏味，有时又觉得自己没有施展最大才能，有些时候甚至质疑自己对专业领域的选择，他想没准自己可以回法学院，或者试着当教师。

然而他很快意识到自己的祈盼，他非常祈盼得到大家的尊重、成为行家里手并施加影响，于是他对待工作的态度、喜好和表现都转变了。在编辑会议上，他话语更多，分享自己的思考。在此之前，埃利特都是困在自我无意识的条条框框里，自己该说什么，不该说什么，小心翼翼，以免得罪了谁，以免侵犯他人领域。即便自己对杂志的编辑方向见解辛辣，可他总是克制自己，语气平静，还总是顺从他人意见，因为他觉得初级编辑理当如此。不过当埃利特体会并认识到自己的祈盼，以及无视祈盼对自尊的影响时，他的办事态度和方法全都变了。他敢于挑战那些让杂志过于保守、内容乏味的高级编辑。他主动利用周末为杂志转型制定详细的策略，并以自信权威的姿态呈现出来。他成了记者们眼中设身处地地为他人着想、能够激励人心的编辑，他鼓励他们挖掘他认为关乎杂志生死荣辱的报道。

一年之内，埃利特不仅两次升职，而且还以未曾体验过的方式享受工作，就好像自己换到了另一家杂志社或者另一个岗位工作，他觉得这正是自己期待的。

和"以前的"埃利特一样，我们所做的一切都是因为觉得应该做或擅长做，然而我们的行为往往和深切的、核心的、驱动性的祈盼相去甚远。在人际交往中，我们的行为导致团聚的珍贵时刻遗失。我们东拉西扯，大喊大叫，避重就轻，导致沟通毫无实质意义。我们不知道该如何进行有意义的交流，也没有意识到有效沟通能强化关系。甚至更糟糕的是，我们为微不足道的争执和误解喋喋不休，陷入僵局，遗忘了重要事情。

祈盼引导我们的选择

改变者深知，祈盼是生活的指南针。站在十字路口，或是面对两难抉择，祈盼为他们的生活指明方向。也许你和很多人一样，曾希望过上目标更为明确的生活，或是希望自己的精神境界得到提升，为此，你自愿去流动厨房救济贫民，或是报名参加冥想课程。

也许你和很多人一样，刚开始你也许觉得为无家可归者提供食物或盘腿坐在垫子上放空心灵让你舒畅愉悦，可惜不久你就觉得乏味，或有其他一些事情让你无法继续。所谓祈盼是指为我们所有行为赋予重要意义的驱动力量，前提条件是我们知道如何激活。

如果你的行为不是出于祈盼，这些利他主义举动或精神目标全都是孤立的。换言之，它们和你的内在动力脱离。你试图通过一次活动就达到自我满足，而非在生命的上千种际遇中找到充实感。与其在流动厨房当志愿者，你不如将更多精力花在生活的不同领域，这会带来更大意义，既服务自己，也服务自己日常接触到的每一个人。

挖掘祈盼不是智力练习，也和该做什么或如何正确生活无关。相反，这是发现和迎接源自心的深层渴求，这是你灵魂的呼唤。你曾匆匆一瞥——就在你闭上眼睛、睡意袭来之时，就在清醒和做梦的间隙，祈盼在你内心呼唤，难以名状，然而你深知这是你对世界最深的期待。

设想一下，祈盼是伴你日夜同行的伙伴，它指导你的决策，是指出满足、充实和幸福方向的指南针，引导你步入卓越生活。

第四章 投入：祈盼在先，行动在后

热爱生活，投入生活，献出你的所有。

——马娅·安杰卢（Maya Angelou，美国著名作家和诗人）

"我觉得你的个人生活左右了你的职业决策。"托妮对自己的闺蜜简如此说道。托妮几乎不敢相信，自己会说出这番话。她之前从未如此直截了当地和简交流过。一方面，托妮一直是个希望讨好对方而不愿激怒对方的人；另一方面，简暴躁易怒，如果有人批评她的男朋友比尔，情况更甚。简告诉托妮，她打算婉拒一个非常棒的公关工作，因为这份工作要求她频繁出差，而她知道，如果自己经常不在家，比尔会不高兴。托妮之所以这么说是因为自己深知简拒绝这份工作的真正原因，比尔控制欲太强，如果简真的接受了这份工作，他一定会气急败坏。托妮毫不留情地揭露问题，简火冒三丈，不过简最终克制住了怒火，她也认识到，托妮所做的一切都是知己好友应该做的。这个故事的核心在于，托妮迎来了突破。这是她成年之后第一次迈出讨好他人的安全区，进入直面问题的危险区。虽然难度不小，简也怒火中烧，不过事后托妮自我感觉棒极了，她实现了自己要发挥作用的祈盼，这种感觉令人浑身活力四射。当她揭开简的真实顾虑时，就好像灵魂深处某个蓄电池被彻底发动，整个人电力十足。

对于像托妮一样的人，当祈盼化为投入时，生活将变成探索未知、自我充实的冒险。光是祈盼远远不够，我们必须付诸实践。不论祈盼程度有多深刻，如果没有行动，优质满意的生活只能是镜花水月。

一点一滴的投入累积会提高我们每时每刻的自觉性和存在感。踏出安全区，尝试新事物，承担新风险，让按部就班的生活变成刺激紧张的冒险。

在改变者看来，投入看起来容易做起来难。此时此刻，你也许正在思量其真正意义，也在自问，我现在不是正在投入吗？老天啊，我忙得焦头烂额，这会还在读这本书。我还要怎么做才能过上满意成功的生活？

思考一下吧。

工作中你是否投入？作为父母时呢？和伴侣或恋人在一起时呢？坐火车去上班或去教堂时呢？清晨慢跑、夜晚读书时呢？你是否在生活各领域都很投入？比如不论是赶在截止时间前完成工作或是从事趣味盎然的家务活？

也许和很多人一样，此刻的你正在挠头，对于我们的问题感到不知所云。有些人或许认为，所谓投入就是注意，因此，你聆听丈夫说的每一个字（甚至能背诵出来）。有些人或许会认为，所谓投入是全神贯注于手中的任务，因此，你全身心地投入工作，不允许自己走神。这些都是投入的表现形式，但可惜都不是真正的投入，因为此时的你遗忘了自己的情感、冲动和祈盼。

虽然凝神聆听、聚精会神也是投入的重要构成部分，不过相比较而论，投入的概念更深更广。我们将在下文对其进行详细定义，不过眼下，我们要谨记，真正的投入必须包含祈盼和情感。你或许一门心思只想着新来的上司、新交往的恋人或是去新开的专卖店购物，不过即便你因为最爱的设计师发布了新款潮服而雀跃不已，也无法满足你更深层的祈盼，因此你的投入是肤浅的。害怕新上司，对新恋人有好奇心，找到最新潮的设计款鞋子，这些都不能满足祈盼，甚至可以说，情绪激动也不能算是真正的情感。同样，如果面对某事物，脑在心不在，你就缺乏情感参与，而这恰恰是真正投入的特征。情感帮助我们感知祈盼，它们也是检测是否全面投入的标准。只有当彻彻底底地投入其中，我们才能深刻感知某种经历。

因此，当我们问你是否投入时，我们的问题其实是你是否将心灵、思维和精神统统注入某项活动之中；你是否零距离地接近某个任务，以至于心甘情愿地走出安全区，强迫自己一定要做好；你是否愿意即便浑身不自在，也要承担风险并释放自我，因为这会赐予你火种，你觉得只要一伸手，就能点燃世界。

现在，根据上文对投入的描述，思考下面的问题：

工作的时候，你是否觉得自己做的绝大多数事情真的重要？开展工作的时候，愉快和担忧是否夹杂在一起？你是否觉得自己每一天都在不断涌出新想法，学到新东西？

和朋友吃午餐时，你是否因为两人的深入对话而精神振奋并为之所动？你是否专心致志，说话开诚布公？你是否密切留意到自己说话的内容和方式如何影响了对方？你是否注意到朋友或恋人所表达的内容和所传递的感情如何影响了你？

健身的时候，你是否密切关注到自己的大脑、身体和精神对锻炼项目的反应？思维和情感是否在与身体一起锻炼？这个时候，自我和世界是否变得更为清晰易见？

平时，你是否愿意承担风险，不论是分享某个容易招致骂名的真相，或是直面某件令你如芒刺在背的事情？或是主动要求承担更多工作责任，或是遵循突发奇想的冲动？你是否正在尝试新事物？你是否愿意冒自我掉价、惹怒他人甚至被拒门外的风险？

承担某项风险时，你是否觉得这是数日、数周乃至数月以来最生机勃勃的一刻？面对挑战和新事物时，你是否觉得精神一振？

思考如何回答这些问题时，你要切记，投入是个连续性的层次递进行为。在连续体的最右端，投入是全面性和改变性的。最左端，你彻底置身其外。也许工作或说话的时候，你心不在焉，情感和认知不知道跑哪儿去了。也许你坐在树下静心冥想，或是漫步森林深思久虑，不过这也算不上投入加深——你也许变得更加深谋远虑，招来更多蚊虫叮咬，不过除非投入祈盼和情感，否则改变只能是空谈。

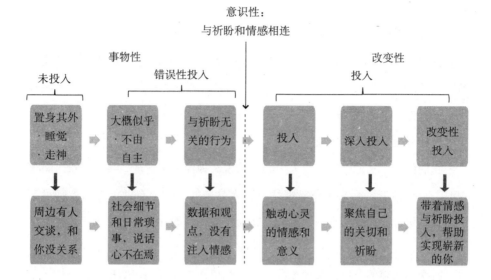

投入连续体

意识性:
与祈盼和情感相连

| 事物性 | | | 改变性 | | |
| 未投入 | 错误性投入 | | 投入 | | |

| 置身其外
·睡觉
·走神 | 大概似乎
·不由
自主 | 与祈盼无
关的行为 | 投入 | 深入投入 | 改变性
投入 |
| 周边有人
交谈，和
你没关系 | 社会细节
和日常琐
事，说话
心不在焉 | 数据和观
点，没有
注入情感 | 触动心灵
的情感和
意义 | 聚焦自己
的关切和
祈盼 | 带着情感
与祈盼投
入，帮助
实现崭新
的你 |

现在不要顾虑自己在连续体当中的定位，不要担忧自己处在左边位置，也不要担心如何朝右边前进。每天，甚至每小时，我们投入的层级都在改变。通过学习与练习，你在采取某项行动时，便能更好地认识自己的定位并了解如何更全面、更深入地投入。

为何要在连续体中前进?

根据我们的调查研究，改变者拥有更为和睦的婚姻，多次升职，他们的自我感觉更好，影响力更大，等等。如果处在连续体的右端，你便会开始实现祈盼，做能够带来深度满足感的事情，而不是去干那些误导方向、麻木神经或只能实现表层渴望的事，从而体会凤愿得偿的喜悦。

也许投入所带来的最佳收获是让你活力十足。改变需要精力，而投入就像是把自己接上电源。它为你的改变旅程注入必备的动力。它是改变旅途的催化剂，促使你朝新方向迈进。

积极心理学新兴分支的研究旨在探寻并应用过上充实生活的科学方法，它强有力地证明了为何投入是幸福快乐的关键。投入有时也被表述为"专注生活"或"动态生活"，它是收获真正快乐的核心要素之一。要想在职场上保持快乐，关键在于有意识的投入——保持好奇心、采取主动、提出改进意见、承担更多任务、帮助他人以及坚持创新。

我们似乎生来就能够从投入中收获愉悦。神经学家发现，当我们投入新事物时，大脑活跃，会带来积极情绪。投入带来的新鲜感有助于提高大脑可塑性，大脑可塑性让我们学习、成长、转变并发挥潜能，最终激发改变。神经学研究显示，只有通过投入——关注并刻意采取新行动，我们才能学习成长，并最终改变为崭新的自己，做崭新的事情，如果没有彻彻底底的投入，一切都是不敢想象的。

艾莫雷大学（Emory University）的神经经济学教授格里高利·伯恩斯发现，正是通过对新奇体验的投入，而非只关注结果，我们才体会到真正的满足。如果这些证据还不够，那么研究优秀绩效的学者发现，对工作的高度投入将会提高生产力，我们的研究也揭示，投入者们常被升职加薪！

这还不算。如果能够持续投入，你将培养出研究员安吉拉·达科沃斯所称的"坚韧"——实现长期目标所需的坚持不懈，这是能够在生活各领域取得成功的关键因素。

我们怎样才能获得投入的种种好处呢？让我们辨别什么是投入，什么不是。

传言与现实

首先，让我们分析一些有关投入的误解或传言，从而说明什么不是投入。很多行为都戴着投入的假面具。

第一，人们时常误把行动和注意力当成投入。在上网或看钟爱的肥皂剧的时候，或是分身乏术忙于同时完成十项工作的时候，你或许觉得自己十分投入。但是，焦头烂额或不放过肥皂剧里喜爱的演员说的每一句台词，并不意味着你处在投入连续体的右端。原因在于，这些行为的目的不是满足祈盼，相反是压制祈盼，其驱动力是心理学家吉尔伯特和威尔森所称的"表层愿望"。在"表层愿望"的驱动下，你祈盼发现新事物，可是却误以为诸如上网这类行为能助你达到目标；或者说，你的祈盼是感觉自己的重要性，于是误认为分身乏术就能满足这一欲望。然而事实上，你所选择的这些行为是在压抑自己最本质的祈盼。

第二，有些人坚信，当采用某个妙招去解决问题时，自己就算是真正地投入了。道格认为，辞职并成为一名外展体验教育导师能改变自己的生活。他坚信，冒此风险并在荒郊野外担任引导者是对原来的企业工作的巨大跨越，他将达到意识的新高度，在情绪和认知上均有投入。

然而并非如此。相反，道格这么做不过是在逃避问题。成为外展体验教育导师听起来不错，可这并非他的祈盼。大自然让他逃离了日常生活的挑战，他对表层愿望有误解，总觉得外展体验教育导师这种工作是他的快乐秘方。现在，深层祈盼指引着道格的投入，他直面日常挑战，迎来了辉煌的职业生涯。

休息或度假能为人们应对日常挑战带来新视角和创新性，可是想要深刻投入，这样逃避绝对不是好办法。人们砸重金度假，报名参加冥想课程，决定成为深海潜水员或陶艺家，总觉得这样就能弥补日常工作或眼下的人际关系所缺乏的投入。他们让自己相信，欣赏欧洲的雄伟教堂时，或在转盘上给湿黏土塑形时，他们的每一个细胞都一心一意，这样他们就能激情四射。然而，实际上，他们还是停留在连续体的左端。他们是在借旅游和玩泥巴来回避日常生活里的祈盼。

如果你的动机是逃避，再多的投入也不会带来全面的发展和改变。由于你把举足轻重且尚未完成的事情抛诸脑后，因此你的情感并未彻底投入。要切记，投入是进攻，而非绕道。

第三，人们断言，只要一门心思，有时甚至是彻底沉湎于实现某一目标，就算是投入了。克里斯汀娜（Christina）是企业执行官，她"投入"于攀上北美最高山峰。毫无疑问，当克里斯汀娜接受登山培训并真正攀登山峰时，她满脑子都是训练体力和朝顶峰前进，再无其他。这些事情要求她身心百分百投入，因为事关生死。可是当她在不接受培训或是没有爬山的时候，整个人总是懒洋洋的，恣意放纵，年体重增长达到 35 磅——不过在来年的登山活动之前她会减下去。这个体重数字揭露出，克里斯汀娜的生活缺乏投入。她胡吃海喝，以此逃避工作中的困境。她曾是多家大型企业的头号销售员，她原本可以爬上任何一家公司的销售巅峰，可是即便业绩出色，最终也逃不了被炒鱿鱼的厄运，因为她的消极态度会让很多人心烦意乱。

克里斯汀娜并没有完全投入。虽然她登山的时候精神能够高度集中，可这只是她生命的一部分，由于缺乏广泛的投入，她的职业遭遇瓶颈，婚姻也摇摇欲坠。挂一漏万式的投入无法发挥效力。如果你和克里斯汀娜一样，那么，对某事物的过度沉湎极可能要归咎于表层愿望。登山令克里斯汀娜产生一种投入的错觉，这样她就可以逃避人际关系和职场上的所有实质性问题。如果她了解自己的祈盼，她就会意识到自己真正期待的是发挥作用，能为家庭和工作带来贡献，这样她才能在生活各领域将祈盼转化为行动。

所以，投入不是一门心思扑在一个目标上或是生活某一个方面，它也不是刻意逃避或疲于奔命，它也不是某种软瘾。从定义上说，这类沉湎习惯会让我们囿于长期的局限性关注。我们夜夜笙歌、失魂落魄、胡吃海塞或是漫无目的地上网或购物（更别提酗酒、嗑药），这时的我们昏头昏脑，心不在焉。我们的行为举止是条件反射性或者说反应性的——下意识的反应，几乎不经过大脑的意识，也不是源自我们的祈盼。

另一种逃避真正投入的常见借口是卖命工作。换言之，我们燃烧自己献身工作，让自己除工作以外不再考虑任何其他事，包括我们更深层的祈盼。我们的工作时常会停滞不前，原因在于干得辛苦却不聪明。我们所说的聪明是指遵循更深层的祈盼，承担合理风险，学习成长，取得进步。

我们已经指出什么不是投入，现在让我们分析什么才是投入。我们其实已经或多或少给出了定义：所谓投入，是指遵循祈盼而采取的行动，受情感驱使，连续为之。现在让我们说明投入的关键方法，或许能助你更好地理解投入。

培养真正的坚韧。投入是一种专心致志、长期持续的状态——即达科沃斯所称的"坚韧"，这和朝三暮四截然不同。我们总是时而投入，时而置身事外。换而言之，我们的投入是暂时性的——只是为了实现某个目标，而非实现获得成功、影响生活、被人肯定的深层祈盼。在投入状态下，我们全身心地专注于某项工作，深知成功完成任务不仅能带来奖金或升职，还能让我们获得强烈的满足感。通过持续投入和再投入，我们培养出达科沃斯所称的永不言弃的"坚韧"，这是我们改变生活的关键要素。

寻求新奇。真正的投入意味着你探索崭新的、迥异于以往的体验。一旦陷入重复事重复做的习惯，这就说明你的行为或许都是不由自主的——你把事情做完，可是不牵涉任何风险或学习。因此，虽然表面上看起来你在投入某项任务，可是投入程度远远不够，不值一提。

犯错误。改变者不仅敢于犯错并惹怒他人，他们同时也享受从错误中学习的过程。如果你觉得这有违天性，如果这些行为似乎会拉大你和自我祈盼的距离，你要谨记，承担风险和面对失败是学习的最佳途径。而且，为了自己的快乐，你或许不得不惹怒他人。你的上司或许不喜欢你违抗他的安排，可是为了有效地完成工作，你恐怕别无他法。显而易见，你不愿让自己成为一台错误百出、惹怒众人的机器，这会招致失败和非议。幸运的是，关键时候犯点错，时不时与自己在乎的人背道而驰，这往往是学习上的一个腾飞机会。

准备受伤。因为投入，我们经历过尴尬和伤害，基于此，我们才有深刻感受。当根据祈盼采取行动时，你的言行或许会引起他人的不满或否定，就像孩子天真无邪，忠于心声向老师表达自己对某项任务的想法，你会觉得自己被人误解、排斥甚至责难。关于这一点，鲍勃就是一个典型案例：

"我祈盼归属感，在锻炼大脑的商场中与理想坚定的商人及业内大人物共事，能满足我的这一祈盼。我们每年会召开一次'叛乱'大会，大家聚在一起讨论机构存在的错误以及应该如何改革。参会的一位核心成员是马克思主义企业家，我非常尊重他，并且坚信我俩立场一致。

"执行主任加入我们的'叛乱'小组，大家默默不语。谈话内容肤浅，离题甚远。他出现在'叛乱'会议上给大家的激情浇了冷水，大家有所保留。我指出，谈话内容变了，他的加入导致交谈无法继续。说完之后，我惊诧地发现，所有'叛乱'小组的组员都对我嗤之以鼻，坚称一切如旧。他们对'安排'很满意，全盘接受。

"我觉得很受伤，不过我也对自己和小组有了更深的认识。经过反思，我面对问题，开始分析事情经过。我意识到自己过于尖锐，不过也认识到，很多人只说不做，不愿挺身而出，不愿承担责任。后来，我更加理智和冷静，也如我所愿，更加强大。"

这充分揭示了投入的真相：你也许会受伤，可是不能让伤害阻碍你继续投入。当你希望改变的信念更为坚定，你的恢复能力也会增强。当你发现陷入尴尬或遭人拒绝并不是世界末日的时候，你就会认识到自我的局限，也会感知到内在的力量。我们曾听闻，有人在会议中抒发己见，却被叫停，他们便觉得："唉，这是个错误，我不会再犯傻了。"实际上，他们应该熬过伤痛，接受教训，从中学习，再度投入。如果从来毫发无损，你就不会攀上新高峰。

学习并成长。正如上文所述，学习是了解未知，成长是实践未行。如果回到投入连续体，你将会注意到，在左端，也许因为小部分或低层次的投入，你有所学习。当和朋友、孩子或伴侣在一起时，你或许全神贯注；或者因为你非常喜爱某项新事业，所以贡献了大量时间。然而，在认识某人或掌握新技能的时候，你并不一定是在成长。连续体的右端会推动你采取新行动，掌握新知识。处在投入连续体右端的人具备一种品质，也就是斯坦福大学心理学研究员卡罗·德威克（Carol Dweck）所提出的"成长思维"。他们不仅想学习新事物，而且希望能在更高级的阶段发挥学习的作用，在个人生活中和职场上均是如此。他们积极寻找以创新方式和世界沟通的机会，因为他们意识到，不论眼下的自己多么优秀，他们的沟通技巧、冒险精神和创造能力将得到持续的进步和改善。

在思考投入的所有特征时，你或许发觉其中所折射的存在模式和你孩提时代颇为类似。孩童以全面性、改变性的方式投入周边环境。他们敢于犯错，容易受伤，好奇心强。重点在于，他们遵循冲动，不假思索便响应内心的呼唤。他们善于以祈盼为出发点采取行动。但是，随着年岁增长，他们学会了克制，为了避免伤害，就待在安全区生活。

所以，实际上，我们是要求你重拾孩提时的行为方式。毋庸置疑，做选择时一定要慎重。冲浪者不会企图踏上每一个袭来的海浪，你也不能有冲动就去响应。你必须在技能允许范围内，遵循最深刻的祈盼，同时要用大脑认真分析，权衡利弊。换而言之，立足当下，让冲动引导行为，你将走向连续体的右端。

时时投入，处处冒险

当学会了发现祈盼，增加投入，生活的任一领域都将更有趣味。向着连续体右端前行，你的生活将更为丰富，更具挑战性。你会发现，自己能以更多样、更深刻的方式采取更多的行动，远远超乎你的想象。如果能顺应内心的呼唤，你就能感受到喜悦和惊喜的反复交替，叹息也会被欢笑取而代之。很多没有理解改变过程的人往往在生活中顾虑过多，总觉得要更加深思熟虑，才能对人际关系有更深刻的认识，才能更有效地与父母及其他家庭成员沟通。但实际上恰恰相反。除非冒着风险，响应祈盼的呼唤而进行投入，否则很难形成更深刻的意识。持续不间断的投入和调整，让我们在生活的各个领域以无穷无尽的方式积极改变。

深度投入的个体坚持自己的投入行为，以保证在每一项活动中精力充沛——公园漫步是和大自然融为一体，自然之美令你叹为观止；买菜做晚饭是一次创新之举，为了让自己尝试新烹饪方法、新配方和新口味，你不在乎会不会搞砸；聆听令人费解的音乐是一次注意力的锻炼，你强迫自己认真体会每一个音符，让其一展魅力；上班路上的奔波是关于探索和发现的冒险，向门卫问好能变成关于孩子教育问题的深入探讨，参观咖啡店是去了解服务员心中的梦想，和停车场职员打个照面是支持他的职业。通过这种方式，投入成了不可或缺的事，不论眼下所做为何事，它都像是托起帆船的海浪，托起生活的方方面面。

珍妮（Jenny）的例子充分说明投入能为生活带来的戏剧性作用。珍妮是一位职业音乐家，年少时就投身于音乐了。她是国际知名爵士乐音乐家。演奏钢琴时，她的心灵、身体和魂魄全部沉浸其中。她敢于冒险，愿意承受伤害和拒绝。她学习音乐，并且技能日渐娴熟。

然而，珍妮突然意识到，自己的投入仅限于音乐，在生活的其他方面自己并未投入。面对不如人意的生活，她心生不满。她期待优质生活。因此，她开始抓住机遇，改善自己与不同人群的人际关系，她变得坦诚而真挚，不再杞人忧天或谨言慎行，唯恐冒犯他人。她的爱情、友谊和音乐有了深入发展。她开始更加关心自己和他人，收获了原本只有爵士乐才能赋予她的深度和愉悦。

她也开始以更为认真严肃的态度看待生活的不同方面，除了音乐，她在精神领域花了更多时间，投入更多认知和情感。最后，珍妮与恋人步入婚姻殿堂，还有了爱情结晶。她不再只是一位爵士乐钢琴师，她已经变成一位娱乐界能手。她扩大了自己的音乐领域，向桑巴和摇滚专家学习，还创立并执掌一家非常成功的顶级娱乐公司。曾经被她嗤之以鼻的事情，例如在婚礼上演奏，如今对珍妮和她组织并管理的各个乐队而言，也成了趣味盎然的事。

她拉近了自己与上帝、与身边人、尤其是与丈夫之间的关系。全面广泛的投入改变了她的整个生活。诚如一位朋友所说："她能带来一屋子曙光。和她在一起时，你觉得心情舒畅，就好像不仅是因为她演奏的钢琴曲，她本人就是沁人心脾的音乐。"

行动和感知的科学基础，绝非凭空妄想

多项科学研究与我们的发现不谋而合，投入需要行动——讨论、质疑、参与、冒险、尝试新事物以及走出安全区。很多人，包括一些聪明人，虽然大脑中有各种想法，但是无法将它们转化成实际行动。或者他们采取了行动，可是依旧囿于日常习惯，所说所做和往日别无二致。这类情况下，要想采取与祈盼相匹配的行动，要想在言行之中注入情感，要想学习和成长，实属不易。

如果你还需要证据说明真正的投入值得一试，那么你可以参考知名科学家

给出的令人极其振奋的证据，人们必须在两个不同领域投入——感知和行动。科学家们明确指出，大脑投入远远不够。人们必须了解并遵循情感的指引，摆脱藩篱，行动起来！丹尼尔·高尔曼（Daniel Goleman）在其畅销书《情商》（*Emotional Intelligence*）中完美诠释了当投入源自祈盼时，我们还需要"摆脱理性束缚"，在纯粹的理性思考中添加情感。

鲍勃和我曾参加过麻省理工大学的著名系统科学家、《第五项修炼》（*The Fifth Discipline*）的作者彼得·圣吉（Peter Senge）为一群事业有成的企业家组织的研讨会。做完演讲之后，彼得在问答环节问参会者，大家是否从这次演讲中有所收获。大家异口同声地说"有"。彼得抨击这一回应，说除非真的做了些不同的事情，否则在座各位毫无收获。人群中嘘声一片，他惹得大家颇为不满，然而又传达了一个不可抹杀的真相——要想真正有所学，就必须实际有所为。

越来越多的科学研究证实，"做中学（learning by doing）"才能让我们真正掌握知识和技能。这种观点认为，行动强化了内隐记忆的能力，绝大多数时候，主导我们的是不受主观意识支配的内隐记忆。实际上，俄罗斯心理学家、教育理论家利维·维果斯基（Lev Vygotsky）曾提出，所有学习均以投入为基石。他认为，在知道如何行动之前，我们是通过实际行动来学习的，这与普遍观点截然相反，因此，只有大脑空想却没有行动相辅的学习算不上学习。

当代神经学研究显示，神经元是不间断地连接在一起的，要想为所期待的新行为搭建神经连接路径，我们就不得不面对反复的失败。

现在问问自己：能否回忆起自己学会系鞋带之前，失败过多少次？骑单车呢？空想能发挥什么作用？你或许曾在脑海中安慰自己，可还是需要去实际"感受"骑车？学外语呢？你休想光靠阅读就能张口说。

我们单凭分析并不能学习成长。开发新的神经连接路径需要投入，投入就免不了犯错，一再练习，直至行为完全自动化。销售人员会传授给你同样的经验——你必须不断循环，反复练习，最后才能灵活运用，成功发挥能力。咨询公司聘请分析员为助理，先让他们与客户保持一定距离，直到有了足够经验，犯了一些根本性但无伤大雅的错误，才能在工作能力和客户关系上取得进展。

在一项研究当中，卡罗·德威克揭示了努力和成功之间的因果关系。她指出，通过研究孩子们，被夸赞努力投入并敢于尝试的孩子，其测试得分提高了30%，而那些只被夸赞聪明的孩子，得分降低了20%。德威克的解释是，被夸赞努力投入会提高我们的自我效能意识，亦即我们对自我能力的信念，从而帮助我们培养获得优质生活所必需的成长型思维。

根据德威克的研究成果，请思考以下问题：

如果你的上司只留意到你取得的重大进展，却对你为之付出的艰辛努力熟视无睹，你会有何感想？

你劳心劳力地完成某项工作之后，你有何感想？你耗费大量时间和情感以应对某局面或解决某问题，你又会有何感想？

如果你只是敷衍了事或无意识地做了某事（即便结局是令人高兴的），你会有何感想？

如果投入大有裨益，为何我无动于衷？

种种证据表明，投入对内心和外在都大有裨益，可为何我们总是将其拒之门外？答案很简单：改变不容易。出于很多因素，我们总选阻碍最少的路。但是，为了帮助你增加投入频率和深度，我们为你准备了一张常见阻碍因素清单，每个因素都附有解读。拿在手上，提醒自己不要被其中某个或多个因素将你变成旁观者而非投入者。

投入的阻碍因素

· 情感预测失误

· 焦虑

· 损失厌恶（软瘾）

· 虚假投入（软瘾）

· 自我效能认知局限

· 持续部分性投入

· 害怕受伤或被拒

看完下文的解读，问问自己怎样体会上面列举的这些阻碍，而非如果体验它们。改变者对这些阻碍一直保持高度警惕，同时他们还有人生同伴给予支持，并向他们指出此时究竟面临哪种阻碍。这些阻碍会出现在生活的各个领域，包括身体、家庭和职场。它们难以辨别，所以让我们逐个分析它们是如何阻碍了投入。

在最普通不过的一天里，对绝大多数人而言，这些阻碍都会伺机而动。我们一觉醒来就开始杞人忧天——情感预测失误。我们总是担忧上司或其他某些偷偷纠缠我们潜意识的事情。因为损失厌恶，我们不敢与上司或朋友坦诚交流，害怕丢了工作或扼杀感情。我们陷入某项工作之中裹足不前，其实心怀不满，觉得理应可以做得更好，一副虚假投入的姿态。你知道，比起邻桌那位高谈阔论的同事，自己可以做得更好，可是因为自我效能认知局限，你还是克制了自己。你从未彻底地释放潜力，不是因为你找到种种借口，而是因为持续部分性投入让你分身乏术。所有问题的同一根源是害怕受伤或被拒。

即便是非常成功的运动员、公司高管、企业家或其他各类人才，都绕不开这些阻碍。他们的职业生涯或许光辉夺目，可是在生活的其他领域也多少受限于某些阻碍。这些阻碍时常会出现在一个或多个领域，不论是人际关系、身体状况或是精神生活。

　　情感预测失误，说白了就是我们把结果设想得过于糟糕。我们唯恐贸然行动会引来灾难性后果。我们总是设想消极的后果，而非往积极方面考虑。我们内心深处总在走极端，反复告诉自己，如果在工作中冒险，必将遗憾终生。我们预测，如果遵循祈盼，说出所想，肯定会被否决，还会丢了饭碗。我们认为去第三世界国家旅游会是一场灾难，没准会因为疾病、不适应等可能性而大难临头。就本质而言，我们陷入悲观预测，从而排斥投入。

　　焦虑是尝试新事物或离开安全区时的一种莫名恐惧。较之于情感预测失误，焦虑更加难以捉摸。它是指持续的惊恐状态，并非是情感预测失误特指的担忧，而是一直挥之不去的乌云。因此，源自焦虑的排斥难以名状，原因不明，不过却妨碍我们投入到行动之中。焦虑出现在无意识层面，它藏匿起来，让我们对不熟悉的事物退避三舍，裹足不前。

　　损失厌恶是不愿放弃已有事物，即便它们无法令我们心满意足。我们不愿接受会让我们对周边世界造成巨大影响的职位，因为我们不愿放弃现有的薪水颇丰的工作，即便这工作让我们觉得大材小用。或者，我们不愿祈祷、冥想或投入其他精神追求，因为担心会被朋友耻笑。我们甚至会觉得，如果精神提升，我们的生活会随之改变，就会不得不放弃太多已拥有的事物。某些情况下，我们不愿放弃的是日复一日、习以为常的麻木停滞！投入能够满足祈盼的行为必定会打破我们苟且偷安的状态。

　　虚假投入与损失厌恶密切相关，因为两者都和软瘾有千丝万缕的联系。就像在即将沉没的泰坦尼克号甲板上重排座椅，虚假投入完全偏离主题，上蹿下跳只能得到毫无意义的结果。虚假投入意味着，我们过度沉浸在软瘾当中，表面上看好像在投入，可实际上不过就是上网或打电子游戏。我们觉得自己全身心都扑在这些娱乐休闲活动上，实际上，我们的投入太过肤浅，无法满足祈盼。我们将生命献给三连棋游戏，每个头脑清醒的时刻都在玩，将自己锻炼成世界顶级高手，可是即便连续赢了一万次，对自己或他人的生活都不会带来丝毫改变。

自我效能认知局限，少儿故事《能干的小小发动机》(*The Little Engine that Could*) 最能揭示这一问题。故事中，小小发动机不停地自我提醒："我一定行，我一定行，我一定行。"这样它就能成功地开上陡坡。和许多广受欢迎的儿童故事一样，这个故事也很有深意。自我效能远不止自信自尊这么简单。它不仅是时刻相信自己的能力，更是坚信自己有能力采取有效行动。这一信念与投入相辅相成，绝非胡思乱想或肤浅的自言自语。没有实际行动，也就说不上相信。如果缺乏自我效能认知，我们就会暗示自己，我觉得自己不行，我没这本事，太难了。我们怀疑自己去国外旅游、开始新事业或新工作、和自己"高攀不上"的人结识、和心爱的人重建关系以及唤醒沉睡的自我的能力。我们之所以排斥投入，是因为"我觉得自己不行，我觉得自己不行，我觉得自己不行"。在我们的培训中，我们时不时会碰到一些相信自我效能可又总在找借口的学员。借口本身就代表着缺乏自我效能认知。"小小发动机"行动起来，即便山路陡峭，也能爬上去。

持续部分性投入（以下简称 CPE）貌似投入，实则不是。多项任务意味着同时做多件事情，可效果欠佳，投入不够。CPE 不是深刻的和全面的投入，可它对人们却总有吸引力，原因就在于它令人产生一种参与其中、举足轻重和繁忙充实的错觉。CPE 是多项任务承担者、电子通讯员和那些俗语说的无头苍蝇般的人的习惯。如果和这类人共进晚餐，你和对方说话时，他们一定是一边发短信，一边研究菜单，一边还要环视餐馆看有无熟人。同时做两件或多件事情，你会萌生一种繁忙充实的兴奋感，可是缺乏重点，不能进行有意义的投入。事实上，你是在以这种方式排斥改变旅程的这一步骤。

害怕被拒，怕丢人，怕羞辱，这一观念可以通过上文所述的鲍勃在交流会上大胆发言的经历来理解。说话的时候，不论是在工作中还是私下里，突然被喝令停止，恐怕你今后再也不愿重蹈覆辙了。当你对得到肯定满怀期待时，不想却遭人呵斥，你会感到尤其受伤。然而，正如鲍勃所说，你必须站起来，放下自尊，从经历中吸取教训，重整旗鼓。如果你害怕被拒，你恐怕就不会再约对方外出，而他或她或许恰好就是你的真爱；你就不会尝试某个职业或工作，而这或许偏偏就能为你提供一个影响他人的绝佳机会；你甚至不愿去帮助那些比你更窘迫的人。种种事情，全是因为你害怕被拒。

所有这些阻碍因素都能通过正确的思维和方法得以消除。让我们为你提供其中一种。

生活如冒险

当你决心每时每刻都要投入到生活之中时，请切记随身携带投入连续体图表，随时找到自己所处的位置。至少要随身携带一周。例如，在某次研讨会上，你觉得会议真是枯燥乏味至极，可实际上这是因为你没有投入进去所以才觉得无聊。枯燥乏味是没有投入的症状之一。在树林里散步时，你或许发现自己没有投入到孩子们之中，因此你可以通过投入使这次散步变成探险，你不仅是了解树林，也是了解彼此，了解彼此的散步体会。

不论做什么，都要将步入连续体右端作为目标。毋庸置疑，在生活的某些领域，这会困难重重。但是，不论是工作、家庭、旅行、宗教聚会或其他场所，如果在脑海里牢记这个连续体，不断努力投入，你就会发现自己离右端越来越近。

如何坚定信念并坚持不懈地投入呢？以下是一些有关态度和行动的建议。

每日任务。我们称其为"任务型生活方式"。每天清晨，我们都会选择某项任务，它让我们当天至少尝试一种新事物。任务型生活方式能激发祈盼和投入。它能帮助我们从平淡乏味中找到重大意义——每天都要更深刻地投入生活，不论是晚上为孩子盖好被子时，强迫自己在最后期限前成功完成项目时，或者是打扫洗手间时，我们都要关注当下。除此之外，选择那些存在风险的任务，让自己走出安全区。起初也许只是迈出一小步，例如换条回家的路线或是在星巴克品尝新口味，然后就是大冒险，例如和伴侣分享埋藏心底的秘密，或要求自己理应得到的升职加薪。以下是四种常见的任务，并附有例子。

· **吸取养分和自我关照任务**

◇ 感知每一小时的自我情绪

◇ 感知每一天自己的渴望和需求

◇ 渴求事物——或大或小，或实际或抽象，或低风险或高代价

· **家庭和亲密任务**

◇ 找出限制或阻碍自己和家庭成员连成一片的观念，并探讨问题

◇ 与局限性思维背道而驰

· **个人力量任务**

◇ 表达自己。至少每个小时分享一次你赞同或反对的观点，不论是在家还是在单位，不论是和家人还是和朋友

◇ 大声告诉别人你不喜欢的事情

◇ 静静观察身边发生的一切，在沉默中找到重要力量

· **目标生活和精神发展任务**

至少每天一次，与某人分享对你而言至关重要的事情

询问大家对各自生活的更高目标

以下这些任务将改变你的思维、感知和行为方式。

选择成长型思维。有意识地选择成长型思维，避免固定思维。我们绝大多

数人的思维都是固定的。我们不介意学点新东西，甚至定时参加某一门课程或某个研讨会，但是我们却做不到每天都抱着强烈的好奇心，然后一直不停地拓展自我。我们朝某个目标奋进，等实现目标之后，我们就长久地安于现状。换而言之，我们的投入是为实现目标而采取的临时策略。我们投入或许是为了达到空手道黑带级别、在机构中占据好职位或是谈一次浪漫火热的恋爱。一旦得到想要的东西，我们就停止投入。我们想说的是，如果想在达到目标之后继续投入，就必须采用成长型思维。

骂脏话（比如他妈的）。抱歉，我们出言不逊，可是除了这三个字恐怕更难找到更一针见血的话了。借用经典影片《乖仔也疯狂》（*Risky Business*）的一句台词："有的时候，你必须说'他妈的'，然后全力以赴。"如果回想自己希望做成却并未做成的所有事情，你就会发现自己给自己找了一大堆半途而废的借口：天太热、太费时、这会让自己烦躁、这会让他烦躁、太费劲等。

如果你骂脏话的次数比往日多出 10%，你的投入将大大增加。有时可能是压根骂不出口的环境。50 岁时，你也许不想再当屠夫而想成为宇航员，可是因为你技能有限以及必须养家糊口等原因，这只能是痴人说梦。但是，很多时候，骂句脏话会让我们从不能做某事的借口中解脱出来。当我们不再顾忌失败、犯错和不自在，我们就能增加现有的投入的频率和深度，从而更好地学习成长。

把生活当成一次实验。这是任务型生活方式的核心。这一态度转变让你摆脱日常惯性，增加投入。投入会因为新奇感而得到加强，实验性视角让你尝试各类新事物。我们很多时候总觉得必须做既定的事，走既定的路。我们自己设下阻碍自己探索未知领域的边界线，而我们原本可以不走寻常路，投入行动。

你也许会想起一位世界级的改变者——R·巴克敏斯特·福乐（R. Buckminster Fuller），他为世人所熟知的首要原因是他发明了网格球形建筑。然而，他同时也是一位哲学家、工程师、诗人、教育家和文艺复兴学者。他说自己的生命就是一场实验，生来就是要探索如何造福人类。在这场实验里，他称自己是编号为 B 的实验品。福乐一生都在积极改变，从而得以在不同领域深度投入。他的生命充满新奇，这让他博闻广识，体验丰富。他的构思和发明造福人类，而他本人的实验目的也因此得以实现。

向福乐学习，把生活当成一场实验，不论何事都要积极投入，从而收获属于你的无限可能。把生命旅程当作个人实验，当以这种态度投入时，我们就会有所发现，而这是改变过程下一步的核心：提升。

第五章　提升：发现目标，释放潜能

> 如果某个人能够冲破自我经历和文化惯性的局限，迈出勇敢的一步，从而唤醒深刻而高尚的自我意识，这无疑是一大盛事。
>
> ——安德鲁·科恩（Andrew Cohen）

　　改变者也是探索者，对自己、对世界总有新发现。他们积极投入，承担风险，走出安全区，开始以崭新和全面的方式审视自己、生活以及世界。他们提升自我，渐渐意识到关于自己和世界的启发性真相，对待他人更为坦诚真挚。一旦他们突破了旧有的思维和观念，那么也就清除了阻碍他们改变和突破的障碍。他们意识到，过去的自己过于狭隘地限制了自我和生活，曾经不可想象的可能性如今成了家常便饭。

　　通过学习前文章节，你已经开始释放自己的深层祈盼并强化投入。然而还有很多事情有待了解。即便对于那些擅长把握真正现实的人而言，在提高了对自我祈盼的感知敏锐性之后，仍有新天地在前方等待。当你的投入渐深渐广，你开始意识到，在曾经的想象之外别有洞天，正如改变者所言："曾几何时，一觉醒来，我觉得自己要好好表现，才能受人关爱，这就是我，一台表现机器。关爱似乎是有条件的。如果我样貌足够好，表现足够完美，头脑足够聪明，没准别人就会爱我。我每天生活在焦虑中，唯恐别人觉得我不够好，这种焦虑影响了我的所有生活。尽管家境殷实，可我总活得束手束脚，唯恐遭人遗弃。现在，我意识到这都是幻觉，我不必为了惹人怜爱而变得完美。别人关爱我，是因为我就是我，我也没必要费力讨好谁，这一发现以前真是不敢设想。每当我想起我配得上所有关爱……哇哦！内心深处，我在改变一套程序，改变对自己和对世界的观念。我每天的改变就如同重新绘制地图，每多一笔，就创造出新的自己。"

改变者拥有一种提升式的生活模式。提升不是某一刻高呼"啊"，而是坚持不懈地探索发现，挑战自己的信念和期望，培养新视角，提高大脑意识，变得更真实坦率。小顿悟带来大发现，你的信念和观点都将改变，你的视野也将改变，以至于每一次的行动都将开启改变的新空间。

提升绝非仅指内在启发，它更具包容性和持续性。它涉及深入发现并释放自我。你会问："我如何才能变成更真实的自己？为什么我会限制自我？我如何与他人分享并展示自己，从而让他们帮我增进对自己的了解并发现自己的未知潜能？"回答这些问题本身就是一种提升。

以下是本阶段的一些典型发现：

事情和我设想的截然不同。我受某种程序驱使——我的无意识思维在掌控着我。

我的行为驱动力是观念，没错，就是所谓的观念。观念并不一定是正确的，可它们限制了我以及我的可能性。

事情可以不同。实际上，我曾以为不可能的事大有可能。

我创造了现实，如果不采取有意识的行为，潜在程序就会横行霸道。

发现你的基质

提升是认知、探索的一个环节，能够付诸实践，它有助于发现左右你行为的无意识程序。遵循你的祈盼，投入行动，你看到总是被藏匿的自己。提升是一道催化剂，帮助你抓住自己的祈盼。可这个过程中也会有惊险。

不论截至目前你对自己了解多少，但是，请做好准备，你将看到从未意识到却一直存在的真实自己。提升将帮助你发现行动或不行动的根源——做不该做的事，不做该做的事。我们绝大多数人总觉得自己有自由选择权，决策和行动全是经过深思熟虑并独立自主完成的。然而，就很大程度而言，我们每个人都受制于无意识的程序。提升能揭露这套程序，我们可以通过研究、分析来采取持续性的、策略性的行动，有意识地将其改变。

毋庸置疑，你对无意识思维这一概念非常了解。我们的言行受到连本人都未意识到的思维和感知的影响，最经典的案例当属口误（英文为 Freudian slip，即"弗洛伊德式失语"）。我们无意中对总爱在鸡蛋里挑骨头的上司说："嗨，桑德斯太太，你今天看起来非常挑剔。"我们的潜意识促使我们说出自己坚信不疑的事——她很挑剔，即便我们想表达的是她看起来很漂亮或很精神。在正常对话中，出于恐惧或礼貌等因素，意识思维会过滤掉我们的真实情感。然而第一位现代神经学家弗洛伊德却将口误视作发现无意识程序的窗口。当然，我们道歉然后补充说："我的意思是漂亮。"不过如果真想彻底释放潜能，我们就必须深入探索，而不是给自己的口误找个合理借口。

然而当提及程序时，我们所指的绝非单一无意识思维，我们所称的是一套复杂的经验、感触和认知网络，它牢牢镶嵌在我们的神经路径里，构成了我们的无意识思维，我们称其为"基质（matrix）"。改变者一旦意识到这一网络，就有望踏上终生的探索旅途，也就是我们说的重塑，正如该名称所示，我们可以改变基质（第七章将详细论述）。我们的程序就如同搭积木，棍子连接着圆圈。不过在本书当中，它们是神经元的相互交织，多个神经元交叉形成中枢，保留着过去经历的痕迹。早在我们学会语言之前，这些错综交织的网络就已形成。

在我们的培训项目中，绝大多数改变者对自己的基质都有视觉化的认知。很多人将其视为一个三维网络，横竖多层叠加，里面塞了神经"填充物"，我们出生后与最早关爱自己的人建立关系、沟通互动，这是该网络的主要基石。基质的稳定依赖于年幼时期上千次的重复沟通交流，从而为我们的自我认知及世界观奠定了生物、神经和生化基础。这些认知既包括有意识的，也包括无意识的，后者往往令我们心口不一。自出生起，神经元就聚集在我们的大脑里，在我们成年后功能虽已具备，但并未完全发展起来。多数神经元的成长都要凭借经验，也就是神经学家所称的"经验依赖型神经发育"。

我们的基质决定了我们的世界观、自我感知以及观念。不过现在，我们要在提升阶段深入了解基质如何发挥作用。

我们的基质绝非一无是处，它让我们独一无二、富有天分并且能感知共鸣，它还让我们得以发现自己的优势和局限。我们把基质作为一种隐喻，以说明神经交互关系。不管我们已经成长多少，它依然能为我们提供视觉性认知，有助于我们把握策略，在未来彻底释放潜能。

我们的成长和成绩各有千秋，然而我们所有人共同面对的首要问题是，在我们毫无认知和选择的情况下，基质的局限性观念和无意识程序左右着我们。我们将这些局限视为不可摆脱的现实——关于我们是谁和世界本源的现实。

这让我们看到了提升的根本性真理：

我们发觉，观念就是观念，但不是现实。

事实上，我们所坚信不疑的事情往往框住了现实，也阻碍我们发挥潜能。我们总认为，这是如此，这就是我，而不是认为，这是强加给我的程序，这是我的观念，可这不一定就是全部事实。这种思维让我们认为，我做不到那么自信，或者我心地善良考虑周全，我不能发脾气。就第一种想法而言，它阻碍我们说出自己的感想，妨碍我们在职场或人际交往中收获应得的成功，而第二种想法则让我们压制怒火，令我们困顿沮丧。如果能意识到这些想法其实体现了限制性观念，我们也就迈出了提高自我意识的第一步。这种认识令人大开眼界，心头一震，它能提高对自我的认知，这和与他人更好地分享自我、发现自我的程序同样重要。提升包括发现并呈现自己，只有让别人了解自己，他们才能帮助我们找到自己的盲区。

不过，在说明它的作用方式之前，首先让我们更深入地理解何为基质以及认识基质的科学依据。

神经学家、心理学家和存在主义者的共识

正如标题所述，不同领域的专家均认为，我们受制于某种程序。这不是语义学的修辞，也不是一小撮边缘科学家妄下定论。这项研究有大量科研和实例做支撑，充分证明我们有一套关于自己和世界的核心信念基质（我们的术语），它是自年幼时期就交互在一起的神经元，构成了神经路径和神经元网络。

神经学家的大量实验揭示，当我们认为所采取的某项行为存在有意识的理由时，实际上真正主宰我们行为的却是无意识的程序。我们自以为理性的、有意识的决策，以及目标明晰的、有意识的行为，其实绝大部分都是无意识的。我们总是事后找理由，并且还坚信不疑这是我们行动的真实原因。正如硬科幻小说作家罗伯特·A·海莱因所言："人类不是理性动物，而是理性化动物。"

了解无意识的作用是提升的第一层次。这将带领我们进入提升的更高层次，让我们更有效地掌控生活。《摇摆：难以抗拒的非理性诱惑》一书援引了在麻省理工大学展开的一场实验，揭示出我们的无意识如何决定了我们对世界的体验。实验是在一堂经济学课上进行的，每位学生领到一份某位访问教授的中立性介绍。介绍内容完全相同，但只有一条，有的介绍上写着教授热情和蔼，有的则写着冷漠严肃，但是学生们事先并不知情。大家坐在同一教室里同时听同样的授课内容，收到包含"冷漠严肃"的介绍的同学讨厌这位教授，觉

得他以自我为中心、一板一眼、不热情、不受欢迎、暴躁易怒、没有幽默感、冷酷无情等，而收到包含"热情和蔼"的介绍的学生却喜欢这位教授，认为他脾气好、细心体贴、平易近人、很受爱戴、为他人着想而且风趣幽默。

我们另一个经常援引的有关无意识思维发挥作用的实例是，如果你的名字是丹尼斯（Dennis）或丹尼思（Denise），你极有可能成为一名牙医（译者注：英文的牙医是 dentist，发音与 Dennis 和 Denise 接近，从发音上说，这几个单词为头韵，即单词的第一个发音相同）；如果你的名字是劳伦斯（Lawrence），你也能猜出你未来的职业了（译者注：此处原作者应该暗示为律师，英文是 lawyer，发音和 Lawrence 接近，头韵），因为我们无意识中会靠近熟悉的事物。

不过，给出证据证明我们的无意识程序的可绝非只有神经学家。弗洛伊德和阿德勒这些开拓性精神病专家和心理学家及其后继者均认为，无意识思维会左右行为；无意识思维所认为的真实，往往不是真实，可是却造就了我们的现实。性格心理学家奥托·兰克提出，我们的自我概念受制于无意识框架，要想摆脱其控制，我们必须"冲出框架"，将惯常思维和观念抛至一边，脱离文化局限。艾伦·贝克和阿尔伯特·艾利斯等认知心理学家特别关注我们的无意识核心观念是如何扭曲了我们的思维，从而左右我们的行为的。

存在主义哲学家，例如海德格尔、克尔凯郭尔、尼采和萨特，他们强调必须将自己从文化框架中释放出来，只有摆脱了父辈和社会对我们灌输的观念，只有自己掌控信念和价值，我们才能彻底自由。例如，克尔凯郭尔相信，自由选择是决定自我存在的核心，而了解自我信念并辨别强制观念则是自由选择的关键。海德格尔对我们的程序性存在则更加肯定，他提出："我们生来就在'他人之手'中，陷入一个四处框制、根深蒂固、无休无止的社会结构当中。除非我们找到实现'真实自我'的道路，否则毕生将难逃'他人之手'。"

教育学、电影业、精神引导等各领域专家均认同海德格尔有关逃脱"他人之手"的观点。转变学习理论创始人杰克·梅兹罗认为，幼儿时期的目标是形成，成年时期是转变。转变的部分任务是认清局限性观念，从我们自己的目标、价值观和意图出发采取行动，而非受控于无意之中从他人身上习得的观念。他坚称，为此目的，我们必须改变我们的参考框架，他称之为"视角转变"，从自动性思维调整为自主性思维。电影《黑客帝国》讲述了一个生活在幻觉（虚假现实）中的囚徒的故事，并强调了冲破藩篱，从而找到属于我们的真正现实的重要性。自古以来，宗教哲人和精神领袖都讲述了增强意识、冲破局限性视角的重要性，进而步入启蒙开智之旅。印度教则提倡摆脱幻觉世界的束缚。

现在可以肯定，来自不同领域的专家和先驱的研究证实了我们关于控制性基质的观点。不过你大可不必依赖于这些成果来证实此基质的存在。你只需问自己以下几个问题：

不饿的时候是否吃过东西；找个冠冕堂皇的借口拖延；更优秀的自己提醒我不要去做某事，可我还是去做了？

我是否告诉过自己或别人，我不能做某事，因为"我不是那种人"或"不该那么做"？

在人际交往中或在职场上，我是否在机会面前退缩，当时的理由是"这不适合我"？

我是否出于"本性"做出某些决定，在当时似乎合情合理，可后来却让我陷入循环反复的惯性和行为？

正如下文案例所述，我们之所以会采取有害无益的行为并逃避有益成长的行为，都是因为基质。

分享思考，激发提升

卡桑德拉是个美人，正挣扎在自己的第四次婚姻上。她出身贫寒，父母成天大吵大闹，谎话连篇，对卡桑德拉、对彼此、对债主都是如此。卡桑德拉不仅没有绝大多数孩子拥有的玩具等物质，整个孩提时代她都苦不堪言，孤苦伶仃。父母对她不闻不问，两人总是大发雷霆，为钱吵架，行为不检。为了让自己摆脱困境，卡桑德拉默默发誓，长大之后，一定不再受穷。

当卡桑德拉长成妙龄女子，她意识到自己的美貌能为她带来孩提时缺失的力量和财富。她祈盼爱与被爱，然而却误读了这种祈盼，固执地认为自己所需的是金钱财富。当她真正认识到自己的祈盼，并投入到成长和生活体验当中时，她终于提升了境界，为她自己带来了"醍醐灌顶"的时刻。

卡桑德拉的第一任丈夫腰缠万贯，开豪车，住豪宅，穿华服。两人育有一子，这时卡桑德拉发觉，夫妻二人的收入完全仰仗婆婆，婆婆继承了一笔丰厚遗产。卡桑德拉的丈夫并未告诉她自己的收入来源，也未坦白说母亲通过掌控家庭收入从而控制着他的命运。发现这一真相不久之后，卡桑德拉就离婚了。

第二任丈夫也家境殷实，鉴于这人的母亲几年前就去世了，所以卡桑德拉知道这次不用靠婆婆给钱了。这男人能说会道，据他描述，他的收入来自投资。不过卡桑德拉发觉，新婚丈夫经常去见其前任妻子的母亲（这位妻子在卡桑德拉认识丈夫两年前去世了），或是煲电话粥。原来，他一直在巴结这位前任丈母娘，因为她是富婆，会定时给他一笔数量可观的钱。这种低三下四的人让卡桑德拉无比恶心，于是她毅然离婚。

第三任丈夫是一位企业高管，在许多知名公司任职，顶着一串光鲜头衔。他拥有很多房产。卡桑德拉坚信，这次婚姻一定能为她带来期待已久的富足生活和安全感。事与愿违，她发现因为各种工作失误丈夫从一个要职跳到另一个要职，而且他数量可观的房产全都用于借债。因此，她又离婚了。

三次婚姻失败对卡桑德拉造成了严重的情感创伤，于是她参加成长小组培训，寻求建议和支持，终于认清了自己种种行为背后的程序根源。她以前认为，自己之所以和富人结婚是在乎他们的钱。对财富的表层愿望是源于她错误判断了自己的痛苦源头，她祈盼的其实是关爱。她总认为，家庭贫困是导致她生活痛苦的罪魁祸首，可实际上，让她备受煎熬的是谎言欺骗和缺乏真心交流。对卡桑德拉而言，她早期对爱情的感知便是大家谎话连篇，相互隐瞒。她注定了会和虚伪的男人走到一起，因为这是年幼时期便在她的神经路径中存在的根深蒂固的教训，于是程序左右其爱情数年之久。只有当她提升自我，也就是看清楚为何自己会迷上这些"一文不值"的男人，她才能摆脱一直掌控自己的那套程序。

我们必须再次强调，这不是一蹴而就的事情。对于卡桑德拉而言，要想实现真正的祈盼，她首先要不断提升，加深对自我程序的了解，这样才能摆脱其控制，重塑自我。我们要再次指出，这绝非轻而易举的事。当我们开始看清意识表象之下的秘密，我们的无意识思维就会感知危险，因为这种发现会威胁到基质。它不愿被我们的这种认知和疑问干扰。它不愿暴露自己。借用梭罗和萨特的话，我们绝大多数人宁愿苟活在平静的绝望之中，也不愿奋斗在喧嚣的探索之中。当我们揭开程序的真实面目时，局面会混乱不堪。我们不得不直面真相，即自己一直受制于多年前的各种经历。这对于那些已经取得不小成就的人而言，尤其难以接受。

但是一切都是值得的。尤其当你想到，只要通过提升阶段，自己的大脑将会发生转变时，其价值就更明显了。让我们暂时回到神经学研究上，如果了解了我们的程序，接下来会发生什么。一旦出现这种认知，我们的大脑将会形成崭新但脆弱的神经网络或路径。我们的神经将发生许多变化，我们称之为神经元的"快乐舞蹈"。我们感受到肾上腺素激增，发现生命向我们展开了无数的可能性。这种刺激鼓舞我们行动起来，与他人分享我们的感知，遵循祈盼并投入行动。多年来，我们的行为总是不由自主，提升阶段帮助我们认清事实，扫除障碍，进入新天地。

让我们看看戴娜和洛伦这对年轻夫妻。两人都是高智商的专业人才，她是牛津大学培养出的经济学家，他是一家知名商学院的高材生。戴娜出生于公务员家庭，父母一直期望她从事学术工作，她也不负所望。尽管英国医保制度全面，可她弟弟小时候总生病，家人全围着他转，父母也更关注弟弟。戴娜的父母觉得，戴娜独自一人就可解决所有问题，不需要他们插手。的确如此，戴娜是个独立自主的完美主义者。不仅如此，她从不给父母添乱，从不惹麻烦，从小就很有责任感。

洛伦是父亲带大的，父亲是个每天打了鸡血的骗子，每场运动赛事都要赌博，他的"拥护者"就跟着押注。小时候洛伦父亲就教他怎么做生意。他说要管好三本帐：一本自己看，一本搭档看，一本政府看。洛伦的父母很会玩手段，谎话连篇，两人都各自有外遇，最后离婚了。

戴娜的完美主义和唯恐令他人失望的恐惧压得她焦虑无比，回到家依旧如此。有些时候，洛伦还能宽慰开导她，然而有些时候洛伦束手无策，两人便大吵大闹。并且，如果两人想共同做些事情，例如修葺屋子、共同创业或计划度假，各种问题就会出现。戴娜越逼越紧，洛伦视若无睹，最终以对骂收场。但是，开始参加改变课程之后，两人都渐渐转变。他们投入新行为，有了新见解，与对方和培训导师分享自己的想法，于是认清了各自的程序。通过提升，戴娜意识到以前总认为生活无法满足自己的需求。从她会爬那天起，这种概念就以各种方式深深扎根在她的脑海里。通过提升，洛伦发现，自己总觉得会遭人利用和摆布，别人会为一己之私操纵自己。

这些发现让两人都大为震惊，并且恍然大悟。戴娜一直没有意识到，由于总觉得自己的需求没有得到满足，最终导致她无法将工作和生活区别开来，于是总对洛伦指手画脚，力图避免自己的不完美，避免失败。而洛伦之前也未曾意识到，多年来只要觉得他人企图利用和摆布自己，他便条件反射性地赶紧避而远之，这是源于其幼年时期的经历，只要有一星半点操纵和摆布的迹象，记忆就会苏醒，然后赶紧把自己保护起来，拒人于千里之外，难以沟通。

通过提升，两人改变了婚姻关系的基础，彼此有了更多交流，关系更为密切。戴娜学会了在与人打交道之前就确定需求，然后采取更为平衡的方式，结果往往好过预期。洛伦学会了主动向戴娜和其他人提问题，甚至要求满足自己的需求，当自己被利用的恐惧再度浮现时，他会鼓励自己主动进行沟通。

不只是新见解或新视角

正如前文所述，提升不只是见解这么简单，它是改变者的一种工具。投入并提升，认识自己的程序，发现自己新的可能性，看看自己如何变得比现在更为真实，这一阶段也包含"释放"成分。如果你停留在"醍醐灌顶"那一刻，你就无法收获全部的果实。因此，在提升阶段不要局限在自己的惯常思维里。当把握了程序，认清了基质时，不要把这些惊奇发现困在心里，相反，要与他人分享你的思考、感知和发现。问问你信赖的人，说说你的见解。根据自己新学会的知识，做更真实的自己；通过实际行动检测你的新思维，去做那些曾经被程序暗示自己无能为力的事。

通过你的投入，你从原来设定的"乖女孩"身份提升了。你一直努力保持温柔体贴，即便觉得对方做了错事，你也几乎从不批评或斥责对方。随着你的投入，你发现这种想法很荒谬，你告诉最好的朋友自己提升了，询问她对自己的看法。你问人生导师，要他诚实评价，在你的职业、家庭和爱情中，自己是否过于软弱。你试着做一些不那么软弱的事情。例如，在职场上，你一直是一位很好说话的上司，你通情达理，任何向你直接汇报工作的人不论怎样都会获得你的支持。但是，在某次会议上，某人的报告明显偷工减料，你质问他这份报告怎么如此粗制滥造，并要求他下次再交报告时一定要多花时间和精力。

这些行为能释放出自己未曾认识到的一部分。这些行为的过程或许还会促进另一次提升，即认识到自己改掉以前"老好人"的做法，大家也不会因此而憎恨你。事实上，你会发现大家的反应超乎你预期，他们很欣赏你的坦诚真实。

重点在于，提升是两方面的，它包括内在认知和意识的转变，以及对身边事物的外在反应。

你必须做的五件事

为帮助你提升，你必须了解提升的五个不同阶段，这样你才能准确地知道自己是否彻底提升了。

1. **迎来"醍醐灌顶"时刻**。改变者经常迎来这种时刻。它是洞察顿悟的时刻：发现程序左右了你的行为，这不是自己的本性，也不是未来理想中的自己。这包括重要洞察、深层喜悦、激动发现和改变命运的顿悟。

2. **提升自己**。正如前文所述，在该阶段你通过讨论、坦白、询问或行动的方式分享见解，然而更重要的是，你更好地分享了自己，更加坦率真实。你分享自己"醍醐灌顶"的时刻以及你新发现的无意识恐惧、伤感、愤怒、悲伤和喜悦。

3. **挑战你的局限性观念**。作为"醍醐灌顶"和提升的一部分，你不再盲目相信惯常思维，而是接受现有思维局限性的事实，开始形成新观念。

4. **培养宏大视野**。新观念能帮助你发现自己新的可能性，所谓新提升是指你能够通过多样化渠道在生活的方方面面取得更多进步。

5. **接受并拥抱挑战**。这时的你已经飞跃，意识到基质左右了你的思维、感觉和行动。你发觉，你自己给自己画地为牢，也深知自己有能力、有方法突破樊笼。你明确了解到生活怎样才能更好，以及如何过上卓尔不群的生活。

提升的方法

提升过程中，你必须时刻谨记，提升不是在真空里实现的。没错，有些事情的确是靠内在反思完成的。不过如果不遵循祈盼并投入行动，你能收获的不过就是支离破碎的发现，再绚丽多彩，持久性也超不过肥皂泡。

因此你必须投入，整个过程中一定要有此认识。关注并直面长久以来自己的观念和行为。以下这些方法将有助于你加深这种认识。

榜样偶像。丹尼尔·科伊勒曾论述过"燃烧"，用我们自己的话说，就是我们受到他人的鼓舞和鞭策、朝新高度迈进时的"提升"。多年来，4分钟跑1英里在田径赛场上似乎是不可逾越的挑战，可罗杰·班尼斯特做到了。在其后六周之内，很多跑步运动员都做到了。为什么？因为他们意识到新的可能性。榜样让我们开启心智，发现以前从未设想过的可能性。

为自己想突破的行为或生命程序找个榜样。他或她可以是你读到的某个人，最好是你认识的某人。这也许需要你多认识并多了解他人，不过当你发现某人经历了显著转变或彻底改变，而这恰好是你向往的方向时，那么他或她的经历将为你提供大有裨益的图示和信念。如果你腼腆害羞，对社交活动避而远之，还觉得自己将永远如此，你可以找一位曾经和你一样但最后突破自我障碍的人作为榜样，这时你就能获得沿着相同方向前进的动力。如果你是个苟且偷安却又想征服世界的人，那就找个英雄做自己的榜样。

反馈和坦率。我们都有自己的盲区。你的盲区或许是你不相信自己能够夙愿得偿，或是觉得所有老板都吹毛求疵，所有男人都是下贱胚子；你或许坚信，自己要想成为一位事业有成的企业家，就不得不劳心劳力，以至于要牺牲婚姻和家庭幸福；你或许已经认为，你不是那种适合结婚生子的人；你或许是一名经理，觉得凡事都要亲力亲为；你或者不愿冒任何风险，因为你觉得自己一旦离开安全区将一事无成；又或者，你觉得自己离群索居，总把生活看成一场昙花一现的聚会；或是你总是得过且过，永远排名倒数第二。

这都是拜你的程序所赐，它们镶嵌在基质之中并发挥作用，这些都是盲区。你排除了自己成长的可能性，尤其是扼杀了梦想中的自己。当你向他人倾诉、询问他们的反应和建议时，你其实是在寻求一种有助于提升的反馈，从而发现自我程序的局限性。当被告知你的能力和生活完全可以达到曾经不敢企及的高度时，你一定备感鼓舞。如果有人指出你的想法存在悖论，或许会让你如坐针毡，不过这也可以开启新天地。我们深知，去问上司，在他眼里，你是否永远都只是个中层人员，或者问密友，她是否觉得你有能力做一名好家长，提出这种问题很不容易。不论刻意或无意，揭露自己的程序一定令人胆战心惊。不过你必须从自己信任的人那里获取反馈，不论是朋友、家人或是导师，因为这能为提升营造环境。

周哈里窗（Johari window）有助于我们将自我释放和反馈的结果与提升融合。

周哈里窗

	自我知晓	自我不知
他人不知	**私下自我** 自我知晓 他人不知	**隐藏区域** 自我、他人均不知
他人知晓	**公开自我** 自我、他人均知晓	**盲区** 自我不知 他人知晓

通过这四个意识框架，周哈里窗帮助改变者"看到"被遗漏的事物。你和他人分享自我知晓和他人不知（私下自我），他人和你分享他人知晓可你自我不知（盲区），你将公开自我，对隐藏区域有新发现。通过这一途径，你将提高认知，促进提升（包括发现和分享）。如果你觉得知识就是力量，那么扩大自我认知就是在提升自我力量。

当他人指出你在盲区的证据（对你而言不可接受或难以应对的证据），这一反馈将撼动你的内在本质，不过却有益于扩展自我认知。有时你会发现，自己很薄弱的地方，旁人却觉得你在那方面很权威，这就像你觉得自己是丑小鸭，可其实你是一只白天鹅。不论你如今有多少成就，总有亟待突破的局限性感知和观念。反馈能帮助你深入思考并挑战根深蒂固的观念，换言之，助你提升。

需要我们为你画一幅图吗？

为了促进提升，可以参考一幅基质图。这听上去或许比登天难，不过实际上也算轻松易行。在勾勒基质图之前，请先回忆一下，基质是幼年时期形成的复杂神经网络，包括早期体验甚至创伤。正是通过这套网络，神经元刺激来回穿梭，从而决定了我们的自我观念和世界观，同时也形成了限制自我的观念，以及所谓的自我认知预言。

为帮助你勾画自己的图示，让我们先来检视基质某一区域存在的规矩和观念，黑色代表本质性的错误观念。

基质分割图

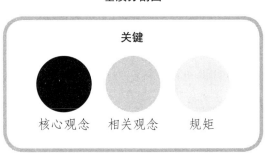

关键

核心观念　　相关观念　　规矩

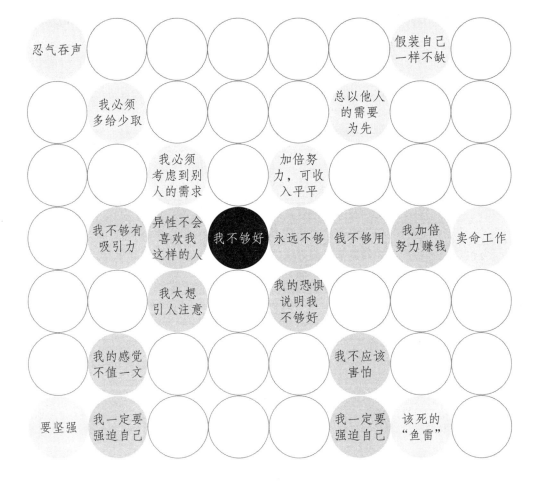

忍气吞声

我必须
多给少取

总以他人
的需要
为先

假装自己
一样不缺

我必须
考虑到别
人的需求

加倍努
力，可收
入平平

我不够有
吸引力

异性不会
喜欢我
这样的人

我不够好

永远不够

钱不够用

我加倍
努力赚钱

卖命工作

我太想
引人注意

我的恐惧
说明我
不够好

我的感觉
不值一文

我不应该
害怕

要坚强

我一定要
强迫自己

我一定要
强迫自己

该死的
"鱼雷"

利用上图提及的方法和技巧将有助于你深入了解自己的基质。未来生活里，这张图将不断延伸，而根据你的深层祈盼，你将从新图示中重塑自我。瞧，基质毁掉了你不少真实的深层祈盼。随着你不断投入、向榜样学习、获取反馈，你将在提升阶段循序渐进。以此为方法，你将会逐渐看清年幼时期形成的基质。达到这一阶段时，制作一幅类似上述图表的图示。绘制图表时，不论在改变旅途中已经前进了多远，你都将获得进一步的提升。

基质图只是一个形象的描述，我们是希望能让你借此勾勒自己的提升情况。图示非常有用，它能够形象地揭示出到目前为止掌控你人生的所有观念和思想。你可以把它贴在单位办公桌上或家里的冰箱上，这样就能随时随地地提醒自己，要自我提升。

改变者坚持不懈地开发自己的基质图，从而对局限性观念和规矩保持警惕。要想制作自己的基质图，必须认清无意识中左右你行为的思想和观念。你可以采取多种多样的方式，事实上，你应该尝试不同方法，因为方法不同将揭开基质的不同方面。

· 发现**自我认知预言**。为了论述什么叫做自我认知预言，以及它将如何揭露基质，我们先来看看这一预言的"非逻辑思维"例子。

· 我的无意识观念是：我不重要（B^1：自我观念）。

· 出于这一观念，我总是自我贬低，没有自信，我觉得，自己只能这样了。这时发生了某件事，我不敢说出自己认为重要的事情，或者当别人都坚持己见并提出要求时，我却畏畏缩缩（A^1：自我反应或无反应）。

· 这让别人觉得不必在意我（B^2：他人观念）。

· 这些他人只对那些坚定自信的人做出反馈，对我则视如无睹（A^2：他人反应）。这强化了我的局限性观念，我又回到熟悉的自我认知预言当中。

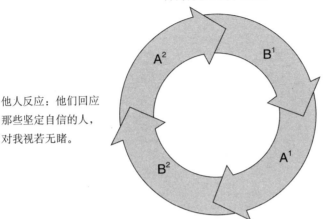

自我认知预言

自我观念：我不重要。

B¹

A²

自我反应：他人各执己见，我则自我贬低，没有自信，不敢坚持深知重要的事情。

他人反应：他们回应那些坚定自信的人，对我视若无睹。

A¹

B²

他人观念：我们不必关注他。

挖掘你无意识的错误观念

找出生活中的自我认知预言，你将会瞥见自己的无意识观念如何影响了你的现实。想想你基本上不会做的事情：寻求帮助、承担风险等。例如，你告诉自己，我办不到，因为……。或者，想想你承担过的风险，但最终以失败告终，然后你便对自己说，我早就告诉过你，我提醒过你，冒险是毫无意义的。或者，分析一下你认定的事情结局：瞧吧，我早就知道这成不了，因为你之前就失败过。想想自己会如何完成这些句子。例如：我早就告诉过你，你没有做好这类工作所需的创造力。或者，我早就告诉过你，你永远甭想谈恋爱，因为不招人喜欢。又或者：瞧吧，我早就知道自己一文不值，现在再次验证了。

这一模式不会只局限在你生活的某一领域。不论你的无意识观念是自己不招人喜欢、自己一文不值、没有创造力、是个小丑还是其他，它会在生活的所有领域都显露出来（职场、家庭，甚至是游乐休闲的时候）。你必须找出这预言的观念源头，制伏它，这样才有提升的可能。

·**留意不合时宜的过度反应**。这将为发现掌控你人生的无意识观念提供另一线索。你是否有这样的经历，爱人不过是叫你做件小事，可你却不合情理地怒火中烧？当得知某位自己并不熟稔的邻居要搬走，你却备感失落？当被问及工作上一些无关痛痒的问题时，你突然烦躁焦虑？

这些过度反应或不相干反应（与表面上引发情绪的事件不相干）能帮助你找到无意识观念的行踪。你要做的是找出特定的观念。我们要再次提醒，一定要找出根源。例如，只要爱人试图帮你一把时，例如你搞不定那只火鸡，于是他主动来帮你切，或你和电脑干上了，他主动帮你检查一下，你就会发无名火或乱发脾气。你必须强迫自己深度挖掘埋藏在肤浅借口（例如"我当时心情不好"）之下的根源，然后思考，为何原本是爱人给予友好帮助，你却火冒三丈。也许你的无意识观念暗示你，你真是没得救了，这或许是因为自从娘胎出生，你母亲就对你过度保护，你记得她从不让你自己的事自己做。

·**找出普遍的核心错误观念**。阿尔弗雷德·阿德勒很多年前就发现，所有人都存在错误性或局限性的观念。这些关于自我和世界的局限性观念早在我们成长初期就已形成，在我们的无意识下贯穿整个人生，而且这也包括"总觉得其他人都自我感觉极佳、生活完美无缺！"。不论我们多么成功，我们的交际能力、领导才能和天赋多么与众不同，不论我们为自己付出多少努力，就某种程度而言，我们所有人都存在无意识的自我怀疑。我们或许不会有意识地相信这些事，而且实际上恐怕还是有意识地坚信相反的情况，但是，我们的行为依旧摆脱不了这些错误观念。

以下是我们通过研究揭示出的一些普遍的核心错误观念，看看哪个会令你心中一震。即便你"感觉"不到它，看看生活里的蛛丝马迹，是否有哪个错误观念和你的核心局限性观念最为接近。工资太低，和你的能力不符？那种"我不配"的观念或许就是原因。你总觉得自己资历欠缺，或自己没有足够时间、金钱和精力，或总是有捉襟见肘的感觉？那么，"我不够好"和"那还不够"的错误观念没准就是罪魁祸首。

关于自我的核心错误观念

我不够好	我必须赢得关爱
我太过了	我对自己不满意
我一无是处	我不重要
我不够优秀	我有些毛病
我不值得关爱	我是负担
我不配	我感觉很糟
我不好	我不该有要求
我孤身一人	我无足轻重

关于世界的核心错误观念

资源、时间、金钱不够：　　　世界要我难堪

　　　　　　　　　　　　　　大家盼着我出事

　　　　　　　　　　　　　　世界很危险

　　　　　　　　　　　　　　世界缺乏关爱

世界充满敌意

·**列出"能做 / 不能做"清单**。发现构成基质的无意识观念的另一个办法是，找出你曾告诉自己无法做成功的事情。或许长久以来，你一直对自己说，你没法和其他人那样，站起来对着一群听众发言；或许你总有顾虑，觉得自己这辈子不会幸福；或许你永远成不了富人，没有魅力，也没人关爱。不论是什么，总之你固执地认为，自己成不了某类人，办不了某件事，因为自己在某方面有缺陷。

其实，真相在于，这是人为强加的局限。尽管由于个体的技能特长和生理因素不同，并不是每个人都能成为天体物理学家或职业足球运动员，可我们绝大多数人都因为无意识观念为人生的各类可能性设置了障碍。要想揭露这类观念，你可以列一份自己不能做的事情清单。如果你觉得这种做法的确有用，你可以继续将这张清单进行分门别类的整理：职业、人际关系、爱好、旅游、运动、行为和感知。

当你完成这份清单之后，请找出妨碍你实现清单所列目标的最顽固观念。例如，你没准觉得你跑不了马拉松、享受不到美满婚姻、交不到挚友或无法超越处于公司中层管理层的瓶颈。虽然这些貌似是非常不同的"不能做"，可它们都是源自某种观念，例如：你不重要，你不够好或你缺乏一些重要品质。

这一观念如今限制你释放出成功实现职业梦想的动力、美满亲密婚姻所必需的信任与坦诚、完成马拉松所要求的毅力、结交挚友所需的彼此厚爱和坦率沟通、引你步入高级管理职务的坚韧和志向。

不要低估基质的威力

提升时，你会感觉热血沸腾，可你也要做好准备，当你遭遇低谷和失落时，基质会发威，你就会想放弃、找借口，即便你已经开始绘制基质图示。

当你揭开基质真面目的时候，它不会乖乖就擒。当你觉得：我有天赋；我比设想的还能走得更远；我不是生来就不讨人喜欢；我是受欢迎的，有个人在等我；没准我的精神境界比想象中的要高；我可以达到更高的境界时基质就会出来捣乱。这就是为什么只有积极态度远远不够的原因。你刻意对自己说：

"我招人喜欢。"你的基质会迅速反应，以无意识的消极观念进行打击，它要是会说话，没准就会说："哦，没错，要不然周六下午你怎么会孤身一人宅在家里看电视，没有出去约会呢。"

当听到这些积极思维时，你的基质会条件反射性地企图恢复它所认为的现实。如果你试图打破程序，可又没成功，这时基质尤其强硬。它可能会假装驯服，按兵不动，然后等待时机悄悄反击。例如，你总觉得自己有缺憾，觉得自己不招人待见，可是你提升了，开始尝试一段你期待能够长远发展的恋情，这时对方和你分手了，于是你的基质笑话你："瞧，你就是不招人待见。"

那一刻，你憔悴无力，又跌落到以前的自我认知模式里。提升点燃了你的期待，可是转瞬即逝。你垂头丧气，心灰意冷。可这时候恰恰是你应该在情感上振作的时刻。想想自己的祈盼，不论碰到什么障碍，一定要咬牙坚持。最重要的是，要以积极心态保持提升。

做好提升的心理准备

当你沮丧失落的时候，要想获取并保持提升带来的启发十分困难。当你觉得心灰意冷或失意落魄时，你会产生各式各样的扭曲幻想（我们所称的"恶性思考"），它们会干扰你的思维。你会骂自己幼稚无知或完全是在浪费时间。基质再度发威的手段就是让你低落失意。

因此，向他人倾诉你陷入困局并请求帮助，这会让你产生客观积极的自我感受。如果对自己及未来都很乐观，你就会让这些打击性思维避而远之，迎来自我重塑。在认识基质的道路上，我们都需要帮助才能在情感上态度坚定、萌生希望。我们所说的可不是没心没肺瞎乐呵，而是真真切切地投入生活。

回望自己的深层祈盼，投入进去，生活的可能性徐徐展开，你感到热血沸腾。你将会重新发现并经历成长的喜悦和兴奋。要坦然面对过程中必然会出现的阻碍，但是你的祈盼比你的程序更有威力。尽管困难重重，只要你相信自己的祈盼，你就能实现一个又一个宏伟目标。

要切记，提升是一个进退跌撞的动态过程，它牵涉到发现并揭露局限观念。两者彼此促进。要有意识地分享你"醍醐灌顶"的时刻以及你的挑战。不过你要留意，不要去理会那些泼冷水和打击你梦想的人。认识到自己的提升，并为此自豪，与支持你的人分享你的发现，这些新发现将得到强化；它们也将提醒你曾经所受的局限，而你其实不必受制于这些局限。

提升的奖励

提升揭露出你的局限性观念并开启可能性大门，你将找到属于你个人的奖励。同样，当你和他人分享隐藏的自己，他们将会以新眼光观察你，指出曾被你自己忽视的行为。以这些发现为出发点，你将有意想不到的收获，就像乔纳斯一样。

乔纳斯坐在他的律师办公室里，那时正是他的人生低谷。度假屋卖掉了，他们全家搬了出来，这是他看着孩子们成长的地方，他失魂落魄，妻子即将离开他。乔纳斯是家里的长子，从小被教育要照顾他人。父亲经常殴打母亲，他奋力保护妈妈，后来参军成了中尉，他为自己对手下士兵照顾有加而备感自豪。他后来当上警察，之后还成了警察局长，这一切可说是自然而然。他不仅照顾手下的队员，还把整个区的居民都保护妥当。大家都很喜欢乔纳斯，也感谢他为社区付出的勤劳工作，除了他妻子。

乔纳斯的律师为他的离婚做最后调解。夫妻二人关系紧张，常为钱争吵不休，破口大骂。最后，他爱人说自己受够了，于是两人开始办离婚手续。乔纳斯搬到一套一居室的公寓里，凄冷压抑。他比以前更勤奋地工作。可不管多废寝忘食，他都走不出低谷，想不通怎么会和妻子走到这一步。

他来找朱迪斯，朱迪斯建议他参加我们的一个周末研讨会。虽然乔纳斯情绪低落，没多少积极性，不过还是同意了。

他在会上的提升真是令人目瞪口呆。乔纳斯自然清楚自己是长子，要照顾别人，要保护妈妈，可他不知道与这段历史相关的情感所发挥的作用和威力，以及它们如何影响了他的行为。当意识到就是这些情绪导致他对自己最年长的孩子过于苛刻，总在儿女们面前摆出盛气凌人的姿态时，他懊悔不已。在这之前，他从未意识到自己对他们的妒忌，自己曾经多么渴望他们现在所享受的自由和安全感。

提升还给他带来另一个最大惊喜：在所有表象之下，他隐藏着真切的伤痛和恐惧。这令人难以置信，这位硬汉其实并没有那么坚强。当意识到自己错过了孩子们的童年时，他黯然神伤，这一切是因为他对自己的感情麻木无知。如同脑海里闪过一道灵光，乔纳斯体会到令妻子无法忍受的东西——她觉得遭人遗弃。第一个周末的课程之后，乔纳斯万般悔恨，他驱车前往妻子的新住所，心潮澎湃。他和妻子促膝长谈一宿，两人都热泪盈眶。

妻子在参加课程几个月之后说道："这才是我当初嫁给的丈夫。"之后一年，两人共同完成每周任务，分享各自的发现，体会曾一度担忧不复存在的亲密。这一切绝非一蹴而就，两人坚持努力，现在他们复合了，不仅生活在同一屋檐下，而且还携手工作。不，乔纳斯并未从警局辞职，但是他的妻子现在开始打理两人共同创立的咨询公司，也得到了其他同事和乔纳斯的指导和帮助。

乔纳斯和那些提升的人有一些相同的发现：我的世界观是基质、观念和程序决定的。和很多人一样，他也发现了做出新抉择时的喜悦和可能性，这便是提升的魅力。从无意识的程序当中苏醒过来，我们的确能重新抉择，重新开始。我们首先要以提升作为行动的出发点，而这就要凭借释放的力量。

第六章　释放：突破束缚，精彩生活

> 以其终不自为大，故能成其大。
>
> ——老子

　　释放有时令人振奋，有时叫人胆怯，这是一个踏入未知、做所不能做、说所不能说、行所不敢行的过程。它帮助你释放个人能量。跟着释放的节拍，为了突破局限性程序而行动起来。和投入一样，释放要求你采取行动，不过在这一阶段，你的行为将更具战略性和革命性，仿佛你的投入已经渗透到类固醇层面。

　　释放是冒险和探索，可绝非是把过去的事情重复一遍。即便你已经在发现自我的旅途中探索了很久，可是总有新行动带你走出安全区，总有新机遇带你发现可能性。在释放过程中，你不会为了做新事情而做新事情，它应该是源自深层祈盼的自发行动，而且是要把提升付诸实际。只有我们行动起来，突破观念和准则的局限，我们才能自由地创造最佳生活。

自由！释放的前景

　　"释放"这个词语唤起振奋人心的自由感觉。我们祈盼自由，希望冲破令我们裹足不前、阻挠我们过上梦想生活的枷锁。自由能够激励诗人、哲学家、革命者、精神领袖以及我们这些芸芸众生。我们必须坚持守望令人振奋的自由，这样才能让自己释放。

　　通过释放，你能够以自己的方式、价值观和原则去勾勒并创造生活。你的所作所为不再是为了讨好别人，也不是出于责任感或社会惯例，你是在实验不同的存在方式，加入改变者队伍。

释放是要超越传统观念，进而发展出新的行为模式。通过一次又一次的抉择，你变得更加真实坦诚。指引你的不再是旁人的观点和认可，而是你自己的内在价值观，你变得更加朝气蓬勃。你的意识、感知和情感将得到改善，你更加注重当下。你的个人能量激增，你的影响力、自信心、生产力和自我意识都大大提高。你处在一个不停地自我探索、发现潜力的过程中，能够成为梦想中的自己。尼采认为，自由和其承载的责任是真正的力量，这种力量能够让人掌握自己的命运。

前路艰难

如同古代神话里踏上征程的英雄，为了释放，你远离家乡，闯入未知领域。但是，就像英雄们跌跌撞撞的探索一样，这一阶段令人畏惧，因为即便是短暂地脱离轨道，你也不免会因为要变得更加真实而焦灼不安。你的行为变了，旁人侧目打量，恐怕还会说三道四。更确切地说，在起始阶段，你也许会觉得如芒刺在背，坐立不安。

我们不是要吓唬你，可是我们希望你做好准备。借鉴哲学思想也许是最有效的准备。如果你听取存在主义者的看法（就像我们这样），那么释放象征着一次至关重要的交易：你接受某种程度的焦虑，扔掉纠缠不休的本体论罪恶感。存在主义者所称的"本体自责"是指错过良机之后所出现的焦灼感觉。在你的身体、心灵和魂魄深处，你感觉自己忽视了该做的事情——那些能让你成为自己的事情。

没错，对真正自由的渴望和焦虑会极其强烈，然而直面这种焦虑，成为理想中的自己——更真实的自己，你才有可能体会到自由的存在。真实是释放的关键要素，因此我们首先要了解，什么是释放，什么不是释放。

"我就是我"的幻觉

我们倾向于认为自己是真实的。可是实际上，基质让我们对真实自我的看法非常有限。它暗示我们，我们是谁，什么能做，什么不能做。每当我们试图做点不一般的事情，它就会拒绝这种它所认为的我们无力承受的冲动，还喋喋不休地提醒我们：这不是我。

然而，存在主义哲学家告诉我们，真实自我不是接受曾经的自己，而是要面对未来的自己。真实不在于过去。有些人总念叨，"唉，我一直都很腼腆"，或者，"我从小就知道自己会做销售——大家都说我很擅长这一职业"。他们所表达的其实是自己必须固守在狭隘的自我认知里，这种视角往往早在他们学会语言之前就形成了，是由家庭影射和社会程序所构建的。

可是令人揪心的是，那个被早期生活经验和程序（基质）塑造出来的自己，并非真实自我。

试着做下面这个练习：

按照以下句型描述自己：我（是）/有_____和我不（是）/没有_____，既包括你自豪或夸耀的，例如我聪明，我不易受影响，也包括你试图隐瞒或避免的，例如我害羞，我争强好胜，我没有创新能力。

现在改写这个清单：我后来变得_____或我后来没有_____，例如，我后来变得聪明了，我后来没有创新能力。发觉不同了吗？过去是什么样子不能决定现在的你或可能的你。

当下，我们可以选择去重复惯常行为，也可以选择去尝试新事物并迈入未知领域。人们因为"这不是我"的借口，说自己办不到或做不到某件事情，此时，他们总觉得自己是坦诚真实的。事实上，他们之所以办不到所说的事情是因为他们的固定程序阻碍了他们，他们无法走出局限去思考问题。他们非但不是坦诚真实的，而且还受限于童年时代的洗脑，总觉得自己是这样的而不是那样的。

然而，真实意味着你坚持不懈地遵循祈盼并自我更新。真实的自己在释放环节中将不断演化，你从自我局限（虚假的局限）中解脱出来，成为祈盼中的自己，我们称之为"未来最容光焕发的自己"。我们稍后会讨论这个概念，不过现在，让阳光和朝气感染自己。设想一下，你迈入新的自我高度，将先前从未想象到的可能性变为现实。

这是一个有关真实自我的案例。乔（Joe）总觉得自己严肃冷峻，要求严格，常把下属踩在自己精美奢华的皮鞋之下。他坚信自己不会也不愿将时间浪费在他所谓的"二等"活动上（例如家庭、宠物、瑜伽或戏剧）。这倒不是说他讨厌这些活动，而是他生来就永不懈怠、雄心勃勃，而且以他 35 岁的年纪，在知名企业拿着数十万薪水，他认为这便是他的"命运"。

但是，乔总觉得人生中缺少些什么，于是向我们寻求指导，还参加了一次研讨会，最后加入了一个同行发展小组。他都不敢相信自己居然干了这么"矫情"的事。然而令他大吃一惊的是，研讨会和小组中有些成员已经功成名就。起初，他希望我们帮助他爬上公司管理层顶端，因为他收到消息，他所在的金融公司正在考虑他是否是副总裁的合适人选。他开始完成旨在发现祈盼的任务，这时他发觉自己在以崭新的方式投入，而曾经的他却认为这些方法幼稚低级，"不适合他"。他开始注意到曾被自己克制的情感，再那么严肃冷峻。也许最令人喜出望外的时刻是有一天工作的时候，他对一家咨询公司的首席执行官说，刚才自己被他说的话伤到了。令他惊喜的是，这一刻的提升让他意识到，自己长久以来所期待的是深入了解自己和他人——满足祈盼。他在改变的道路上愈发如鱼得水，成了一名改变者。这个培训项目带领他不断完成战略性的释放。

看到他在种种体验之后开始改变，然后真正释放，我们备感欣慰。他有一个重大发现：他曾经认为的直接和真实不过是拼命追求结果，这是因为事业有成的父母会要求孩子比自己更上一层楼。当他有了这种认识时，他开始将其广泛地运用到生活的各个方面。他发现自己与那些曾经的点头之交成了推心置腹的知己。他乐意和公司上上下下的各类人交流，从门卫到首席执行官。他融入集体的能力加强了，他也认识到，步入管理层的关键是忠诚和卓越，还有最出人意料的——友谊。

他开始与曾被自己认为不适合的女生约会。最后两人结婚了，有了孩子，还积极为社区服务。释放让他进入探索真实自我的冒险之旅，成为他的生活方式，让他在不同领域收获成功，这比他曾经以为的真实自己领先十万八千里。

我们绝不愿让大家误以为找到真实自我对乔来说易如反掌，对任何人而言都不容易。要想找到真实自我，你必须毅然接受实际存在的焦虑，日常生活的忧虑总潜藏在意识之下。这话意义丰富，取决于你的祈盼和之后的投入：拒绝顺从（或者反过来，如果你觉得自己是叛逆者，那你就应该选择顺从），说一些压根不像自己会说的话，做出一个与有生以来所有决定背道而驰的决策，或无视脑海里浮现出的下一件事。这也可能意味着，因为自我提升而承担风险，或根据深层祈盼，从而投入行动，突破自我局限。这也可能只是一件微不足道的事，例如和自己的哥哥姐姐唱反调，而之前你总是言听计从；也可能是一件大事，例如换工作，跨越半个地球。

存在主义者、基督教牧师、哲学家索伦·克尔凯郭尔号召我们要有意识、有目标地做自己命运的主人，而不是逆来顺受的墨守成规者。人本主义心理学之父亚伯拉罕·马斯洛对这一挑战另有一番表述：我们做出的是安全选择还是成长选择？在释放的背景下，这句话的含义是，如果不接受真实自我的这一定义，你就无法让自己自由。现在，让我们从更加直观的视角看待释放，聚焦人们在释放时所经历的过程。

释放的两极

释放有两方面：摆脱，接受。第一个是反应性的——从原来的行为、态度、惯例等事物中走出来。第二个是表达性的——做事、前进、实现。它也是创造性的——实现或表达自己未曾实现或表达过的东西。典型的反应性释放行为包括质疑你曾经毫不犹豫服从的权威。表达性自由往往更具自主性和自发性，表达你以前没有意识到的感想，揭露深层真相。在提升环节中，你认识到局限性的观念以及对自我的限制。在释放环节中，你将采取行动突破这些局限性观念，通过新的强大信念和行动，去自由地定义生活。

让我们分析一下以下五个阶段，从冲出牢笼、自由探索直至迈向自我：

1. **打开牢门**。在提升环节，你认识到自己的基质，发觉自己生活在一个意识牢笼里。这一认识至关重要。当你深思并领会其中深意，你会发现，束缚你的正是自己的无意识局限。这将为你冲破牢门提供动力。你的第一本能是走出笼子。你不断提升，考虑各种可能性以及这世界上的其他生活方式。当大脑开始思考新选择时——崭新自我的可能性，你就开始了释放环节。正如一位改变者对这一环节的描述一样："感觉就像，哇哦！我困在铁链里，这些铁链是我自己给自己戴上的。现在我要把它们解开。"

2. **踏出牢笼**。你已经迈出了将自己从程序中解放出来的第一步。只是意识到自己能够摆脱牢笼是没有用的，你要确切地做些什么。这或许算不上解放自己的重大步骤，可是你的思考、感知和行为已经不同，你决定冲出牢笼，感受自由的滋味。某天晚上，一位改变者决心不再依赖酒精，要主动与人沟通，她描述道：

"在宴会上，我害怕极了，可是比起以前我觉得自己更有活力、更加快乐。我通过对话和交流保持自己的投入，虽然对方可能不太喜欢我，可我不管这些，我只专注于自己。这真像是一个小奇迹。"

3. **探索未知**。这一阶段你尝试崭新的、更具表现性的思维、感知和行为方式。你在牢笼和外面的未知领域来回奔跑。在外面，你尝试新的生活方式，这往往是对程序的某种反应。例如，你知道以前碰到陌生人自己就会胆怯，所以现在你去不同场合，为自己建立新的人际关系创造绝佳机会。可是你没有持续不断地这样做。某一部分的你仍旧会退缩到笼子里，你的实验还是尝试性的，仍旧是对过去的回应。在这一阶段，那位在社交场合不再依赖酒精的改变者直面以前未曾意识到的祈盼。她开始讨论各类话题，而之前她对此讳莫如深，她惊奇地发现，很多人都对她做出积极回应，她甚至还结交了不少知己。

4. **重新生活**。现在，你已经踏出牢笼，创造了新生活。你必须坚持某种崭新的、更具主动性的生活方式，确保自己从反应性释放转变为主动性释放。你的祈盼将主导新的生活方式，而新的生活方式会让祈盼越发明晰。你坚持不懈地努力，不断接近那些帮助你感受关爱、感知自我重要性并提升精神境界的人们。不过，这一环节之所以称为重新生活是有原因的——你走出原来的牢笼，可是千万注意不要给自己重新又造一个笼子。重新生活是非常关键的一个任务，你要认识到，如果你让它成为自己毕生不变的住所，你将无法体会期待已久的改变。那位戒掉酒精的改变者为了防止自己倒退，现在必须重新生活，坚持奔向新目标，摆脱自我束缚。她不仅戒了酒，还获得了崭新的、更具主动性的生活方式，有健康的习惯、体贴的朋友和兴奋的体验。

5. **重新释放**。反反复复自我释放。你会发现，一旦停止下来，你的未来就会被限制，基质也将企图重新掌控你。因此，必须有意识地摆脱你适应的新环境和新行为对你造成的束缚。这听着让人觉得筋疲力尽，可我们必须努力，而且这本身也令人欣喜雀跃。当你挣脱自己创造的新牢笼，你的努力会让你的能力加倍，让你充满自然力量，持续释放。那位不再酗酒的改变者惊喜地发现，其他很多无意识的障碍渐渐明晰起来。她拿出了前所未有的勇气，开始询问原来不敢说出口的问题，因为她曾以为这些问题会暴露缺点，她甚至和一些风趣的人结为朋友，她曾经胆小得都不敢靠近他们，这是她改变旅途上的闪耀成就。

释放身体和大脑

当你经过摆脱牢笼的五个步骤，你逐渐通过各种新行为获得自由。在这个过程中，这些行为也将影响你的思维。你会发现，当你释放身体时，你也在释放大脑。

神经可塑性是释放的一个重要科学概念。很多年来，传统观念认为，在我们的生命早期，大脑就已停止发育，之后我们再怎么做都难以刺激其继续发展。实际上，近期大量神经学研究得出相反结论。加州大学著名教授、神经学专家迈克尔·梅策尼希（Michael Merzenich）是大脑可塑性研究的先驱。他指出："可塑性始于摇篮而终于坟墓，即便是老年人，他们的认知功能也会出现显著改善，其中包括我们的学习、思维、感知和记忆方式。"他强调："我们没有充分利用这种可塑性，也低估了人类所共有的这一能力。"

激活大脑可塑性依赖于崭新的行为，我们必须走出我们的安全区。这将会刺激产生新型的神经模式，创建新的突触连接，改变大脑结构。通过有重点的聚焦和重复——这是释放的要求，我们将学会新的思维、感知和行为模式！在养成新习惯时，我们的大脑学习效率更高。实际上，神经经济学家教授格里高利·伯恩斯通过研究证实，大脑因为挑战和新奇将极具活力。我们生来就迷恋新奇，通过释放这一过程，我们去拥抱值得拥有的新奇。进行新冒险，迎接新挑战，只有这样才能让我们真正心满意足。

你或许还记得我们之前提及的斯坦福大学心理学家卡罗·德威克，她的研究重点是为何有些人能够发挥潜能，有些人则不行。根据她的研究，学习、发展的关键在于成长思维，固定思维会让我们裹足不前。以两位同样聪明、有天赋的人为例，其中一人是成长思维，另一人是固定思维，你将会看到，从成就、幸福到影响力各方面两人都存在天壤之别。你现在已经知道，释放需要成长思维。在尝试新事物时，你必须有效地应对挑战，从关键反馈中学习，掌握不易上手的新技能。

这时，有些人肯定会自言自语，可是我一贯以来都很害羞腼腆……瞻前顾后……冲动易怒……咄咄逼人……缺少自信……追求完美……胆小多虑……神经敏感。要想持续地成功释放，你必须认识到，这种自我形象完全是强加给你的程序。如果我们没办法说服你，那么以下这些强有力的科学研究或许能让你心服口服。

菲利普·津巴多（Philip Zimbardo）博士创立了斯坦福大学害羞诊所（Shyness Clinic），他发现，很多害羞的人认为自己生来就是这样，过去、现在、将来都是如此。然而津巴多博士帮助很多人克服了害羞，从而证实这种"习惯"不过是因为技能缺乏而导致的一种行为模式。换言之，害羞的人需要练习社交技能，然后从惯常思维中解放出来。在行动面前，它们的程序将没有反击之力，因为程序本身是不堪一击的。

也许最具启发性的研究是大脑化学，它揭示出我们与不同情绪相关联的神经化学状态。例如，假设我们觉得自己脾气暴躁，我们认为自己生来如此，因为自己过去35年的行为证实了这一点，我们总是冲动易怒，然而实际情况是，当我们火冒三丈的时候，缩氨酸（又称肽）冲过我们的头脑，由于我们习惯了这种冲力，所以就给自己贴上"脾气暴躁"的标签。当我们对同事大呼小叫、对孩子劈头大骂或满腹牢骚的时候，那种强烈的化学反应深深地留在神经网络里。我们习惯了这种怒火中烧的状态，于是不可避免地去想那些会让情绪爆发的事情，刺激神经，最终它成了一种习惯思维。

释放的推动剂

较之前面的那些改变阶段，释放阶段尤其需要推动。有些人或许在脑海中将冲出牢笼的五个步骤融会贯通，凭借获取的信息思考如何推动释放以及应该如何应用于自身。然而，绝大多数人还是需要一些帮助，才能学会释放以及维持释放的思维和行为。五个推动剂的功用如下。

·**从错中学**。去做从未做过的事情，出错在所难免。释放过程中，必然会出现搞砸了的情况，因为释放就是去尝试可能性！但是，在我们尝试新事物、犯错误的时候，我们的大脑会讨厌基质所触发的不安感觉，并试图让我们逃避风险。基质把错误视为一种控告，一个症状，显示我们出问题了。因此，我们必须向改变者和优秀者学习，他们知道如何接受错误，并视其为学习机会。

就算搞砸了，我们也不是孤身一人！华特·迪士尼（Walt Disney）曾被炒鱿鱼，理由是"缺乏想象力"。迈克尔·乔丹（Michael Jordan）大二时被校篮球队拒之门外。据传，托马斯·爱迪生（Thomas Edison）曾说："我没有失败 1000 次，电灯是尝试 1000 次之后的发明成果。"

神经学研究成果证实了犯错误的作用，我们的确能通过尝试、失败从而学习并记忆新事物。我们的神经元必须反复失败，才能最终成功。如果我们总是唯恐犯错误，而不愿采取实际行动，那我们实际上是在消耗前额皮质资源，这只会让我们更加压抑，更易犯错。

因此，给自己找些任务去犯错，将错误视为释放的象征。不要打击自己、责备自己或觉得丢人，要回应道："真棒，我犯错了！虽然冒险，可我学习了。"而不应该是："我真傻。"让别人理解你的行为，当你搞砸了，他们会为你加油。

　　享受犯错，甚至故意犯错——说错话，做错事。不论错误是大是小，在公众场合还是私底下。例如，你丈夫让你带牛奶你偏带酸奶，在报告中写错数字编号，按错电梯按钮，让你推门你偏拉门，穿的衣服又有条纹又有格子，告诉妻子她做的这顿饭味道不好，故意叫错某人姓名。记住，要付之一笑，为之庆贺。

　　·**说出来，克服它**。释放令人兴奋，但也会带来其他感触。步入未知领域、尝试新事物、打破旧惯例，都会威胁到你的基质，我们的大脑边缘系统会做出"战斗、逃跑还是原地不动"的反应，这控制着我们复杂的思维。换言之，我们会退回到原来的世界里，丢掉释放的动力。

　　但是，我们可以通过简单但高效的技巧，让我们的边缘系统中大受刺激的杏仁核镇定下来，让我们高层次的思维重回轨道。神经学家马修·利伯曼（Matthew Lieberman）的研究已经证实，通过表达我们的感觉，哪怕只是简单地说一句"我害怕"，我们就能镇定下来，前额皮质意识性和前瞻性的思维就能重回正轨。我们会更冷静，思维会更清晰，不会陷入原来的基质惯例，从而保持释放状态。

　　你的任务？学会表达大脑中的情绪。这听起来容易做起来难。你或许觉得害怕、受伤或气愤，可是出于各种原因，你难以向自己或他人坦诚交代。例如，你不愿意承认自己生气，因为你的程序已经告诉你，你不是那种爱发脾气的人。当出现这些情绪时，试着告诉自己，我很气愤，或我受到了伤害。

　　请务必要和他人分享你的感触。将这些情感付诸语言会让你大脑的语言中心也投入进来，有助于增强作用。写下这些感触，或是干脆作一首诗，尤其要手写，这将缓和你的情绪，为你的前额皮质带来更多资源，支持你的释放行为。

·**以释放者为动力**。崇拜偶像是提升阶段的技巧，释放者将帮助你集中力量，鼓励你完成这一阶段。他们是破戒者、反传统者以及创新者。他们打破规则，他们做旁人说不能做的事。最著名的释放者包括甘地、小马丁·路德·金（Martin Luther King, Jr.）、佛陀（Buddha）和亚伯拉罕·林肯。

这些人并非生来就是释放者。甘地是名律师，佛陀是位尊贵王子。然而他们都以自己的方式提升了，他们摆脱了职业惯例的束缚和时代思维的局限，进而创造出全新事物。

找到释放者，了解他们的生活，从中获取动力，不一定非得是知名人士。我们的学员倾向于寻找那些走在自己前面的改变者。如果你的姐夫／妹夫摆脱了他的基质，成为一位创新者和反传统者，那他就是一位极佳的榜样。关键在于，你所找到的这个人，他／她的生活必须和你的祈盼有共鸣。你可以选择其经历和你所祈盼的内容非常相似的人，即便细节或许有不同，不过大方向是一致的。例如，你的释放者榜样在商界创建了新型范式，而这一领域恰好是你希望大展身手的。但是，真正的释放者会在所有的生活领域都积极改变，成为改变者。

·**列出博识者、陪练员以及队友**。虽然释放者能激励你，帮助你看到自己尚未发现的可能性，如果能找到积极改变的人作为伙伴，将大有裨益。你必须认识到，释放的起始阶段或许会让你本人以及他人感到不自在、效率低甚至有挫败感。这就像学习一门新语言——起初，你的词汇有限，你的口语支离破碎，有时你觉得尴尬，有时让别人不知所云。开始释放的时候，在摆脱自我程序的起始阶段，你或许会缺少一种成就感或效率感。释放需要技巧和练习，也需要从朋友那里获得帮助，尤其是从俄罗斯心理学家和教育家利维·维谷斯基

（Lev Vygotsky）所称的博识者（More Knowledgeable Others，简称MKOs）那里。

如果你不认识那些比你经验更加丰富的人，你可以找人陪练，为彼此创造练习机会。这就像是和陪练员切磋技能的拳击手，找到释放的成长搭档，通过共同练习，你会变得更加真实，你们分享此刻的真实，互换角色，并提高技能。

向你在提升阶段发现的错误观念发出挑战，你会发觉，冲破内在规矩的行为并不会造成负面结果。找到愿意与你合作的成长型队友。邀请朋友参加成长盛宴，一边练习释放，一边享受生活。

·**适应任务型生活方式**。我们绝大多数人每天清晨醒来，都不会计划如何通过一天的释放来为提升做点什么。然而，改变的关键在于，坚持不懈地尝试新的生活、行为和感知方式，以期有新的发现。我们为包括这一阶段在内的所有阶段都制定了辅助性的生活任务。在提升阶段会出现各种日常生活任务，通过逐步完成这些任务，我们的学员将掌握释放技能。这些思维、感知和行为技能将随着时间推移不断发展。

使用（提升章节的）基质图，帮助自己规划任务。仔细思考在提升阶段你发现的局限观念，找出操纵你行为的相关规则。制订计划，打破这些规矩。例如，你或许发现，你一直受"必须坚强独立"这一观念的操纵；或者，你内心深处觉得自己是个负担，所以你必须自给自足，不能依赖他人。和这些观念相关的规矩包括：凡事都要亲力亲为；不要求人帮忙——别人会觉得你无能；不要成为负担——帮助他人但不要请求帮助。

现在，挑战这些观念，打破这些规矩！为自己制定任务，将自己从这些局限性观念中释放出来，让自己自由地活在鼓舞人心的信仰下。我们有个小窍门：提出要求，要求或大或小，或具体或抽象，或吓人一跳或小事一桩。尽自己所能向很多人要求很多事，要求别人为你开门、替你按你要去的楼层电梯按钮或替你整理房间；向爱人索要一个拥抱、一个吻、一份特殊礼物；要求延长最后期限，为项目、装修、度假和口味寻找建议，你的要求可以和天空一样高。很有可能你会被自己创造的东西以及释放——还有新提升——的成果吓一跳，以下是两位改变者在完成这一任务几天之后的总结。

从小我就被教育，永远不要张口提要求。我的错误观念是，没人会关心我想要什么。我勇敢地走出去，向别人提要求，然后收获了很多东西。我意识到，提要求是件好事，这让我和其他人更加亲密。从小到大，我所学的关于提要求的观念都是错的。小时候，家长之所以这么做是想要我闭嘴，他们不愿告诉我真相，那就是他们支付不起，没有钱。他们让还是孩子的我觉得错在我，我提要求是不对的。我现在已经度过那个阶段了。作为成年人，我想要什么就会说出来，而且一定要得到。

——德波拉（Deborah）

提要求真是一大快事！想起这些小要求都很开心，例如叫妻子帮我按摩腿，还有发痛的脚，帮我拿一杯茶或咖啡，或为晚餐做一道特别的菜。我询问已经好几年没打过交道的人，是否愿意和我一起吃午饭或晚饭。我也请别人帮我创业。都成功了！

——萨姆（Sam）

三个常见陷阱如何绕过

听到这种警告，你或许不胜其烦，可是我们再怎么重复都不为过：留意你的基质。在释放阶段，你的基质会企图再度操纵你。你或许会告诉自己，你已经明白了基质的力量，你不会让基质干扰你的行动。然而，基质不仅强大，而且狡猾。它能玩出各种手段，阻止你释放。

如果你详细了解基质会在你和你的祈盼之间安插哪些障碍，你就可以避免受阻。你要留意三件事——第一件事相对容易解决，第二件事需要解释和一些方法才能解决，第三件事则完全取决于态度。

1. **大进步的错觉**。这一错觉极有威力。以提升为基础，你在生活的某一领域做出重大改变，接着就止步不前。例如，萨莉（Sally）对工作更有自信，绩效评估突出，升了职，接着她就松懈了，扬扬得意，工作效率降低。戴拉（Dara）摆脱了自己的程序——她总觉得自己过于自私，永远休想收获真挚长久的爱情和婚姻，她后来和一个非常优秀的男子结了婚，还有了孩子，她第一次觉得有人关爱，可是之后又开始觉得自己一文不值、不受重视了。

我们绝非是在贬低这些重大进步，可是我们要告诉大家，它们可能会成为进一步释放的障碍。人们迈出一大步，从程序中将自己解放出来，像是表演赢得了满堂彩。他们觉得一鼓作气地彻底逃脱了牢笼。然而他们没有意识到，在疏忽大意的时候，另一个牢笼正在形成。实际上，重大进步挡住了他们发现这个牢笼的视线，他们放松警惕，危机意识淡薄。萨莉无法将自己获取的自信融入到新的性格里，所以变回老样子。戴拉享受了欣喜若狂的短暂蜜月，很快就开始妒忌丈夫远离家庭驰骋商界的生活，孩子们需要她费很多心思，这让她很是厌烦，总是对孩子们怒气冲冲。

你必须提前规划好释放的步骤，必须坚持不懈并采取各种策略。你的释放不能仅限于职场，在家庭、工作、社区、朋友、家人、闲暇等各种环境下均要如此。如果取得一次重大进步就能大获全胜并彻底释放，那我们就要去研究你的大脑了。你休想一把抓起基质然后挥手扔掉，这一动作会让你扔掉不少其他有用之物。消除基质的作用是个长期渐进的过程。

2. **恐惧**。为了释放，改变者直面恐惧。在整个改变过程中，恐惧一直阴魂不散，在释放环节，这一拦路虎尤其狡猾。你开始拥抱新奇，然后贯彻这一阶段的改变策略，你或许会遭遇拒绝、不确定、模棱两可、孤立和嘲笑。天啊！单是把这些消极情绪列个清单就叫人望而却步了。不过，这清单肯定是不完整的，因为我们漏掉了积极情绪——获得自由的狂喜、大跃进式的成就等。当然，我们的重点是阻挠释放的恐惧，它的威力可不小。

如果你和前文节所介绍的乔一样，都在寻找真实自我，那么你会让认识你、关心你的人产生一些不太自在的反应。在释放环节，我们的一位学员对自己的人际交往和工作更加自信。某次会议上，他发现自己和同事说话时声音抬高了八度。这位男士一直担心自己发脾气，在工作场合说话时从来都是轻声细语。这次会议之后，那位同事非常恼火，向我们这位学员抱怨：“你变了，你以前人很好的。”

谁听到这种评价都会停下来。谁不愿做好人？在这个阶段，你没准会觉得，释放这玩意儿把我变成了一个恶魔！事实并非如此。这也许是你的恐惧，但是事实上，释放就是让你在那一时刻更加真实。你不再逃避你的准则所不允许的行为方式。要想将新的行为模式固定下来，就像改变之前那么自然，的确需要一定时间。恐惧的震慑力很强，你现在并不觉得释放正在帮你解脱，帮你成为一个更强大更优秀的人，相反，你告诉自己，这行不通，或者，这不值得，然后就放弃了，重新回到程序的怀抱。

恐惧带来的最大障碍也许是“难以预测”。大脑是预测性器官，可是当你释放时，你的行为和结果都难以预测。你从大脑熟悉的模式中脱离出来，生活中出现的不确定性和模糊性会带来不祥之兆。你的思维想让你回到旧模式，它会竭力说服你放弃释放这破玩意儿。

这就是我们所称的不确定性厌恶（ambiguity aversion），在你释放的时候，一定要做好准备。幸运的是，我们已经找到很多有效的解决办法。

第一，利用上文所介绍的"说出来克服它"的方法，这对缓解恐惧尤其有效。

第二，做好准备，接受"尚可忍耐的不适"。如果没有做好准备来面对排斥、不确定、嘲讽等负面后果，我们就会放弃释放。我们会被这些恐惧蒙蔽，然后告诉自己，这些不自在都是不值得的。可是，这不仅值得，而且必要。如果你没有经历间歇性的不适，你就不会有效地释放。请你在心里思考人们可能的反应。你告诉自己，简（Jan）没准会大吃一惊，对你那天晚上的行为非常担忧；你对蒂姆（Tim）的工作表现的评估，或许会让他不知所措。解释给自己听，也许你不会喜欢别人的反应，可你能够承受，你必须挺过去，坚持释放。你也可以向别人解释你正在进行的改变旅程，从而缓解释放造成的压力。

第三，消除恐惧的反应。在某个特定时刻，当你被某事吓得哆嗦时，那种折磨人的恐惧像是永无止境。可事实并非如此。直面你的恐惧，强迫自己翻来覆去地做某件事情，你可以较快地适应这种恐惧，它对你的折磨会减轻，你就能继续释放。通过多次接触，你的前额皮质就能控制恐惧。你每多经历一次恐惧，你的害怕就会减少一分。

第四，使用认知再评估系统。很多时候，我们对恐惧的反应是出自本能，而不是后退一步分析其因果。我们的建议是，如果你的释放行动让你害怕某事，请认真分析现实，而不是立马做出反应。说得更具体些，就是问自己以下几个问题：

我究竟害怕什么？

最糟的结果是什么？

如果出现最坏结果，我能熬过去吗？

通过对恐惧抽丝剥茧的分析，你为前额皮质创造了一个发挥作用的机会，让自己镇定下来。大脑的这一部分是你进行释放行动的盟友，帮你分析恐惧的第一波袭击，然后有意识地应对（而不是通过无意识的程序）。

第五，从其他的释放者那里寻求肯定、鼓励和支持。没错，我们之前就提过这个建议，可在面对这一障碍时它尤其有用。向那些正按照你梦寐以求的新标准生活的人寻求建议和肯定，可不要去找那些和你一样受错误观念和规矩束缚的人，你正努力摆脱他们从而改变自己。千万不要低估积极沟通和坦诚交流的力量，它能帮你摆脱恐惧，获得鼓励。神经学研究显示，眼神交流、肢体接触、鼓舞性的语言（当我们还是婴儿时，这是最能让我们安静下来的声音）也能抚慰成年的我们。

3. **失败主义者的态度**。哲学家、作家科林·威尔森（Colin Wilson）曾说过："人类并未意识到自己的失败意识会阻碍他们原本可以完美地完成的事情。"如果你总认为自己无法摆脱程序，那你必然无法做到强大、自信和深刻，也无法克服腼腆和害羞，你将永远感受不到关爱，永远成不了高境界的人，那么也就无法释放，至少它无法成为一种生活常态。只要困难一露面，你就会停止释放。

现在有两种选择，一是为了逃避恐惧而去选一条安全的路，二是为了学习成长而直面风险。如果选择前者，你或许不会变得不安甚至遭遇失败，可这无疑会让自己陷在没有期待的生活里。

如果你正处在释放阶段，挫折在所难免。事情不会总是一帆风顺。你会发觉自己总被人批评指责，甚至遭人排斥孤立。要想应对这种局面，你可以回忆一下我们所说的固定思维和成长思维的对立。固定思维会造成低落绝望的反应。在固定思维的作用下，你的基质将守住批评和失败不放，力图让你回到原来的状态。而另一方面，成长思维会把批评和失败视为学习和成长的机遇。释放者应对消极反应背后的原因寻根究底，要用它去引导未来的探索。

因此，要想跨越障碍，必须坚定不移地将各种拦路虎和消极反应看成学习的机遇。不要被这些事情击垮，要以此为动力找出关于你的现在和未来的暗示。我们都是普通人，没人会喜欢遭到拒绝或陷入尴尬。不过有了成长思维，你就能很快地从情感伤害中走出来，并以此为动力，促进释放。

116

做好准备，事情会变

如果你想象不出释放是什么样子，即这一阶段的成果将如何体现在你的职场、人际关系、精神境界和家庭生活当中，那么我们现在就重点讨论这一问题。这是因为，当你全面、持续地释放的时候，你的生活将大为不同。我们绝大多数人倾向于认为，我们一直都在改变，可实际上我们做的只是固守内在模式，只是外部有些肤浅变动——换个新工作、搬到新城市、培养新爱好。我们都是习惯的产物。我们的程序主宰了我们的观念，观念又控制了我们的行为。

在释放阶段，我们可以选择能够让我们摆脱习惯的行为和生活方式。通过这些新行动，我们将迎来无限可能的生活。从逻辑上说，这种生活将大大有别于你经年累月所熟知的生活。我们其中一位学员到了人生暮年才发现这一真谛。

77岁的迪娜（Deena）在大家眼中一直是善良热心的，对任何事或任何人几乎从来没有不满或发过脾气，她觉得自己不该惹麻烦。她和我们分享说："我从小被教育要做一位好姑娘，不要怨天尤人。"经过投入和提升环节，她意识到，做驯良的妻子、母亲、教徒、好姑娘不是唯一的人生选择，她抵达了释放阶段。

她下一阶段的提升是，"我这段遗孀日子是人生的另一阶段……和我相似的人成百上千，如何度过余生，我自己说了算"。自那时起，她就开始更加投入，开始做有别于自己往日性格的事情。她不再为自己的婚姻粉饰太平，她的行为用她兄弟们的话说就是"没有迪娜范儿"。迪娜意识到，"阻碍我发展的障碍之一就是我总是美化婚姻记忆。为了直面我俩婚姻的真相，我对着先夫的墓地大叫，估计不论他在天上还是在地下都能听见，'你早该戒烟！'后来吃晚饭时，我告诉家人我离家出走的次数，哪怕只是出走数小时。我们绝不是安东尼（Antony）和克莉奥帕特拉（Cleopatra，即埃及艳后）般的传奇爱情，倒更像是拉斐尔·克莱姆顿（Ralph Kramden）和爱丽丝·克莱姆顿（Alice Kramden，译者注：美国影视作品《蜜月人》里的主人公夫妇）那样，口角不断"。

在她的志愿者服务过程中，她发现自己远比想象的要更自信、更有影响力。她加入某个环保组织，强烈抗议当地某公司污染附近水道，这令亲戚朋友着实大吃一惊。她用自己的话记述了释放之旅的真谛：

"我变得顺应自然，遵循呼唤：享受芝加哥的海滩和天际线、克服了雨夜驱车的恐惧、打断对话、倾听对话、找出自己愤怒和消极的根源、不再拖拖拉拉。

"我一直没有实现做志愿者的目标，我给自己设定了一个'不做就死'的日期。我申请某个志愿者职务，那一天我成功了。

"我扪心自问：'我是想做人类链条中的一个小链环，因循守旧，老死不变，还是要打破一成不变的铁链？如若不然，我就只好对食古不化的老古董亦步亦趋。'我解放自己，做我自己，不再顾影自怜，消极低落。

"我现在的生活充满冒险。我不再呆坐不动，而是翩翩起舞，演奏并聆听莫扎特的音乐，自主决定，不再等着别人给意见，我说出自己的要求。我发挥天赋，在教会唱诗班演唱，为退伍老兵织围巾，写文章鼓励其他老年人也参加这个学习项目，在志愿者服务中心，和他人一起投入工作。我正在移植成功培育的玫瑰花丛——虽然不知道最后结局——可是它们积极适应阳光更加明媚的地方就足以令我欣喜。我每天都聆听上帝的声音，希望为新的一天获得精神指引，我也深知，上帝赐予我思想和力量，让我决定前方的道路。"

迪娜的成长恪守着一套自幼年时期就深深地烙在她脑海里的规定。从个人意识上说，这对当时的她算不上是规矩，可事实就是如此。在提升阶段，和迪娜一样，你会看到很多规矩都是牢笼上的棍子。在释放阶段，你将和迪娜一样，打破规矩，冲出牢笼。

但是，在提升阶段，你将反复冲破规矩——不止一两次，而是有重点地持续进行。这意味着，如果在工作中你想到一个绝佳的新项目，你就会明确表示这是你的提议。这意味着，当你不同意爱人或其他人的观点时，你会大声说出来；如果你觉得自己的更合理，你会据理力争。你冲破不成文的规矩，大家会说你行为怪异；面对崭新的你，有些人恐怕还会烦躁不安，他们会说更希望看到"原来的你"。

迪娜采用改变原则不过几个月时间，从她的例子可以看出，你的生活也会发生翻天覆地的变化。我们必须强调，这些改变值得努力。即便朋友、家人和同事会打击你，可是一旦你发现祈盼、释放自我之后，你收获的好处将远远超乎想象。

马斯洛将"巅峰体验"视为个体实现自我的一大标志。在这些体验当中，你的创造能力得以释放，你找到目标并感受到自己存在的意义。如果你守住释放带来的自由，这些体验将成为未来的一段序曲。

谨记：你必须坚持释放，而且必须通过重塑让释放和令人雀跃的自由成为自己的生活方式。

第七章　重塑：转变思维，转变生活

> 一个脚印带不来土地上一条马路，一种思维带不来心灵中一片天空。要想在现实世界里踩出一条深深的路径，我们必须走来又走去。要想在精神世界里创造一道深刻痕迹，我们必须将"希望能主导生活"的思维强化又强化。
>
> ——亨利·大卫·梭罗（Henry David Thoreau，1817—1862，美国作家）

通过重塑，迈出从良好生活到优质生活的一大步。这一阶段将区分究竟是成长还是改变；是去做些乏善可陈的事，还是去享受优质生活；是一成不变，还是成为能够实现所有潜能的理想自我。重塑将带来真正的改变——你将成为崭新的自己，过上崭新的生活。

如果你不重塑，释放的欢欣鼓舞只能成为美好回忆。释放虽然令人兴奋，可是还不足以改变。我们的研究多次证实，不论多么努力释放、参加了多少课程、阅读了多少书、尝试了多少好事、萌发了多少善念，没有重塑，你将永远不能改变。你或许学习或成长了，可如果你没有通过重塑将这些思维和行为模式固定下来，你必定会退回到原来的生活状态。只有当你利用重塑阶段巩固成果，你才能得到其他所有阶段的回报。

重塑是通过大脑可塑性重新构建思维、感知和行为模式。实际上，你改变了自己的思维——搭建神经路径，将祈盼联系起来，抓住提升阶段令人振奋的发现，认识到释放阶段所揭示出的可能性。通过重塑，你规划生活，构建路径，从而有意识地重组信念、行为和习惯的基质，赋予自己实现潜能的力量。

你成了命运的建筑师，积极设计并改变自己。重塑的重心是激活神经可塑性，不仅要改变思维，还要改变大脑。我们纠正曾控制我们的无意识观念，遵循赋予我们力量的崭新信念，对生活方式、人际关系和价值观进行结构性的改变。

改变建造梦想生活

你正在建设自己的生活，它是对祈盼、投入、提升和释放的整合及延续。这不同于物理空间上的所谓建造梦想家园，你建设的是梦想生活，有通幽小巷和宽敞马路，还有一座房子。在这座房子里，你更新并添加各类系统，以帮助自己实现梦想。这就像一位建筑师，先是对梦想家园有个设想，而你是通过祈盼、投入、提升和释放，对自己的梦想生活有了设想。可是设想必须付诸实际，现在是要将它转化为一座美丽坚固的建筑——能够不停演化，成为最绚烂的人生项目。一位家园设计者先要有设想、有蓝图，接着是稳固的根基，搭建线路，一步一步建设——建设你的优质生活也是如此。

这一设想是在额叶形成的，大脑这一部分就像建筑师和承包商——设想生活的可能性，设计出能体现该设想的建筑，然后你听取并借鉴专业人才（教练、导师和教师）就不同领域给出的意见（规律、工具和技术），充分使用自己的技能。它监督着改变的建设项目，让你专注于正确的方向。

与建设项目一样，详细规划不可或缺，而且需要细致入微的技艺，一砖一石，循序渐进。在生活里，我们需要一个接一个的有意识的行为。不要忘记，建筑工地混乱嘈杂，有很多废料，所以我们必须做好应对拖延、焦虑、错误和挫败的准备。不过，也要准备好去享受我的生命我主宰的至高满足感，因为你是生命的设计师和建设者——改变者，生活在自己创造的生命里。从巴莉（Bari）的建设故事中，你将感受到这项事业带来的喜悦：

121

这就像是持续不断地建设一个新的自我。这当然要付出很多努力，还要永远保持警惕。但是，如果当时（那阵子我只知道埋头阅读心灵自助书籍，参加各类课程）我就认识到这一点——我拥有设计人生每一刻的能力，从而让我不断发现自己体内的新惊喜和新可能，同时与其他人深入交流，我就会早点行动起来，我的步伐将会更快。今天，我终于觉得活出了自我风采。身体的每一部分好像都适应了蓬勃改变的模式。这就像是我为自己打下新基石——影响了我作为妻子、母亲、朋友的角色，影响了我的职业和领导力。我能够接受充满动力的变化，因为我的生命有了更深刻的意义和目标，我体验到充满不确定性的持续改变。每天，我都觉得自己站在新的门槛上，要去实现新的可能性。凭借我对个人发展的了解，这些改变绝非偶然，它们是一整套自我发展的连贯性策略。我设想自己的未来，这像是一个计划，提醒自己在刺激而又不可知的世界里该做什么。

　　在她成为改变者之前，巴莉的生活看着像良好建筑。那的确是成长和发展的大好世界，但是她的生活并不是能让潜能彻底释放的改变型生活。她还没有投入到额叶的内部结构中——祈盼、投入、提升、释放和战略性重塑。巴莉在高中和大学时就是优等生，毕业的时候找了份好工作，后来一跃成为专业营销人士。她在知名企业负责最前沿工作，对新兴技术掌握迅速，于是功成名就。这还不止，她埋头苦读心灵自助书籍，甚至还参加了一个颇具名气的两周个人改变课程。然而，直到她学会认识当下的祈盼，她才在投入的指引下，开始勇于冒险，敢于犯错。她迅速学习和成长。她从新视角认识自己，超越了自己以前所谓的性格。通过投入、提升和释放，她变成崭新而且更真实的自己。她坚持战略性的释放，于是体会到祈盼的满足感，她以前阅读各类个人发展书籍就是为了这个目标，现在她成了活教材。不过，她意识到必须坚持重塑，这样才能巩固成果，才能切切实实地为将来的成长和发展打下新基石。

为什么好事不长久、节食没效果、我们不能永远幸福？

比起其他任何一个阶段，重塑最能说明为什么没有捷径和灵丹妙药。我们必须重塑，只有这样才能满足持续改变的条件——通过深层次、有意识的练习，建设新的精神图谱，保持新神经路径的开放式发展。

你是否有过这些经历：减了肥又变胖了；听了一场鼓舞人心的演讲，于是决心采纳建议，可一周之后忘得一干二净；热血沸腾地立下新年目标，等到了二月份，却发现早就抛到九霄云外了？或许，你曾经掏钱参加了个人发展培训项目，这个过程中自己也有了实际改变，可是这一过程结束之后，除了学会了一些生活哲理，那些改变早就消失了。

思考一下，为什么坚定决心和维持行为改变如此困难？为什么体重总会反弹？为什么我们参加研讨会，除了了解到一些新观念之外，很少能带来持久作用？如果不能时刻保持警惕，没有坚持练习，从而培养并保持新技能，我们原来的观念和习惯基质就会卷土重来，我们又会退到原点。不间断的学习、成长、练习和拓展能防止机制卷土重来，不论顺境还是逆境，我们都必须坚持不懈。

没有重塑，不论采用哪种自我改进方法，我们都必然会铩羽而归。要知道，不论圣人多么睿智，不论培训项目或研讨会多么有新意，都会是这一结局。如果这些项目缺少重塑环节——绝大多数都是如此，那么结果肯定是令人失望的。不仅如此，我们还会降低期待，甚至有种上当的感觉。我们投入了时间、金钱和努力，结果事与愿违。或者，我们会觉得没有达到想要的效果，问题出在我们自己这里，因为我们没有领会真正改变的要求。我们被所谓的捷径搞得神魂颠倒，从而上当受骗。不幸的是，这些活动的承诺没有错，问题出在缺少方法——我们没有理解或利用重塑的魔力。

重塑的魔力和奇迹

重塑的魔力是指我们真的能重新组装自己——改变大脑、思维、信念、身份以及生活方式。我们不再无意识地重复，不再受制于基质的命令，我们要主宰自己的命运。

重塑的奇迹是指神经可塑性，这是大脑的特质，也是重塑的基石，是重建神经路线、新自我和新生活的能力。改变的发生是以祈盼为引导、以精力投入为动力、以提升后的思想为启发、以释放后所发现的新奇和挑战为契机。在重塑阶段，这些都成为新的神经路径，引导新思维、新感知和新行为。

我们孩提时代的发展和成年时的改变大致相同。孩子一点点长大，自我意识加强，这就像是处理照片时，影像逐渐显现。成年时期的改变也是一个类似的显现过程，你会变得更像"自己"，这绝非变得和以前不同那么简单。我们改变越多，离自己就越近。但是，对于成年人而言，改变的设计需要有意识的积极行为——重塑。

孩子的改变是自然而然的，他们的思维和身体一样，适应性强。孩子学习起来易如反掌，不费吹灰之力，因为他们具备我们成年人没有的一个优势。孩子的身体会释放出脑源性神经营养因子（brain-derived neurotrophic factor，简称BDNF），能刺激大脑发展快速吸收并学习的能力。这让他们的大脑一直蓄势待发，通过观察、实践和实验获取新信息。

成年人的改变注定不同。我们必须有意识地投入，才能激活同样的发展过程。这与孩子们的自动化过程不同，我们成年人必须从自己的价值观、意愿和目标出发，有意识地引导自我发展。

重塑的魔力激活了我们的神经可塑性。梅策尼希等神经学家已经发现，大脑形成新神经细胞、带来可塑性转变以及掌握新技能的能力必须满足一定条件才能被重新激活，例如高度集中注意力、新奇、在安全区之外掌握新技能以及反复练习（所谓反复练习绝非指心不在焉地重复做同一件事情）。我们必须密切关注自己投身其中的任务，这就是投入的重要性所在。要想改变能够长久，我们就必须不断地开拓新领域，不断地自我释放。

神经学和对优异表现的研究均显示，我们必须有改变的意愿，必须付出精力，必须将精神集中在希望自己能脱颖而出的领域，才能真正改变。我们必须拓展，必须做一些不知道该如何下手的事情（释放），而且要反复练习。学者们研究了那些可以在不同领域游刃有余的人，包括音乐、高尔夫、指挥交响乐团、国际象棋、营销、领导力等方面，我们可以从中有所领悟。如果你曾读过马尔科姆·格拉德威尔（Malcolm Gladwell）的《异数》（*Outliers*）、丹尼尔·科伊勒的《天赋的密码》（*The Talent Code*）和杰弗里·科尔文（Geoffrey Colvin）的《被高估的天赋》（*Talent Is Overrated*），那么你一定知道过K·安德斯·埃里克森（K. Anders Ericsson）的研究。通过对能力的研究，埃里克森发现这和天赋关系不大，而是取决于在某一领域长期艰苦的努力——有些人喜欢称之为"深入练习"，有些人则称之为"细致练习"，这样才能带来优异表现。

这种练习就是重塑的本质。不同领域的人要想精通某项技能，必须付出一万个小时的细致练习。即使达到了这一层次，他们也不会原地踏步。他们会不断练习、成长并改变。据说，当弗拉基米尔·霍洛维茨（Vladimir Horowitz）被问及为何要如此反复练习时，这位世界级的钢琴家回答："一天不练习，我自己就能听出来；两天不练习，我妻子就能听出来；三天不练习，听众就能听出来。"这一回答反映了他对大脑可塑性的清醒认知：不用则废。这对想要享受优质生活的改变者也是一样。他们获得了有意义、令人满足、以祈盼为基石的生活，但依然坚持曾帮助他们实现这一目标的练习。

要想激活我们的神经可塑性，需要集中精力进行大量的细致练习，发现新奇，超越现在的技能层面以及反复摸索。这和周六午后抱着吉他漫不经心地演奏截然不同，和在高尔夫球场打球、听振奋人心的演讲甚至阅读关于改变的书籍包括这本书在内都不同！

科尔文详细解释了细致练习的各项要求：细致练习的特定目标是提高技能。细致练习意味着我们找出需要改善的领域，专心致志，直到真正改善，接着去提高下一项技能。一般而言，我们需要老师或教练为我们专门设计适合个人操作的行动任务，毕竟要掌握自己一无所知的技能十分困难。除此之外，必须反复练习，而且这项技能一定是超出我们目前的能力范围的，要不断获得反馈。这一发现再次说明老师、教练、导师或者博识者的重要性。另外，你需要有目标、自我观察、思考以及选择参照物和标准，从而超越自己。

发挥魔力——训练大脑

所谓重塑，不是指退回到安全舒适的老样子，而是要寻找新奇，打破惯例。我们要训练大脑关注重点的能力。我们的思维总想将技能转换成无意识的自动模式，然而由于思维是懒惰的，极易安于现状，因此要想重塑和改变，我们需要训练大脑的专注能力，让它能够区分事物，让自己越来越好，并搭建新的神经路径。不断练习、将技能细化分解、反复循环等做法都将促使我们的大脑构建更佳模型，另外，如果有教练或导师帮助设计这些步骤并帮助我们，将非常有利于我们成为行家。

草山音乐夏令营（Meadowmount School of Music）提供高强度学习项目，培养了这一时代许多顶级的音乐家和交响乐指挥家，例如约夏·贝尔（Joshua Bell）、伊扎克·帕尔曼（Itzhak Perlman）、平夏斯·祖克曼（Pinchas Zuckerman）以及马友友（Yo-Yo Ma）。该夏令营的宣传语是："在家里需要一年掌握的技能，在草山只需一个夏天。"他们将音乐分解成小节，重新组合，要求学员倒着演奏；或是一个学员调弦的时候，另一个学员弯腰鞠躬。这所有一切都是要打破自动化过程。经过练习之后，往往能有令人惊喜的结果。这也启发了我们，在重塑环节借用他们的成果，为我们自己的生活创造惊喜。

习惯的奴隶还是命运的主人？

为什么有目标的练习必不可少？为什么普通行为无法实现重塑？神经学给出了答案，也给出了什么能让重塑发挥作用的提示。

没有重塑，我们就会沦为习惯的奴隶。在任何年龄段，重塑都至关重要，在成长阶段尤为关键，因为基质会逐年固化下来。事实上，等到了 35 岁，我们就很少再学习或成长了，相反，我们绝大多数时间都是在重复已经养成的习惯。我们觉得自己充满活力，自欺欺人地认为自己还和年轻时代一样，不停地学习。我们忙忙碌碌，于是就认为自己是积极活跃的，可是我们极少以年轻的眼光聚焦在学习机遇上。随着我们变老，我们绝大多数时候是在重复已经掌握的技能——从事本职工作、遵照形成已久的生活方式、做早已能信手拈来的事情。这种经年累月的忽视会使我们的大脑的注意力系统衰退，可偏偏这是我们必须重视的地方，只有这样我们才能学习、成长并改变。等到了 70 岁，我们或许就不再有计划地改变大脑系统，不再刺激神经可塑性，也就无法迎接另一个 50 年的学习、成长和改变！

我们的大脑线路的运作是依靠序列和模式的联合作用，如果我们每天都坚持秉持同样的想法，做同样的事，这些大脑线路就会强化并固定下来，释放相同的化学物质，形成同样的意识流。除非我们通过提升意识进入释放阶段，然后通过重塑逃离习惯，否则我们就无法重新构建大脑线路，也无法从局限性观念造成的精神牢笼中解脱出来。

多年的"经验"无法带来精通，这不过是多年重复同样的事情。实际上，我们被工作搞得心力交瘁，累得虚脱，这绝不是因为重塑和精通所需要的聚精会神造成的。心力交瘁是因为长时间忙于早就知道怎么做的事情，或是翻来覆去做同样的事情——这才是疲惫的根源！我们在生活中或工作中所做的绝大多数事情，其出发点都不是要提高自己，实际上，我们往往没有任何出发点，不过就是受基质的无意识引导。

当我们重塑的时候，尽管拓展会让我们感到不适，可每每想到我们正在投身于自我改变项目，我们就会有强烈的满足感。此时，我们的行动处在能力边缘，我们会感到不自在，也就是丹尼尔·科伊勒所说的"能力的剃刀边缘（razor edge of our ability）"。在这个边缘上，我们掌握的是研究人员所称的"学习速率（learning velocity）"，即能够高效学习的频率。尝试、接触、失败、继续尝试、继续接触将会改变神经路径。反复强化能够把这些神经路线固定下来，还能将其纳入髓磷脂，这将加快电流信号的速度十倍到一千倍不止。正如科伊勒所说，"这和在大脑里安装宽带是同一个道理"。

改变者的行动更持久、更努力、更深入

重塑需要坚持，要充分利用深入练习，这样才能搭建新的神经路径和基质。这也许只能带来小改变，可是改变者不会因为改变小就停下脚步。在《天赋的密码》一书中，丹尼尔·科伊勒指出，对于最优秀的人才而言，"小成绩

不是终点，而是起点"。换言之，小改变为他们带来动力，是大改变的铺垫。他们不会满足于实现一个目标，而是为了实现下一个目标，永不停歇。

一旦目标实现就会出现一个问题：他们终于拿下那份诱人的工作，或终于有了一段刻骨铭心的爱情，或终于减了 50 磅，然后就心满意足了。我们绝非要贬低这些成就。当学员打破控制他们的程序，成长并改变，我们都会感到欣慰，可是我们发现，那些真正重塑的人会一直探索更高层次的可能性。他们的目标是精通和技能改善，而绝非是实现某个特定目标。他们的目光不会局限于眼下的目标，他们希望尽快实现这个目标，然后迈向下一个目标。小进步当然令人高兴，可它们是为了大飞跃——从良好生活到优质生活的飞越。

如果这些改变者囿于原来的基质，那他们就无法取得现在的成就。他们充分利用神经可塑性，创造新的基质，击败阻碍他们实现内心梦想的拦路虎。

这一切看起来令人畏惧，不过我们可以保证，你能够做到。我们将在下文为你提供促进重塑的方法和建议。

感知你的改变旅程，实现重塑

看了这么多有关大脑和重构神经路径的内容，你没准会觉得重塑是观念的训练。可是单靠想是实现不了改变的。观念只是其中一部分动力，真正的动力是扎根在你情感深处的祈盼。重塑要求我们扩大重点改变的范围，将情感更完美地融入进来。

情感是这一过程中令人欣喜的一部分，可总被忽视。它能提供信息，指引方向。你不仅要思考，要行动，更要感知改变。强烈的喜悦是改变的催化剂，而恐惧，如果运用得当，也能大大促进改变。第九章将详细讨论改变的情感问题，这里我们主要说说感知在重塑中的作用。

改变带来了激烈冲突，让人在希望和恐惧之间摇摆不定。一方面是改变带来的刺激和兴奋，另一方面是对未知的担忧和顾虑。可能性带来的高兴和希望能推动改变，如果担忧变成了恐惧，就会催生排斥。

做好准备，面对这些矛盾的情绪。之前论述旧基质和新基质的斗争时已经给出了部分解释。要知道，所有人都会面对这一问题。

额叶是大脑最后演化的区域，它能帮助你一直留意这些情绪，它让你一直专注于改变。它最喜欢的问题包括：我能成为什么样的人？我有哪些可能性？世界？人性？当你专注于改变的可能性时，有关改变的所有乐观感知都将刺激你的额叶。专注于改变能激活额叶，帮助你的杏仁核冷静下来，这是你的恐惧中心，旧基质将通过这里让你害怕改变。

不用则废

旧基质会竭尽所能抵制所有改变。请切记，旧基质永远不会消失。它永远在伺机卷土重来。我们要再次强调，这就是为什么重塑需要有效策略和高度专注。我们首先要改变神经路线，光靠刺激神经可塑性还不够，因为我们的大脑还有竞争可塑性——只要我们松懈下来，大脑就会把那块精神区域改作它用。不用则废，的确如此。

你不相信？回想一下自己在高中学过、之后再没用过的外语，现在还说得流利吗？这块精神区域已经被你后来关注的东西霸占了，例如，《美国偶像》最后十强、你们小组的赛事得分或新款鞋子的最新促销价。大脑不断评估重要程度，从而决定各项技能的所处位置。我们对某项技能的要求越高，它就会占用越多的大脑空间。某项技能我们使用的越少，它就会留出越多大脑空间给其他功能。

神经学家研究了那些行为发生巨大改变的人，发现他们的大脑出现了能够观察到的实质改变。例如，查尔斯·杜希格（Charles Duhigg）在其《习惯的力量》（*The Power of Habit*）一书中援引了对一位妇女的研究结果。这位女士原本体重超标，一份工作干不了几个月，她后来变成一位健康苗条、事业有成的女性。通过观察她的大脑，研究人员发现，"原来的神经模式已经被新模式覆盖。他们还能看到她原来行为的神经活力，不过这些冲动已经被新力量取而代之。她的习惯变了，她的大脑也变了"。然而，如果她不能坚持培养并强化她的新习惯，她原来的习惯模式将会卷土重来。

从逃避到成长，最后充满改变的动力

也许你还记得，我们在上文介绍过道格，这位企业执行官到我们这里来时，正打算改行，也许去做一名外展领导力导师，不过他很快发现，自己要做的是由里而外地改变自己。经过我们的共同努力，他取得了很好的进展。当他碰到重塑这道难关时，他已经在各生活领域取得了不少成就。

道格并不是有意识地选择了停止扩展和成长。但是，当他停下来的时候，他的基质以悄悄的、无意识的方式卷土重来。他找了个合理借口：鉴于自己为个人和职业发展付出这么多时间和努力，也许他可以略微休息一下了。完全停下来，不再自我挑战，只是享受成功，这当然惬意。他的基质开始发问，在他取得今天这般成就的数年前，就曾有同样的问题：何必这么辛苦？甚至在更深层次，他的自我怀疑复苏了。他想，别人为什么愿意替我办事呢？别人为什么要成为我的客户呢？他以前的自卑心理又出现了。

很多人的经历和道格相似，他们开始改变，然后因为实现了一些愿望就心满意足。他们在改变生活上取得了一定进步，这时基质又恢复原貌。我们大脑的运转原则和身体是一样的，即"维持原状"，但是改变会破坏这一原则。由于大脑有预测能力，从最基本的功用说来，它会发现危险，一旦事情发生变化，它就无法预测。我们的大脑会将改变的压力视为威胁，最终会刺激杏仁核。各类抵制和排斥的思维和感知都会出现：噢，不，你不能……太过了……我觉得有变化，要阻止它……你别动就行了……事情已经不错了。每个人的基质都有一套和危险及未知相关联的特殊编码。让某人兴奋的事情会让另一人担忧。因此，重塑是一件非常个人化的任务，过程相同，可具体细节因人而异。

道格正在改变，他变得更加强大。因为不确定能否取得成功，所以他徘徊在改变的边缘，他的基质警报系统被激活，基质已经无法预测。即便自己渴望这些改变，也做过计划，可是他的基质没有与该体验相对应的编码，于是他原来的无意识防御系统企图让他回到最初的状态。幸运的是，道格有很多和他一样正在改变的支持者。他们相互帮助。他们发觉道格已经松懈下来并安于现有的改变成果——生活"已经不错了"。这个时候，他所在的领导力训练小组发现他原来的基质开始作怪，于是提醒他：他已经不再及时查阅电子邮件；他开始工作散漫。道格的巨大反差让不久前还给了他优评的资深搭档感到惊诧，于是给了他一个警告。道格这时还没有学会保持警惕，而只有保持警惕才能抵制阴魂不散、伺机出动的旧基质。

道格对这个领导力训练小组视若无睹，所有人都警告他，如果他不改变、不重新开始，他们就要把他赶出小组。他很生气，打算退出。思考两周之后，他终于醒悟了，并且意识到自己就要停滞下来了。他的支持小组终于唤醒了他，还好为时不晚。他终于重新意识到，要重塑，要时刻注意发展和前进。道格意识到自己更深层的祈盼，要深入工作。他开始研究、撰文并出版著作。他自己创业，成为所在领域非常睿智的一位领袖，还拿下了博士学位。他这些拓展的成就在两年前是难以想象的。今天，他已经是国内著名的思想领袖、知名商人，可是他依旧小心谨慎，在企业管理等各类前沿领域不断探索。通过这种方法，道格不断面对新挑战，促使自己建立新的神经网络，覆盖构成原来基质的旧网络。

我们在达成目标之后，自然想放松一下，享受成功。芭芭拉·弗雷德里克森（Barbara Fredrickson）博士构建了"拓展与建设"的积极情绪理论，她认为，享受胜利果实有助于重塑。不过，一定要避免自鸣得意、自我满足，这将断送改变的前程。重塑要求防止倒退。重塑是一个无意识的过程，可是却需要我们有意识地展开。换言之，你必须高度警惕，在生活的各个领域，你要坚持奋斗、尝试新事物、为祈盼冒风险。通过这些行动，你才能确保新建成的基质能够战胜旧基质。

重塑阶段

你如何才能应对重塑的挑战呢？我们即将分享一些能够帮助你的方法。不过，首先，请切记我们在重塑中究竟该做什么。重塑的目标是建立新基质，融入赐予力量的新观念和新生活模式，它们能够帮助你改变并激发你的潜力。你必须依照自己的祈盼，调整自己的观念和行为；将提升阶段的发现付诸实践；通过释放自己的生活，从而获取回报。如果你能够理解"四个重新"，你就能最有效地完成这项重大工作。"四个重新"是指重新定位、重新组建、重新改革和重新确立，这就是重塑的四个阶段。

我们首先要了解"四个重新"的策略，这样你才能成功地改变自己：

1. **重新定位**。我们有三个步骤完成重新定位。第一，你必须深入了解基质如何影响了你的思维和行为。换言之，必须有意识地采用不同方法做更多的事，协调新旧基质主导的行为。第二，重新定位要求重新评估价值观，想想这些价值观是如何决定了你现在的思维和行为。我们很多人在生活里不假思索便臣服于某些价值观，它们全都是基质的产物。我们还没来得及发觉它们在限制我们的生活体验，它们就已经左右了我们的思维和感知。第三，通过重新展望来重新定位。你会发现，新的价值观会带来重塑，而你也将对生活有新的展望。

特西亚（Tricia）是一位事业有成的女商人。当她开始遵循祈盼并提升时，她就开始重新定位。她开始重塑并重新评估自己的价值观，进而改变了对人生的展望：

> 我以前争强好胜，总是陷在激烈竞争中难以自拔。我从不为自己的付出后悔，因为我学到不少东西，可是内心深处，我感到恐惧，祈盼能有改变。当我学会祈盼，并应用到工作和人际关系中，我开始慢慢改变。我发觉，推动我的价值观并不是我真正想要的。当我投入并做了很多事以后，我学会了瞄准真正重要的事情。我以前总担心自己会在那间小破屋里终老，我必须克服这种担忧，必须有更高的目标。我说不准究竟是从什么时候开始我的目标发生了改变。我的价值观、人生观和世界观都大大改变了！我不再觉得生活的价值只是避免流落街头、一贫如洗。我的工作、人际交往、学术成就、物质享受、职务地位和户外旅行都变得更加完美。做真正的自己，在家庭、社会和世界中做一个有价值的成员，这些都大有意义。我仍然和以前一样是一位成功女性，热爱旅游，享受快乐……不过我现在的定位是奔向更真实的自己。我看待他人的目光不同了，他们不再是我前进的踏脚石，而是进行生命冒险的队友。

2. 重新组建。这一阶段，你将为重新定位正式立下原则。你必须分析并将这些原则细化，让能够帮你重新定位的新基质站稳脚跟。在制定重新组建的策略时，你要分析自己的思维、观念和行为，并判断它们是否能和你的新基质联合起来。如果不能，你就必须改变它们。最核心的问题是，你要学会转换思维。如果你曾经希望跑马拉松，你就会针对饮食、睡眠、锻炼等各个关键领域进行安排，甚至还会和某位教练合作。与此类似，我们必须更加有技巧地组建生活，才能实现重塑。比如特西亚必须将某些特定任务搬上日程，确保自己留意每天的进展，每周和导师沟通，参加学习项目以培养新技能。

3. **重新改革**。如果说重新组建是让你重新设计自己的基质，那么重新改革这一环节就是关于如何建设的问题。当你重新创建了自己的思维、观念、存在、感知和生活方式之后，你将把自己的分析和策略付诸实践。特西亚解释道："我的变化是，原本刻薄的内心声音现在充满关怀……我有时还是会变回那种苛责的声音，不过这已经不再是标准规范了。我对同事也更加友好——更友好也更严厉。我变成了一个截然不同的人，更加自信、更加体恤。这真让我茅塞顿开。"

4. **重新确立**。这一阶段，你将确立重塑后的自己——定义新自我。这将巩固新的基质。你在上文读到，特西亚重新确立自己的严厉和体贴的身份，这两种都不是她原来对自己的定义。重新确立的力量不可低估。通过重新定义自己，你将重新强化自己正在创建的认知框架。你将重新确立自己的价值观、存在方式以及自我意识。你将在下一章读到盖瑞·麦佛森（Gary McPherson）对这一重要步骤的研究。

重塑是重中之重

重塑背后有五个重中之重。它们关乎存在的方式、遵循的规则和指令，它们将帮助你专注于如何重塑正在浮现、改变的自己。

跳离 OK 状态。重塑绝不是一个持轻松、随意或狭隘心态就可以完成的任务。刚才已经提到，你必须制订一个全面的计划，让自己坚持重塑。

要想认清重塑的挑战，你必须了解上文我们提及但并未命名的一个概念——"OK 状态"。乔舒亚·福尔（Joshua Foer）在《与爱因斯坦一起月球漫步》（*Moonwalking with Einstein*）一书中提出这一术语，它是指人们停止某种努力、无意识中接受某种成绩的状态。他指出，打字是大家每天都会做的典型事情，可是为什么在学会打字之后，我们的打字速度没有变得更快。要想成为快速打字员的唯一办法就是不要让它变成一件自动化的任务，而是要有意识地控制它。福尔认为，"你必须强迫自己迈出悠闲自在的区域"。

一旦你已经进步，或达到 OK 状态，重塑就会面临危机。通过投入、提升和释放，你取得重大进步，并且开始实现一些目标，你感觉自己付出了很多，因此有权利休息了。就像上文说的道格，你觉得现在生活已经挺好了，为什么不从学习和成长中喘口气，享受已经取得的成就呢？

我们不能停止，原因有两个。第一，安定下来会让旧基质卷土重来，你会退回到自以为已经改掉的行为、思维和感知。第二，如果你在 OK 状态停歇，你将永远无法取得改变者的优质生活。福尔的研究证实了吉姆·柯林斯（Jim Collins）的论断，"良好是优秀的敌人"。也许你在生活中取得了一些良好成绩，可是为它们停顿下来将会阻碍你为更多更好的东西奋斗。请记住道格的教训——我们告诫他，我们宁愿将他赶出领导力小组，也不愿看到他沉沦到习惯性的 OK 状态。

放弃捷径，接受"练习一万小时"的原则。我们在上文提到过，K·安德斯·埃里克森对技能方面的突破性研究显示，一个人要想精通某项技能，必须经过一万个小时的练习，国际象棋、音乐或运动，在任一行业均是如此。我们认为，持续改变要想成为习惯，也要投入一万小时的练习。对于改变者而言，这个数字会更高，因为他们总是投入，以实现自己的潜能。

一万小时听起来很多，可要知道，这些时间都是为了自我改变：用于工作、休闲、交际和祈祷的时间。你有时会觉得不自在，有时却受到鼓舞和激励。或许说得更直接一些，这些时间投资能为你的所有努力带来最大收益。你会在眼下或将来发现这些收益，它们源自你完成的每一项行动。你正在成为一名改变者，此时你所做的每一件事，较之以前会更有意义。当你为曾经看起来无法实现的目标或梦想奋斗时，你会发现，它们就在前方。

这是一种责任和义务。如果你只在闲暇时才努力，你永远达不到一万小时的要求。更直白地说，如果你不能有意识、持续性地追求你的祈盼，你将永远不能重塑。重塑不是你的正常生活以外的某件事。它不是指一万个小时的课外活动。你要把它当成生活的任务，每天有目标地拓展自己的能力。你要承担风险，对希望改变的观念和习惯保持清醒认识，倾听你希望遵循的信念，并积极采取行动。

将突破自我作为一种生活方式。这一万个小时的大部分时间，你该这样度过：祈盼崭新的任务，突破自我局限，超越极限。但是，你可能经不住诱惑，花大把时间做重复的事情，使用那些你早已灵活掌握的技能；或者，达到某种程度的成就，你就心满意足，然后说服自己，你不会爬得更高了。在绝大多数情况下，你选择不再爬得更高。或许你还会在某些方面坚持下去，但仅限于一些娱乐休闲活动，例如国际象棋、运动、乐器或其他什么兴趣爱好。重塑是指通过策略去挑战新领域。经常能取得成功的重塑重点领域包括沟通交流、多项任务、领导力、团队建设、家庭关系、写作能力、公众演讲、养育子女以及其他个人化的追求。它们向我们发出挑战，我们必须提高理解、表达和服务能力。

试着想想，你有多少次主动请缨做某项工作，即便知道这比日常工作要难。试着想想，去年你有多少次寻求反馈、接受改善意见、参加有针对性的课程或培训班以拓宽领域或提高技能。想想自己有多少次放弃机会、逃避挑战或是拒绝聚会的邀请，你总给自己找借口，而内心深处，你是否诚实地面对自己：你拒绝是因为你害怕。试着想想最近一次你承担的大风险——在众人面前尴尬的风险，做一些或新或难的事最后失败的风险，不顾结果地说出自己想法的风险。这些都是改变者要面对的挑战，它们能推动我们的成长，并最终推动我们的改变。这就是重塑并形成新的神经路径的方法，也是延续其生命力的方法。

我们还要注意，承担风险、尝试挑战新任务、寻找新奇感是防止跌回旧基质的保障。极具传奇性的大提琴家帕布罗·卡萨尔斯（Pablo Casals）在90多岁的时候，据传一位学生问他，为什么他每天还要练习三四个小时？卡萨尔斯回答说："因为我希望一直进步。"和他一样，如果你想一直改善生活，就不能安于现状或裹足不前。

勾勒你的未来基质。你在提升阶段绘制的基质图揭露了你的错误观念，以及由此而来的行为和思维，这将成为你的重塑阶段中非常有价值的工具。分析你的错误观念（如果你之前没这么做过，那么现在就找出它们），例如我不够好，我太过分了，我不招人喜欢，我不配，以及因此而出现的思维和行为。你更愿意相信什么？也许是我招人喜欢，我效率高，我有资格，我是天才？现在思考一下，哪些行为、思维和感知反映你期待的、充满动力的新观念。首先，把自己理想中的观念、行为、感知和存在方式添加进你的基质图，从而勾勒出重塑图谱。如果你有强大的系统、教导和支持，这一练习将让它们的帮助和引导更加有效。

改变你的自我认知预言循环。还记得我们在提升环节论述过的自我认知预言吗？我们向你解释了观念如何决定行为，这些行为又如何影响了身边人对你的看法。重塑会改变这种循环。重塑越深入越持续，效果就越佳。你可以干预这一循环的任意环节——改变你的观念或行为，或者和能用比你本人还要积极的眼光看待你的人在一起。

例如，你的局限性观念是你不配，可是你讨厌这样，于是你选择某个时机用一种自尊、自豪的心态表现自己。你可以设想某个自信的人在这一情景下会怎么做。最后，你走进会场，抬着头，和其他成员积极交流，即便自己的膝盖在颤抖，你也要畅所欲言。你会发现，其他人都在积极回应你，询问你对不同要点的看法，或让你去负责自己刚才提出的建议——他们觉得你有资格。这就是假戏真做。

重塑时会发生什么

如果你采用以下这些思维、感知和行为去重新构建自己的基质，你会有很多发现。

做自己的船长。不论重塑成功与否，你都会清晰地感受到，你不仅是自己这艘船的船长，而且在航行时，还能改变它的本质。当然，你不可能每次航行都胜利，不过你不再怀疑自己的追求，而且不论成败，你将继续朝下一个心仪的港口前进。

做不可能的事。具体说来，你告诉自己和他人：我以前从没想过自己能够做某事，我以前觉得这是痴人说梦，可是现在成真了。改变者经常有这种想法。他们为自己有能力做从未做过的事而感到惊喜，这些事曾几何时是那么遥不可及。他们以前或许从未设想过自己能成为成功的企业家、能够写书、能够在国会作证，或者他们曾经非常腼腆害羞，可现在能够侃侃而谈。也许他们曾经从未觉得自己身体里有根精神支柱，可现在他们定时进行超验性的冥想。未曾想象过的改变是重塑的极好证明。

感知优秀的潜力。改变者重塑自我并将祈盼和行为联系起来。这种感触能带来极大的动力和能量。当你这么做的时候，它将帮助你摆脱怀疑和顾虑，冲向优质生活。你会感觉自己具备收获成功、与人结交、享受幸福的无限能力。过去，你或许梦想自己能过上优质生活或获得满足感，可是这些梦想很快就被基质所传递的或微妙或明确的信号给击碎了。现在，你知道自己能够梦想成真。

一位重塑者的画像

琼极其渴望优质生活，她曾认为这一目标是不可能实现的。成年之后的绝大多数时间里，琼只顾着赚钱。40 岁时她终于财力殷实了。她工作出类拔萃，也得到应有的回报，不过自己却孤独地活在金钱里。她很会挑逗人，是个万人迷，只和那些最帅气的男人约会，由于她的收入和教育都好过这些男人，所以总是她说了算。她没什么朋友，单身一人，也没有孩子，和邻里之间也没什么来往。这一阶段的她属于特立独行的高手，这么评价倒也公正。毫无疑问，在外人看来，她将会一直这样。然而，琼之所以要参加莱特训练项目是因为她明确表示希望"融入社会"。琼逐渐察觉自己祈盼与人结交、带来影响、爱与被爱。她开始投入、提升并释放，让自己走出孤立的自我枷锁。

她非常勤奋，尤其擅长使用我们一万小时的练习方法。在我们认识的人当中，很少有人能够如此专注地为完成任务投入大量时间。琼敢于冒险、愿意学习，以实现自己的祈盼。她很快就有收获了。她渐渐融入群体，每天强迫自己主动邀请别人一起吃午饭，每周都参加联谊会。她和更多的人交流，并且意识到，大家或多或少都有脆弱的地方。

同样，她直面过去，也明白了自己在成长阶段所接收到的讯号。通过提升和释放，她创造了新的鼓励和信念讯号，以实现她的祈盼。琼开始拓展，迎接新奇。这是苛刻的日常练习的一部分。她挑战人和事，强迫自己开发并运用社交技能。她迎来了事业腾飞，成为高效率的团队成员和领导者，被认为是全球倡议战略师。

她结识了比她能力更强的异性，从此她和异性的关系也发生了巨大改变。

他们对她而言是一种挑战，她要迎头赶上。通过约会，她学会了很多东西——理解、沟通和亲密的技能。她最后遇上了一位不可小觑的男人，两人结了婚，组建家庭。你几乎能清楚地看到重塑的每一步。她是小区协会不可或缺的人，还担任某慈善组织的主席。琼到我们这来之前就是一位成功女性，可是她对自我的新认知、发挥更大作用的渴望、与人深交的需求让她成为实力更强的领导者。很多社区领导均将她看作值得信赖的顾问，而不仅仅是娴熟的技术工。她在一家快速发展的全国性金融公司担任首席运营官。除此之外，工作、个人生活以及公共服务让她感受到更多的人生意义和满足。

如果琼没有专注于重塑并建立新的价值观，她将无法改变，因为这些东西能为她实现祈盼提供指引和帮助。

改变的两个问题

杰弗里·科尔文提出，你对以下两个问题的回答，将成为你能取得多少成就的基石。

第一，"你究竟想要什么？"或者换用改变的术语，"你究竟祈盼什么？"祈盼是关键，因为重塑的细致练习是一种投资，你的祈盼将为此提供动力，帮助你彻底挖掘潜能。

他的第二个问题是，"你相信什么？"你是否相信自己能改变，并过上优质生活？如果答案是肯定的，那么这将成为你未来所有成就的基础。可如果你觉得优质生活专属于那些特别人士，或只会发生在特定情况下，或要凭借世间少有的天赋，那么你将永远旁观，更不会拿出坚持的精神去创建你本该拥有的优质生活。可是如果你相信自己能改变，那么改变就是可能的，前提是你具备坚持的精神。

第八章 永恒：不断超越，永不停歇

> 一个人在某一刻彻底投入，就连天命都会改变。曾经不会发生的事情都将发生，且利于此人。一旦决定投入，各种好事都将接踵而至，曾经想都不敢想的事情、新朋友和实质性的帮助都将出现。
>
> ——W·H·莫瑞（1913年—1996年，苏格兰登山员）

勇气、进取、承诺、贡献、永恒，我们知道，这些词听起来没有"重塑"那么震撼，也没有"释放"那么振奋，不过如果不能做到永恒，你就无法改变。永恒听起来似乎只是一个承诺或誓言，那是因为我们还没有解释它的力量。这是改变的长久动力所在。这是《小小发动机》故事中发动机的力量。你的性格将因此改变，你的最深层价值将引导你的生活，而改变和优秀将会渗透到你生活的方方面面——人际关系、职业、自我感知、幸福、服务和领导力。通过永恒环节，你将做出能创造辉煌生活的抉择，过上与众不同的生活。

良好生活和优质生活的差异在于一个选择、一个承诺和一个决定。很多人会为自己的生活增添好东西——谋一份新工作、换一套高档住宅、阅读关于自我改善的图书、参加研讨会、做瑜伽以及参加职业培训，可他们的良好生活还是无法变成优质生活。我们的研究显示，只想变好一点的人和在所有领域都追求优秀的人迥然不同。那些永远坚持改变的人会为自己开启无边无际的可能性，每天都获得更深刻的满足感，过着越来越优质的生活。

我们研究的那些改变者有些时候看起来和平常人一样，也许第一眼不会让人觉得他们卓尔不群。在改变初期，他们与其说是印第安纳·琼斯，倒不如说是佛拉多。（译者注：以上二人分别为美国电影《夺宝奇兵》和《指环王》中的角色，前者勇敢开拓，后者则犹豫踌躇），然而他们通过长期努力获得了最大进步。那些永远坚持的人能够培养出一种勇敢无畏的生活方式，敢于将自己置身于不确定的困难环境，强迫自己改变。

坚持是一种英雄气概，这并不是说要去当拯救世界的英雄，而是去做自己生活里的英雄。的确，英雄不仅仅局限于那些拯救生灵的人，也包括那些以不同方式为社会做出巨大贡献的人。英雄绝不会浅尝辄止。他们不会成天幻想着受人追捧或扬名天下。他们不会大肆渲染 20 年前自己伟大的登陆／巨额销售／神秘经历，更不会因为过去的辉煌而裹足不前。他们永远不会停下冒险、拓展、学习、成长和改变的步伐。他们永远都在坚持这些事情，不是间或为之，而是把握每个机会，他们的坚持就是一种英雄本色。他们信念坚定，敢于冒险、迎接新奇、乐于贡献，这就是英雄主义，是我们都能培养的品质。

坚持会强化我们的重塑，为我们各阶段的循环提供动力，让我们更加努力。如果没有坚持，我们不过是辛勤的寻找者，永远无法改变。我们发现，要想改变，需要一种行动意志，也就是坚持。

坚持的力量不可低估

也许你正在想：这本书我已经读了一大半了，难道这还无法证明我的坚持精神吗？如果你正在改变，你是否已经展示出对改变的忠诚，为发现并实现你的最深切祈盼付出无数精力？你已经极其努力，拓展自己，承担风险，直面恐惧，你的生活以精妙绝伦的方式发生了改变，你已经重新调整了思维以支持这些积极改变。如果这些都无法证明你的坚持精神，你还该做些什么呢？

我们绝不怀疑你对改变的认真和承诺，不过这还不够。永远不要低估躲在意识下面的基质，它力量强大，伺机卷土重来，让你倒退到原来的习惯和模式中。永远不要为了那些小的积极改变就停滞不前，你必须实现蛹化蝶的巨变。

如果你因为小改变就停下脚步，你就无法发挥自己的潜能。如果你辛苦奋斗就为改变某一方面，那么你将更容易受到各种力量的冲击，会被打回到原来平庸的状态。莎士比亚在戏剧《哈姆雷特》中描述了一个天赋高、能力强却踌躇不定的人物。他的缺陷在于无法坚持自己的目标，他无法做到一心一意、态度坚决，总在虚无缥缈的问题上摇摇摆摆，偏偏又不发展自己，由于缺乏坚韧精神，他无法实现宏大目标。

你也一样，如果你不能坚持，不能完全挖掘潜能，你也将败下阵来。是或不是？没错，这是我们必须回答的问题。我们是活出自我，现在和将来成为最好的自己，还是我们选择安于现状，得过且过，任由生活处置？我们是浅尝辄止还是坚持前进？

坚持是个有点玄乎的概念，因此我们必须首先解释它的运作原理、本质、作用、要求以及它如何变成态度和行动。

你能坚持多久？

恒心能帮你将祈盼的愿望、冲动和兴奋转变成投入、提升和释放。恒心带来的炙热激情将帮助你在逆境时渡过难关，在顺境时加速成长。但是，不要等到自己对某事有激情时才启动恒心，只有恒心才能释放激情！

一切都是从改变自己开始的——你是拥有恒心的改变者，不是成长路上浅尝辄止的人。根据丹尼尔·科伊勒对优秀人士的研究，如果我们将自己的身份和某项技能或结果联系起来（也就是我们所说的改变），"如果我们设想自己在遥远的未来做某件事，那我们就是在开发丰富的变革能源"。

盖瑞·麦佛森（Gary McPherson）做了一项非常有趣的研究，说明了其中的原理。麦佛森研究了数百名儿童，分析他们在乐器演奏方面的进步。研究时间始于他们学会演奏之前，然后一直跟踪研究了 12 年。当孩子们学会了演奏乐器，他们的表现开始不同——有些人进步神速，有些人进步微乎其微，绝大多数则处在中间。麦佛森希望知道，为什么有些孩子能快速学习，有些则进步缓慢，是辨识音符或保持音调的能力吗？还是因为练习时间、计算能力、社会经济地位、父母影响？研究发现，进步速度和上述因素毫无关系。在孩子们尚未学习演奏乐器之前，麦佛森问了大家一个问题，他们的回答是决定进步的唯一因素。

问题是：你觉得自己演奏这个乐器能坚持多久？那些回答"大概一年"的孩子没有多少进步；那些说"整个小学都要演奏"的孩子处在中间；那些说要"一辈子都演奏"的孩子进步神速。他们比其他孩子进步的速度快了 400%！当孩子们高呼"我要成为音乐家"的时候，未来就注定是卓尔不凡的。

但这绝不是说他们不努力。他们进行了深入练习，这是重塑和培养专业技能的必要步骤。但是，有意思的是，即便这些技巧娴熟的"小音乐家们"的练习时间少于那些表现较差的孩子，他们也还是做得更好。这个长期坚持的小组，哪怕每周只练习 20 分钟，他们的进步速度也要快过那些每周练习一个半小时的目光短浅的孩子。因为音乐对他们至关重要，是他们身体的一部分，他们当然会重点对待——他们会在早晨神清气爽的时候练习。他们更有可能投入艰苦而又细致的练习，找优秀的老师，参加极有挑战性但又很有收获的课程。这些许下长期承诺的孩子，哪怕每周只练习一个半小时，也能进步神速！

同样的现象也会出现在永恒阶段。将自己定位成一名改变者将帮助你释放各种能量，并注入改变过程，建设优质生活。你不仅要善于练习，找到动力，还要将改变作为自己身体的一部分，这样才能释放出力量。这种定位才能带来改变，切忌夸夸其谈。

把自己定位成改变者，我们就能更清醒地意识到，我们正在以多种显著方式改变。我们专注的是这些重大改变，我们的这些经历将激发更多的改变行动。通过永恒，我们挖掘出强大能量和动力，推动改变。

额叶，就是额叶

永恒，外加有目标的生活，能够刺激大脑最发达的区域——额叶。通过永恒，你释放出一股改变的超级力量，帮助你找到并实现远大梦想。你是否读过超级英雄类的漫画书？当这些超级英雄还是孩子的时候，他们就发现了自己的超能力——只要一蹦就能跳上高楼大厦，或看透墙壁，或点物成冰。当然，刚发现的时候，他们自己也大吃一惊，原来自己体内一直蕴藏着这股力量。但是，要想使用这种能力，他们还需要细致练习。漫画故事的寓意在于，我们体内有惊人力量，然而必须通过不断练习，才能使用它们，收获果实。

当彻底激活额叶，尤其是前额皮质的时候，我们就有能力控制自己，成为理想中的自己。这一部分大脑区域能量极强，是创造力、目标性和有针对性的行为的基地。对该区域的使用就像是指挥由大脑其他区域构成的一支庞大的管弦乐团，要掌控大脑其他区域的运作，集中注意力，不偏离目标，从而帮助我们摆脱无意识基质操控的习惯，进而采取有针对性的行动。

我们如何激活额叶呢？恒心！有了恒心，我们就等于做出了有意识的选择和承诺。当我们下定决心，不管花多长时间，我们都要改变，都要成为最好的自己的时候，大脑这一区域就活跃起来。

不幸的是，我们很有可能会听从所谓的"哺乳大脑（mammalian brain）"的指令，那是我们大脑中更原始的边缘系统，而不是听从额叶的指令。边缘系统的功能是为了生存，它专注于四个F：顾虑、进食（food）、打斗（fight），嗯……私通（译者注：这四个英文词均以 F 字母开头）。边缘系统所关注的问题主要是舒适平静，例如，什么时候吃午饭？这是不是太热了？我要是在这椅子上坐久了，屁股会不会痛？这会议、讲座或章节什么时候能结束？我能暂别职场多久？该系统首先关注的是安全，其次是舒适、重复和惯例。一旦它无法预测将要发生的事，它就会将这些事情视为威胁。因此，只要它能保持一成不变，那它就快乐安逸。可改变不能墨守成规！

什么人自己切除了额叶？

你有多少次宁愿选择熟悉的惯常做法，而排斥勇敢创新（当这些惯常做法受到干扰时，你就觉得心烦意乱）？你是否经常感到死气沉沉、没有激情，或不能坚持某些任务，或倒退到重复的例行公事，然后随波逐流？这些日常琐事是人类生活的一部分，可同时也是我们缺乏永恒信念的症状。

缺乏永恒信念的症状

· 昏昏欲睡

· 缺少激情

· 希望一成不变

· 陷入日常琐事

· 无法做到一心一意

· 无法坚持任务或履行承诺

· 无法从周围环境中学习

· 当习惯受到威胁或干扰时，情绪就会激动

· 无法为未来打算

哪些症状听起来很熟悉？或许你没有全占，可是很有可能你有过绝大多数症状。我们不愿说的这么直白，可是这些都是缺乏恒心的标志，也是额叶被切除的后果！额叶切除手术是指通过手术切除大脑这一部分，以"治疗"那些有暴力倾向或不合理行为的人。所幸的是，很多年前还流行的这种手术，现在已经没有外科医生再去做了。

可是不幸的是，我们很多人自己干了起来。从比喻意义而言，我们切除了自己的额叶，我们沉迷于日常琐事和各种软瘾，例如长时间看电视、发短信、大吃大喝、拖拖拉拉和疯狂工作。我们依赖边缘系统，倒退到基质所熟悉的惯常行为。我们没有激活前额皮质。这些依靠基质激活的惯常行为不需要太多创造力或目标性。然而，新奇和挑战所要求的，远远不是边缘系统能满足的。

科学证据清楚表明，我们的关注点——或者说我们为之奋斗的东西——将决定我们的身份。我们的关注点至关重要。不论是初学者还是老油条，一旦你在改变过程的某一环节停顿下来，你就是抛弃额叶，然后开始依赖你的边缘系统。这就是为什么要使用额叶来培养你的"注意力强度"——类似于激光束的关注，牢牢盯住生活各领域的挑战性目标，这很关键。

20世纪60年代，斯坦福大学开展了一个著名的棉花糖实验，沃尔特·米歇尔（Walter Mischel）团队的研究员告诉孩子们，他们可以马上得到一颗棉花糖，如果他们愿意等一阵子，他们就能得到两颗。根据几年之后的后续研究，研究员发现，比起那些要求立刻享受一颗棉花糖的孩子，那些愿望推迟拿到奖赏的时间、更加专注于挑战性目标的孩子在生活当中取得了更多成就。他们竞争力更强，SAT（美国学术能力评估测验）成绩平均能高出210分，他们完成高等教育的比例更高，收入也更高；而那些马上要吃棉花糖的孩子，他们吸毒酗酒和入狱判刑的几率更高。因此，如果你现在能够忍住不去厨房拿棉花糖吃，而是读完这一章的内容，然后再去享受棉花糖的甜蜜，你就算是步入正轨了。

如果采用永恒的术语，这就意味着，如果你能抵制那些简单易行的任务以及心不在焉的活动（这些事情只能带来肤浅的满足感），你就能让自己的思维和精力聚焦在更有意义的拓展性目标上，这是改变的必需条件。

当我们怀抱恒心，激活额叶，我们就能感受到学习成长的渴望，培养坚持不懈的精神，发现奔向未来的动力。我们精神振奋，跃跃欲试。我们感受到额叶的特质，这些才是恒心的标志。

永恒信念的标志

· 精神振奋

· 因使命和目标而跃跃欲试

· 迎接不同寻常的新事物

· 不断转变惯常做法

· 坚定不移

· 怀抱激情地完成各项任务

· 重整旗鼓——从失败和失望中复苏

· 学习的渴望

· 适应环境变化的能力

· 规划未来

额叶是梦想和可能性诞生的地方，在这一区域，我们会提出这样的问题：我如何才能变成最优秀的自己？我能做什么？人性有哪些可能性？我们在这一区域做规划，并通过有针对性的行动去解答这些问题。这种有目标、不断坚持的生活方式就是英雄们最令我们佩服的品质，例如马丁·路德·金、阿梅莉亚·埃尔哈特（Amelia Earhart，译者注：美国人，第一位获得飞行优异十字勋章、第一位独自飞越大西洋的女飞行员）、纳尔逊·曼德拉（Nelson Mandela）、玛丽·居里（Marie Curie）、圣雄甘地、特蕾莎修女、本杰明·富兰克林以及亚伯拉罕·林肯。为了实现自己的理想，他们专注于自己的目标，遵循自由、荣耀、关爱和服务等原则，跨越障碍，抵抗诱惑和攻击。

永恒生活的力量

当我们撰写这部分内容时，本杰明·富兰克林的生活经历让我们精神为之一振。我们刚刚给富兰克林发明的火炉点上火，打开电灯，走过图书馆式多功能椅子，戴上双光眼镜，将笔记本电脑的插头插在插座上，我们忽然意识到，所有这些东西要么是本杰明·富兰克林的发明，要么就是他对发明的改良！这还不算我们现在所生活于其中的美国，其建立大部分要归功于他的影响、贡献和思想。如果我们穿上游泳脚蹼，驾驶带有里程表的车，利用白天的闲暇去图书馆，我们将体验到他更多的创新举措。

这位怀有永恒精神的改变者的成就和兴趣非常广泛，令人敬畏。他是美国建国之父、作家、出版商、政治家、理论家、外交家、科学家、音乐家、发明家，这还没完呢！传记作者沃尔特·艾萨克森（Walter Isaacson）评价富兰克林是"那一时代最有成就的美国人"，也是美国社会最有影响力的奠基人，另一位传记作者称他为"融会贯通的全才"。

在人生的冒险中，富兰克林遵循自己的祈盼和冲动，并投入行动。他在科学、政治以及日常生活领域做出的提升数不胜数，我们都得益于他的精神释放。尽管他生活在我们莱特项目开设之前的年代，可是显而易见，他一直致力于重塑自己的世界观。他令人佩服的成就，永不停歇的学习成长，对发现、实验、公共服务的激情，他的领导力和影响力，让我们见识到改变的成果。

富兰克林是一位拥有永恒精神的改变者，他对生活进行了结构性、策略性的设计，从而有助于自己不断地取得成功。虽然在当时并没有神经学研究来指导他的行为，他也绝不会说自己的行为是重塑，但是富兰克林培养出一套"改善性格"的系统——这是他对重塑的称呼。富兰克林在早期生涯里就列举了13 种品德以及相关原则，用以引导自己的生活（例如节制、真诚和正义）。不过接下来他的行为恰好是持之以恒的改变者应该做的——他给自己设定了框架和戒律，帮助自己遵守这些原则。

他在一个笔记本上列出各种品德，每周挑选一个给予特别关注。他每天晚上都要自我反思：看自己哪里成功了，哪里做得不够，思考自己怎样才能创新，为明天制订计划，让自己更全面地遵守这些原则。他也不是次次成功（但是这不重要），但是他却能在这套系统里更加有意识地调整生活。他写道："整体而言，我雄心勃勃地想做到完美，可是并未成功，总有缺憾，然而在这个奋斗过程中，我变得更加优秀、更加快乐，如果我没有尽这番努力，恐怕永远无法成为现在的自己。"

作为一名改变者，富兰克林寻找新奇，探索发现——他发明了很多东西，而且还是一位启蒙思想家、科学家、学者和探险家。42 岁那年，他放弃了自己如日中天的印刷出版事业，转而投入科学技术发明。他曾表示："我希望后人评价我时说，'他的生命很有意义'，而不是'他去世的时候腰缠万贯'。"

富兰克林深知不断学习成长、永不停歇的重要性，这也是改变者具备永恒精神的一个特征。他认为："如果没有持续不断的成长和进步，诸如改善、成就和成功这样的词语都毫无意义。"富兰克林不停地学习、成长、进步。他发明双光眼镜时已经 78 岁了！他的一生展示了改变过程的所有内容，尤其是永恒阶段。

关于热情、思维和心灵

分享富兰克林的故事绝不是要吓住你，而是要告诉你，如果你能做到坚持改变，将会发生什么事情。富兰克林的永恒精神也许已经激发了你的改变祈盼，你也许期望能更深入地探索生活，能为这个世界做出更多贡献。到目前为止，我们已经说明了永恒的力量，但愿此时的你急切地想深入了解如何才能利用它的能量。那么让我们更加近距离地分析永恒——发现它的组成部分和结构，以及你想取得成功所必须的策略。

我们相信，现在的你已经了解到永恒绝不是随口一说，例如，"从现在起，只要能让我改变，什么事情我都做"。喊口号没有问题，可是面对日常生活的烦恼和忧愁，我们很容易分心或感到压力大，结果不能说到做到。

实际上，你的基质钟情于喊口号，因为它们能够"收买"大脑，让你三心二意，这样你就不会发现自己其实压根没有履行改变的承诺！你只是因为这种想法而变得情绪高昂，多巴胺激增。可这不过是空谈，没有深度和活力，也没有重塑和永恒的策略做后盾。

我们所说的永恒，是对改变更具实质性的承诺。为了说明这种实质，我们先来检视这一阶段的六个组成部分。

1. **让自己投身改变**。投身于某事业代表着改变者做出一个彻底而全面的承诺，继而去释放潜能，彻底改变。这个承诺不是仅限于职业或人际关系，真正的投身是无所不包的。你不能只投身于工作，却无视私人生活。你不能只在某一时期内（一个夏天或假日）投身于重塑，接着就回到原来的习惯中，不再坚持。让自己投身进去，你将会把改变列为重中之重。

2. **"选择"时给自己提出更多要求**。选择将带来促进改变的机遇。选择那些有挑战性的环境，强迫自己改变——接受新工作，即便你知道这要求你掌握新技能，还要调整沟通方式；参加某个小组，你知道小组成员个个非同一般，绝不会容忍你平庸落后；到另一个国家工作，摆脱自己的地方狭隘主义，拓展自我；主动申请升职，即便这令人望而生畏。不要错过任何时刻的选择机会，正如马斯洛所建议的，**放弃安全选择，做出成长选择**。

3. 坚持不懈。不管发生什么——包括顺境时你想停顿下来，以及逆境时你想放弃，你都一定要坚持。如果你想过上优质生活，你就不能对改变这件事存有幼稚心态。当你专心致志于每个改变步骤时，你会发现一切变得越来越容易，而且任何东西都无法阻挡你。这当然是好事，然而不幸的是，生活不是这个样子的。你将会碰到很多人和事，他们会对你的进程构成威胁：一位朋友告诉你，她不喜欢你改变的样子；或者家里出现变故，消耗了你大部分精力。不论是什么障碍，你都要重整旗鼓，下定决心击溃这些障碍。

怎么做？首先，你需要自律和支持。这就是说，你不能摇摆不定——创建一个支持体系，提高你坚持改变的概率。将你的行动分解成更细致的步骤，逐个完成。如果发现自己摇摆不定，你可以请求那些信得过的人帮你坚定信念。

第二，克服障碍。障碍会从看不见的地方冒出来，它们会趁你猝不及防时占据上风。要想坚持下来，必须预测在你追寻新机会的过程中会出现哪些阻碍。例如，如果你投入一个新项目，可是失败了，你或许就要克服沮丧和羞愧情绪；又或者腼腆的你正努力让自己学会交际，你也许能预测到，如果有人拒绝你的友情，你可能会感到非常受伤，你的基质就会借此机会试图让你退回到原来的沟通方式里。

第三，培养恢复性思维。哈佛医学院的心理学家罗伯特·布鲁克斯（Robert Brooks）对恢复能力展开了长达数十年的研究。他认为恢复的关键在于，避免自我贬低，不要因为拒绝而让梦想偏离，要将失误视为有待解决的问题。切记，你的未来规划非常重要，优质生活值得你去奋斗。

4. 为自己、改变和生命投资。改变者永远都在投资，投资需要付出代价。你已经付出那么多努力走到这一步，你或许曾经低估了改变所要求付出的精力，你或许也曾选择用神奇或便捷的法子解决自己面临的问题，但在永恒阶段，你必须动用所有资源——时间、金钱、精力、注意力和意志。有永恒精神的改变者为训练而投资，请最好的导师为他们提供技能练习指导和反馈意见，设计并遵守制度和纪律，投入时间和精力，做最好的自己。

我们前文已经说过，这里再次重复一遍：你必须付出代价。毋庸置疑，走到改变的这一步，你已经做出了牺牲。但是，永恒阶段要求付出的代价可不是为自己的成长多花点时间、少看点电视那么简单。这代价也许是失去一位终生挚友、被同辈人冷嘲热讽、放弃高薪工作、从熟悉的地方搬迁到陌生环境里。

为了理解这种投资，请听听我们其中一位处在永恒阶段的学员怎么描述投资和代价："我放弃了全额硕士奖学金和住房补助金，不再做家人和教会眼中的乖女儿，因为我意识到，自己无法全心全意地走这条路。我要走的是一条不同且艰难的路，但却能给我更多超乎期待的东西。"

请记住，没有哪次投资可以胜过对自己和自身潜力的投资，因为其收入将远远超过成本。

5. 居安思变。 对于很多人而言，永恒的这一要求有违本性。当我们身陷囹圄的时候，绝大多数人都愿意改头换面；当婚姻即将破碎时，我们就去咨询专家；当医生警告我们必须减肥以保持体形或预防严重疾病时，我们就开始锻炼身体。但是，如果一切顺利，我们就不太情愿去改变。我们有种错误观念，东西没破就不必修理。而这恰好就是为什么我们一定要强迫自己的原因。

真正的永恒意味着，即便一切顺畅，极易安于现状时，我们也要去尝试新事物，或接受具有挑战性或困难的任务。简要说来，居安思变是指卡纳曼（Kahneman）和特沃斯基（Tversky）两位诺贝尔奖得主的研究成果所揭示的逃避损失。换言之，绝大多数人在绝望中尝试新事物，此时他们没有东西可以再失去，可在成功面前，他们却不愿尝试新事物。如果你居安思变，你就不会等到出了问题才行动。你积极寻找、选择、制定策略并敞开怀抱拥抱新事物、梦想和不利环境。你放弃已经得心应手的岗位，要求调去一个能带来新知识和新体验的职位；你不满足于顺利却停滞的恋情，坚持和对方一起咨询导师或参加培训，以促进这段情感。从本质上说来，居安思变是保持动力、开始改变、飞离 OK 状态的一种方式。

6. 有目标的生活。 改变者过着有目标有意义的生活。他们不会浑浑噩噩地过日子，他们目标明确——遵循并满足祈盼、学习成长、爱与被爱、发挥作用、带来影响。改变者有目标并努力实现目标，这样才能克服种种困难，坚持下去。他们的祈盼力量非常强大，以至于自己有一种必须投入的使命感，而在投入过程中，他们提升、释放并重塑。要想具备这种使命感，你必须坚持遵循自己深层的祈盼——有意义的、真实的和立足当下的祈盼，这样你的目标就会显现。目标不是逃避，也不是一种慈善或事业，它是生活方式，它是你的独特身份。

你的祈盼和有目标的生活将会以多种独特的个人方式表现出来。对你而言，这或许是服务大家，或许是保持清醒。也许，它是一种决心：要释放你的潜能，并帮助他人发现并开发他们的潜能。也许，它和工作有关：帮助你们公司的年轻人变得更加成熟和专业。也许，它和精神有关：保持超然的精神境界，并帮助他人做到这一点。不论你的使命是什么，它都能帮助你持续改变，而且还能帮助他人改变，正如我们一位学员发现的那样：

> 以前，别人能在生活中得到帮助，可从来没人帮我。我想，自己的一个祈盼就是获得并给予帮助。为了成为"开发者"，我的投入方式是在我的公司雇佣年轻员工，并对他们进行跨领域培训，不仅涵盖所有业务领域，也包括生活的方方面面。我鼓励他们直面恐惧、表达真情、真诚对待自己的生活。看到他们既提高了能力也改善了自己，我感到莫大的喜悦。与此同时，我也和他们一起自我改善了。

对于改变者来说，带着目标去生活，服务和引导是其中自然而然的一部分。我们的每一位研究对象都是引导者。他们刚开始时不一定是这样，但是通过整个改变过程，他们自然而然就开始服务和引导了。他们与旁人进行有意义的深入交流，帮助大家变成最优秀的自己，为家人、朋友、同事和雇员创造未来的可能性，并帮助他们实现这些可能性。他们做出贡献，服务他人，引导他人。通过有目标的生活，他们变得更优秀并拥有更大的影响力。

导师、高人和博识者

试着回想一下那些关于英雄奋斗的传说、故事和电影，英雄不是一个人在奋斗。《星球大战》里的索罗绝非一人"索"居。《独行侠》里的独行狭也不是"独"自一人。神话中的亚瑟王有圆桌骑士，《指环王》里的佛拉多有萨姆和护戒使者，就算是托马斯·爱迪生，他的实验室里还有很多研究员。现在想想那些功成名就的能人，不论是奥运会冠军、拳击赛冠军或最优秀的网球运动员，他们在训练时都有陪练员，他们和教练一起训练，他们和最佳人才一起进步。

永恒不会发生在真空里。改变者让自己扎根在盟友的泥土里，其中包括志同道合的改变者、精明能干的导师、鼓舞人心的榜样、分享成功的朋友以及表现优异的队友。他们和这些人一起，分享彼此的价值观，在各自的生活里大放光彩。

这些人际关系对于改变至关重要。这就像世界各地那些培养天才的温床，例如音乐家的草山音乐夏令营和网球运动员的斯巴达克俱乐部，改变者们不仅能得到卓越的培训和指导，还能接触其他技能娴熟、敢于冒险的伙伴，从而激励自己奔向优质生活：如果他们能做到，我也能做到……我希望和他们一样，所以我最好忙起来……我必须向他们学习，才能和他们一样。

当我们融入某个集体，看到未来的自己，我们就会感受到一股强大的鞭策力量。科罗拉多大学的杰弗·科恩（Geoff Cohen）博士通过研究发现，当我们向其他正在做出成绩的人看齐时，就会爆发出一股力量，"当我们得到暗示，我们必须与某个团体保持一致时，就像扣动了扳机，点亮了一盏灯，取得成功的能力开始出现，我们投入其中的精力将超乎想象"。这时"我们"取代了"我"，正如科恩所说，"我们是这个星球上最社会化的生物"，这会激活我们内置的动力开关，促使我们投入精力和注意力。

我们不仅需要受到其他改变者的鼓舞，与他们保持一致，还要直面那些挑战我们的人。那些成功做到永恒的人会让自己处在毫不留情的人群当中。请原谅我们的直白，可是只有这么说才能展示真相。如果你身边的人总给你无条件的关爱、支持你的任何举动，那么这一阶段你一定会出岔子。例如，当鲍勃给音乐家们做导师时，他决不会容忍他们任何的松懈。他对音乐这一行非常了解，也知道他们什么时候会安于现状或停滞不前——他们会找借口说现在时机不对。鲍勃强迫他们拓展并学习，从而帮助他们培养永恒精神，追求卓越。即便是世上最伟大的音乐家也有学习的必要，例如跑去欧洲参加训练课程。你身边需要有"推动者"，尤其是当你讨厌被人推动的时候。

请看看下面这些历史上具备永恒精神的改变者，他们拥有互惠共赢的人际关系，能够从其他那些技能娴熟、有天赋的人那里获得鼓励、支持和引导：

• J.R.R. 托尔金（英国作家，代表作《指环王》）、C.S. 刘易斯（英国作家，代表作《纳尼亚传奇》）、G.K. 切斯特顿（英国作家，代表作《男人与星期四》），他们都是迹象文学社（Inklings）的常规会员，二十多年里，大家共同阅读，讨论各自尚未完成的作品，并提出很有建设性的批评。

• 欧内斯特·海明威（美国作家，代表作《老人与海》）带着一封舍伍德·安德森（美国小说家，代表作《俄亥俄州的温士堡镇》）写的介绍信，然后在巴黎结识了那一时代的顶尖作家和艺术家，例如艾兹拉·庞德（美国诗人）、格特鲁德·斯泰因（美国诗人）、西尔维娅·毕奇（美国人，在巴黎创立了莎士比亚书店，为乔伊斯出版了当时被英美两国视为禁书的《尤利西斯》）、詹姆斯·乔伊斯（爱尔兰作家，代表作《尤利西斯》）、马科斯·伊斯特曼（美国评论家及作家，代表作《享受诗歌》）、米罗（西班牙画家）以及毕加索。这些朋友对他的作家生涯大有裨益。

· 毕沙罗（Pissarro）被视为印象派画家的领袖，他曾与许多人合作，一起训练、学习并创作，这些人包括莫奈、塞尚、高更、雷诺阿、修拉、希涅克、玛丽·卡萨特、西斯莱、马奈、莫里索和德加（译者注：以上均为画家）。

从以柏拉图和亚里士多德为代表的雅典学会学院（The Academy and Lyceum of Athens），到莎士比亚时代的伦敦美人鱼酒馆（Mermaid Tavern）——莎士比亚、马洛（英国剧作家、诗人及翻译家）、多恩（英国诗人）和雷利（英国冒险家及作家）时常聚在这里交流思想。由此可见，人以群分。

马尔科姆·格拉德威尔研究了保罗·塞尚的优秀团队，这个团队帮助他施展天赋，后来他成为举世闻名的后印象派画家。这个团队包括他孩提时代的朋友埃米尔·左拉（法国画家），左拉在巴黎引导他进入艺术家的生活。除左拉之外，塞尚还有很多优秀的友人："如果不是左拉，塞尚恐怕永远只是普罗旺斯某个银行家的儿子，郁郁寡欢；如果不是毕沙罗，他恐怕永远学不会画画；如果不是经销商沃拉尔，他的画作恐怕要在某个阁楼里腐烂掉；如果不是父亲，塞尚长时间的学徒生涯恐怕要面临财政困难。这张赞助人的名单很长……塞尚何止是有人帮助，他有个支持他的梦幻团队。"

我们的学员是改变小组的一份子，这个队伍对彼此的未来有信心，并且相互支持、期盼、激励、挑战并鼓舞对方。不过他们不会局限于此。他们集合成相互激励的团队，有时甚至是全球团队，他们在团队中发挥不同作用，他们有可能是分享真相的朋友，也有可能是职业导师等。

158

没有退路

在永恒这一阶段，身后的大门关上了，你再也不能回头。这听起来真吓人。当你为改变付出这么多，专注于如何发挥潜能、如何过上有目标的生活时，你就告别了多年来的自己。当你走向卓越的时候，你或许会害怕随之而来的责任。人们期待你不断进步，你却担心自己能否不负期待。人们将用不同的眼光看待你。他们或许会告诉你，你是在痴人说梦，他们都快不认识你了，他们还是觉得原来的你更讨人喜欢，他们甚至觉得你现在为之奋斗的目标永远都实现不了。

要注意到你为他们带来的担忧，要承认这种环境下你的恐惧。说出来，直面它。设想自己坐在火箭里一飞冲天，看不到终点。鉴于这种体验的速度和不确定性，害怕是自然而然的。与此同时，你也会感到狂喜，尤其当身边有博识者引导你的时候，因为他们曾经历过，或者至少有相似的旅程，所以他们知道终点能够到达。你既要感知积极情绪也要承认恐惧，这将提高你在改变过程中做到永恒的概率。

永远给予关爱，作一名全国性领袖

莱利是一位基督教顾问，也是莱特领导力小组的学员，他是永恒生活的典范。通过永恒，他克服了巨大恐惧，最后坚定了自己的信念，而且还以此为内容撰写了一本著作，主题是"挑战信念、强化自我以及增强对上帝的信任的重要性"。他花了不少时间才走到这一阶段，不过当他成功时，他展现出无以伦比的目标性、使命感、有原则的生活以及投入精神。让我们看看他的经历。

经过多年的个人发展和挑战，莱利意识到，目前的成功远远不够。他需要更伟大的事业，因此他开始为成为全国知名治疗师、作家和基督教社区领袖而奋斗。作为目标的一部分，他开始了长达六年的图书撰写工作。我们有切身经历，著书不易。这一过程不仅要耗费大量时间和精力，其中更有各种各样的内在阻碍、自我怀疑和沮丧失落。

莱利很快就遭遇了这些。他所在的领导力小组经常询问进展。一开始，他需要别人猛烈刺激才去请编辑阅读他的文章，帮助他修改润色。这时他碰上一位代理商，要求他重写。在每一个节点上，他都差点放弃，多亏这个领导力小组一再激励他克服恐惧。起初，他担心自己不够聪明，刚跳过这个障碍，又遭遇另一股气流，代理商换岗位了，于是他又漂浮不定起来。他需要新的推动，得到推动之后，他将重写的书连同一份计划发给数家出版社，可是却屡屡遭拒。莱利写道："我当时觉得受伤、愤怒、悲伤。我受不了失败……我可能会退缩，舔舐自己的伤口……最后，在鲍勃·莱特以及领导力小组所有成员的支持下，我获得鼓励，提笔重写自己的著作。"

莱利是位永恒者。他坚持不懈。不仅如此，他还能够克服被拒绝的伤痛，并从中学习成长。他意识到，如果某家知名出版社能和他签合同自然令人高兴，可他这本书并不是终点，更是一个不断进行的旅程的一部分。他需要为这个旅程拿出永恒精神，而不能只是为了某个结果。莱利写道："表面上看是拒绝，可实际上是注入成长兴奋剂。每一次的拒绝都会让自己的基石更加牢靠，让自己的内心更加坚强……我重新审视失败，它正在衡量我是否愿意从风险中学习。"

莱利的书已经撰写完毕，并付梓出版。出书本身就是一大成就，然而他对改变的永恒精神也延伸到了其他领域。他已经被任命为牧师，开始了博士课程学习，进一步改善了原本就非常美满的婚姻，并且还做起了国际牧师，帮助其他牧师和教会。他领导着一个牧师成长帮助团体，目前正在为他的著作撰写配套的布道文章，为坚定信念制定了一套课程和手册。他现在认为，为了完成自己的使命，推广自己的著作，他必须大范围布道，要是在以前，这想法会让他心惊胆战。他不再逃避伤害和失败，而是抱着永恒信念做出选择，让伤害和失败成为实现目标过程的一部分，为自己创造丰富充实的生活。他深知，这是为学习、成长和改变付出的小小代价。

有了永恒精神，将会发生什么

永恒并不容易，可做出这番努力后，你将收获改变巨大、极其满足、非常成功的生活。在永恒过程中，你将直接走向改变，因为你已经跨越了成长的障碍。你将根据最优秀的自我设计，进行自我创建。你的现实由你自己决定。

永恒还能促进重塑。这句话也许让你困惑，因为本书是将永恒放在重塑的后面，不过请切记，在现实生活里，所有事情都有可能同时发生，或按照任何顺序发生。因此，永恒类似于保险，防止你原来的基质卷土重来。它为你提供一个思维和行为框架，让你向前，而不是后退。

除了坚持一种有目标的生活，这一阶段也让你将已经学会的技能应用起来。它能帮助你留心自己的祈盼并做出回应。它迫使你遵循祈盼，并以实际行动进行投入。它鼓励你反思并进行自我分析，从而让你提升，令人眼前一亮。它促进释放行为，超越你原本认为的自我极限。正如我们上文所述，它能强化释放之后的重塑。实际上，永恒将推动整个过程。

但是，你如何判断自己是否具备永恒精神呢？要想判断自己是否真的拥有永恒精神，你必须仔细审视自己——你的所想、所感和所做。其中一个具备永恒精神的最佳标志是：不顾一切要做某事的决心。即使你眼前的任务非常艰巨，或者会令你不自在，你还是坚持去做。你不会因为恐惧心理或觉得浪费时间而不去做某事。如果你有顾虑、感到烦躁、有排斥感，你就会知道这是过程的一部分，你需要他人的帮助，你需要制定策略来跨越障碍，重新定位目标，坚持向前。当你拥有了永恒精神，你会迸发一种必须实现宏愿的激情，其他任何事都可以置之不理。你专注于目标，不再分心。你坚持该做的事，什么都阻挡不了你。

有一个词叫"黑色乐谱范式（The Black Page Paradigm）"。已故的美国作曲家弗兰克·扎帕（Frank Zappa）编过一段爵士乐独奏曲，这是最难的曲目之一。它之所以被称为"黑色乐谱"，是因为整张独奏乐谱上全是黑色符号，几乎看不到白色区域了。我们的一个领导力学员——他是一位天赋极高、享誉国际的打击乐演奏家，在演奏会上演奏该曲目，他说在自己30年的演奏生涯里，为这段表演做的练习是最多的。

这个故事和永恒有什么关系呢？关系很大，因为在这一阶段，你必须坚定不移地迎接类似的挑战。不论你有了多少成就或改变，你仍然能再创高峰。在生活的不同领域寻找"黑色乐谱"，这是永恒精神的一个标志。

另一个标志是，永恒成为生活方式。到了这一阶段，你或许会觉得这个改变过程已经接近尾声，你已经过上了"真实生活"。你非常认真地完成了投入、提升等各个阶段的练习，你觉得这是在职业、人际关系和宗教信仰之外，自己需要"完成"的某件事。可是通过永恒，所有事情全部融为一体。不论是在森林漫步，或是自愿去领导某个社区组织，每一件事情都和一个伟大的目标联系起来。永恒将会增加你在这个世界里收获的果实，你对改变的承诺将影响你生活的方方面面，永无止境。

改变者对优质生活的承诺是真诚的，不可撤销的。例如，当穆罕默德意识到自己的祈盼时，他发觉自己之所以选择成为一名学者，是因为顺从了家人的期待，延续古老的学者家庭传统，并非是为了实现自己更深层的祈盼。他走出家庭的牢笼，要成为一名顾问和商人，这对他而言似乎是一种冒险。这让他自己更深入地询问自己，如何才能实现自己每一天的祈盼和生命的目标。他坚持自己的祈盼，从而改变了很多——从一位技师变成最受追捧、发展速度最快的某芝加哥咨询公司的领袖；从原来的腼腆自卑变得谦虚但不失自信，而且还是一位非常有能力的贡献者和领导者；从默默思考的学者变成阳刚朝气的男子，还参加拳击比赛；从原来的情场失意到后来与妻子共同享受幸福婚姻。

穆罕默德问自己，临死前会如何评价自己的人生（这只是一个练习，我们写这本书时，他非常健康），他意识到，自己还祈盼去帮助其他人改变，帮助自己的孟加拉同胞缓解痛苦。在这一动力的驱使下，穆罕默德的成长速度更快了，并成为他人的导师和榜样。当他和妻子共同为孟加拉国（妻子也是孟加拉人）的下一代开展公益工作时，他再度提高自己。穆罕默德和妻子在共同祈盼的引导下，都达到了极高的永恒境界，超乎两人最初的设想。

不管你的信仰是什么——佛教、伊斯兰教、犹太教、基督教或印度教，永恒都会发挥作用。对于无神论者或不可知论者有相同的作用。不论是职业还是育儿，它对生活的各方面都有作用。不过，信仰倒是有利于观察永恒的一面棱镜，因为对于任何一种信仰、任何一个种族，永恒和改变都是优秀和善良的品质。它们通过未知的道路，虽然不容易，却能引导每个人走向最高点，成为最优秀的自己。我们学习、成长并拓展，收获上天赐予我们的最具活力、最心满意足、有益于他人、热爱苍生、充满喜悦的生活。

第九章 改变的心

> 没有情感就没有知识。我们或许会留意某个真相，然而除非能感受其力量，否则它就不属于我们。大脑的认知还需要灵魂的体验。
>
> ——阿诺德·本涅特（Arnold Bennett，1867年—1931年，英国作家）

有种神奇力量在等待你去发现——情感的改变力量。我们所说的是高兴、悲伤、愤怒、伤害和恐惧所产生的烦恼、压力、尴尬、兴奋和狂热的感觉，所有情感都是改变的强大代理人。没错，我们指的是所有情感，不仅是喜悦或幸福。总被我们忽视、掩藏或克制的那些令人不自在的情感波动，实际上也是改变的神奇力量！如果我们忽视它们，我们就不能借用它们的力量。

大量研究表明，要想成为最佳自我，你需要所有这些情感。如果没有它们的帮助，你将无法彻底改变自己。你或许可以改善、成长甚至精通某项技能，可是如果没有这些情感，你将永远不会成为一名改变者。你或许能成为专业滑雪运动员、软件工程师或科学家，可是如果不能全面感知自己的情感，你将永远无法过上卓越生活。

并且，你还将错过情感能带给我们的、经研究证实的巨大好处：挣更多钱、工作能力更强、成为一名优秀人才、建立更加和谐的人际关系、身体更加健康——甚至更加长寿！

不论你已经为了感知情感、把握情感付出过多少努力，不论你的情商有多高，你都可以为释放自己无穷无尽的改变力量做更多事情。如果你推崇理性逻辑，或者你是《星际迷航》主人公史波克的发烧友，只相信事实和分析，那么你很快就会发觉，没有情感的史波克是联邦星舰企业号（Starship Enterprise）上作用最小的一位队员！就别指望这个离人类生命形式最遥远的成员能改变并过上卓越生活。

如果不能获得情感的力量，你不仅缺乏以惊人方式进行改变的动力，同时也无法得到情感传递出来的信息和改变的魔力。如果不能和你的情感建立一种积极关系，情感就无法促进感知、表达和智慧的运用，你就很有可能会在祈盼的道路上走偏。我们将向你展示情感在学习、成长、转换和改变当中发挥的作用。我们之后将说明，你如何"与它们和睦相处"，避免让负面情绪及错误观念破坏你的改变进程。

神经学不仅关注你的想法，它还关注你的感受

我们在本书中一直强调改变的神经学，这或许会让你觉得，神经学就是研究人类认知、思维的科学。其实不然。你的大脑里不单单是井然有序的理性思考，你的身体也不是一个暗流涌动、混乱不堪的火山，要伺机毫无征兆地突然爆发（虽然有些时候确实如此）！你的心灵和身体、思考和感知全都存在内在联系。神经学的研究对象是神经系统，可这绝非从字面上的理解那么简单。它和你的思考以及感知有关。这包括你的思考和感知如何相互影响，以及如何影响你。实际上，神经学的一个分支就是致力于研究情感——情感神经学。情感所牵涉的大脑区域将决定我们的注意力、刺激我们的行为并且决定身边所发生事件的意义。

所以，单靠思维去创造你所期待的生活是远远不够的。如果你不了解自己的感知，你就无法掌握祈盼或冲动的推动力。你无法用心投入，无法通过创造性思维有效提升，无法直面撼动你观念的恐惧，也无法进入让你豁然开朗的喜

悦空间。你不敢冒险踏出恐惧设立的边界，它们是你的局限性观念牢笼的栅栏。你将错过释放，不能成为未来最容光焕发的自己，因此也就无法感知那份喜悦和自由。你还将错过重塑阶段最有收获的时刻，以至于无法感受那强烈的情感，重塑要求细致练习，可是你却熬不过因此而出现的失落和沮丧。你无法掌控自己的激情，无法体会永恒的强烈满足感。最终，你将错过原本属于你的优质生活。

你祈盼，你投入，而且走过了改变过程的其他阶段，此时你必须坐上并享受情绪的过山车。这听起来或许有些吓人，可是有的人也许知道，坐过山车也是一件令人兴奋的事。一切都在眼前。爬上最高峰自然棒极了，可是如果不跌到低谷则是不现实的。这种让肚子翻江倒海、每小时100英里俯冲速度带来的改变力量，我们将帮助你体会、吸收并运用它。首先你要对感知有一个全面了解。

情感教育

让我们首先开始初级教育，或者说，初级感知。初级情感包括恐惧、愤怒、伤害、悲伤和喜悦——我们都具备这些情感，不论我们是否意识到它们、了解它们、体验它们、喜欢它们甚至真正"感受"它们。这些初级情感牢牢嵌在所有人的身体里。因此，很多时候，由于我们的矛盾心理或误判（我们总是错误地将其称为消极情绪），我们否定、忽视、远离、抑制它们。你很快就会发现，如果这么做，你就是在遏制改变的冲动，很多时候你甚至否决了它。

二级情感是初级情感的综合，类似于罪恶感，它混杂着恐惧、伤害，往往还有愤怒。也许第一眼看去，你的罪恶感不像是恐惧、伤害、愤怒，可是它往往包含了这三大情绪，分量各异。请切记，我们现在讨论的是无意识层面，而不是你出于人际关系考虑而有意识地对外显示的东西。二级情感是基于我们本人独特的内在体验，因此因人而异。我们将保持初级情感感知——你也该这么做——因为它们是最本质的情感，它们的编码过程最为清晰，同时它们也更为精确和强大。不过，请记住，它们属于无意识思维，埋得极深，而且总是被我们否决，这要归咎于我们内心深处局限性很强的自我观念和世界观。

当你意识到情感火焰在燃烧——不管是喜悦还是愤怒，它实际上揭示出你生活中真正重要的东西。与此类似，当你情绪低落（有些人称之为"压抑"）时，那便是切切实实的伤害、悲伤甚至是被克制的愤怒。如果你错误判断了这些感知，你就不能采取它们所暗示的有效行为。这就是为什么我们鼓励你在改变的每一阶段都发现并表达强烈的感知。它们能帮助你将深层祈盼和表层愿望区分开来，例如想上网查看脸书（facebook）页面或是购物，这些表层愿望无法激发强烈情感，可是希望被爱的祈盼能做到。

你的感知将推动你投入。如果你能自由表达涌动的情感，这将更有利于提升。如果你更关注当下，表达自己的感想，你往往就能说出事实。除非你亲口说出来，否则你永远无法意识到它们的存在。你的感知将引导你从限制释放的束缚中解脱出来，并带领你实现自己的祈盼。如果能做到顺其自然、表达自己的感想、遵循内心的声音，这就是一种释放。感受令人震撼的情绪是最有力的重塑环节，带着激情、认可和崭新的解读，我们能将信念、经验和回忆重新编码。发现并掌控永恒的激情将帮助你直面这世上的挑战并克服你内在的障碍，它能塑造一个崭新的你。

与此同时，当你被强烈的情感所包裹时，你需要掌握有效的解读和表达技巧。这些技巧也许包括自我安慰、通过愤怒消除痛苦或做出其他反应，例如在悲伤中彻底迷失，在快乐中尝试寻求帮助并与他人分享。你还需要学会自我安慰的技巧，因为在改变过程中，你将会受到伤害。我们都需要寻求慰藉和盟友，这样才能应对改变过程中不可预测的情绪波动，这绝不是通过肤浅的软瘾来寻求安慰，例如没有主题的八卦或吃没有营养的零食，我们需要的是更深刻的自我缓解。我们将在下文讨论该技巧。

史波克在星船舰队上作用最小

假设史波克没有情感，那么他进入星际舰队学院（Star Fleet Academy）的可能性微乎其微，能踏上联邦星舰企业号的可能性几乎为零。以他火神般的逻辑，又没有情感，他恐怕就要花五六个小时去决定今天穿什么颜色的内衣。难道他把所有精力都用在克制情绪上了？他有可能会因此破坏自己的认知和回忆能力，从而也降低了效率。他没有学习能力，无法正确决策，无法唤醒记忆或合理调配注意力，因为这些都属于情感的力量。他根本做不到理性思考，因为情感对理性思考来说不可或缺！

神经学已经充分证实了情感的功能，而且还有大量证据说明，它们在我们的每一个行为中都发挥着作用，然而我们曾经却误以为逻辑性强、没有情感的人更加优秀，而且认为情感是阻碍我们或误导我们的非理性冲动，这真是难以置信。真正的问题在于，我们缺乏应对情感的技能，也未曾明白它们的真实力量。如果我们理解了它们的力量，并且掌握了用法，改变将得到促进。我们的生活不仅会变得更加丰富，我们也将成为更加高效的改变者——遵循我们的情感，从而发挥我们的潜能。

你有能力把握情感带来的丰富生活，而且有关它们的作用和功能的科学证据真是振奋人心。当我们情感上受到触动时，我们总是说"我很感动"，这绝非偶然。英文表示"情感"是用emotion，它的拉丁文词源原意是指"引发移动"，它和表示"动力"的英文单词motivation是同一词根。英文emotion的字面意义是让我们行动起来，如同有一股动力激发我们投入到改变进程之中。

情感不是错误，不会让我们误入歧途，它的初衷是避免我们走偏。从演化的角度来说，每一种情感都致力于为我们提供应对各种环境所需要的资源，而这些环境曾激发了我们的最初情感，多么了不起啊！

神经学研究显示，我们的情感会预测我们的需求，让我们做好行动准备。情感是我们的高兴－痛苦机制的仲裁者，它的作用是帮助我们走向高兴，远离毫无必要的痛苦。例如，恐惧会发出警告，有一只剑齿虎（译者注：一种古生物）正朝我们走来，这会刺激我们的身体做出正确反应——逃跑。愤怒提醒我们，某种行为违背了我们的价值观，或某种意义上说是错误的（例如曾经的痛苦经历），从而让我们为更好的结果采取行动。当这些特定情感得以释放，就会产生力量远见以及幸福的感觉。

情感不会"妨碍"理性思维，它们是理性产生的关键。神经学家安东尼奥·达马西欧（Antonio Damasio）的研究显示，情感和理性不可分割，实际上，情感是人类思维的核心以及理性的基石，因为它会告诉我们什么是有价值的。它们对提高人类智力至关重要。因此，《纽约时报》专栏作家和《社会动物》（*The Social Animal*）的作者大卫·布鲁克斯总结道："了解并训练你的情感是智慧的核心活动之一。"

不仅是我们的理性依赖情感，我们制定决策时也要依赖情感。上文曾提及，史波克要花五六个小时去决定该穿哪种颜色的内衣。达马西欧发现，对于那些情感中心有创伤的人而言，由于他们无法掌握自己的情感，就连决定是用蓝色的笔还是黑色的笔，他们都要花上五六个小时。他们内心缺乏敢于选择的勇气。

情感还能将我们的思维、身体以及心灵联系起来，帮助我们全面发展。丹尼尔·西格尔的研究显示，当我们能更加灵活地掌控情感时，它们就会成为我们的有机组成部分。它们赋予我们自我意识，让我们渡过"僵化和混乱的堤岸"之间的海浪。情感引导我们的注意力和行为，改善我们的记忆和创造力，告诉我们什么是有价值的。正是通过情感，我们才建立并享受与自己以及他人的亲密关系。正是通过它们，我们才认识自己，并深化我们的精神联系。

那么什么是情商？我们将其定义为情感注意力和情感敏锐性——知道自己的感触，有能力认识、运用、控制并表达你的情感。情商不单单是和那些不谙世事或多愁善感的人有关。过去十年里，《哈佛商业评论》期刊最受欢迎的文章要数丹尼尔·高尔曼论述情感的作品，于是该期刊总结说："情商不是可有可无的奢侈品……它是一个基本工具，如果用得巧妙，将成为职业成功的关键。"

释放的情感帮助你改变

这时，你也许正在问自己，为什么我要对情感有这么多了解？这些了解怎样才能帮助我改变？

想想橄榄。橄榄里有橄榄油，可是必须压榨或挤出，这样你才能体会到橄榄油的妙用。你的感知也是如此。只有表达出来，你才能全面感受到它们的力量。想想一个反过来的改变过程。古代植物变成了煤，煤通过火焰表达自己，或是通过高压，从而以钻石来表达其核心。如果压力和时间恰如其分，就能带来橄榄和煤的改变，那么，认识情感并遵循祈盼将帮助我们改变。但同时，压力如果误用，就会造成破坏。我们将在下文论述不负责任或随心所欲的情感表达，还会探讨如何提高能力，控制自己对强烈情绪的恐惧。不过现在，我们先关注情感和改变之间的关系。

设想，你接受、欣赏并灵活应对自己的情感。现在，你了解自己的情感，表达自己的祈盼。通过全面彻底的情感表达，这些感知将会带领你发现可能性以及新的自己。实际上，过去 30 年的研究已经显示，当我们不再局限于自我思维，而是真正地活在当下，认知的同时去体会并感受身体里面的情绪，我们就已经改变。

如果情感的表达能揭开我们崭新的一面，改变就会相应而生。例如，我们原本总是习惯性地掩藏或克制恐惧和愤怒，可是现在我们开始坦诚面对，于是改变过程就开始了。一旦我们发觉并合理表达我们的恐惧，我们就做了一件不是"我"该做的事情。当我们进一步认识并表达我们的愤怒时，我们就在心灵深处开辟了新疆域。这时我们发现，体验愤怒往往会赋予我们力量、坚强和自信心。

对待其他情感也是同样道理。尤其是恐惧，对很多领导者而言，它不是"我"的情绪。实际上，他们堵住了恐惧的释放出口，他们对恐惧的否决态度非常强烈。他们下意识地认为恐惧代表难题。不过，我们已经发现，他们对恐惧的抵抗如此强烈，以至于他们从未或很少体会恐惧。对他们来说，恐惧不是"我"的情绪，而是"低能的我"才有的情绪。这和愤怒很相似，对很多人来说，"糟糕的我"才会愤怒。

所有情感，如果能够一起流淌，就能带领我们进入"不是我"的区域，在那里，我们和以前不同了——我们改变了。

一对新婚夫妇参加了我们改变年度课程的第一季度课程，后来他们大吵一架，这次争吵揭露的情感使他们从"不是我／不是我们"的区域进入到"新的我／新的我们"的区域，最后，他们深化了彼此间的信任和亲密关系。

丈夫达伦（Darren）是一个和蔼友善的男人，他在一所知名大学攻读博士学位，他这样描述那次争吵：

我说出自己此刻的希望和感觉。一开始时，这似乎就是典型的夫妻对骂，可是有那么一刻，我酝酿了几分钟，我说自己很受伤、很愤怒。我说这话时，种种感情汹涌而来，我意识到，过去我一直在压抑自己。那一刻，我狠狠敲打厨房灶台，这真不是我的作风。我发觉，过去我总是克制自己的愤怒，以免朝别人大呼小叫。但是，能够表达出来，那感觉真的很棒，我瞬间就觉得畅快多了。事后，我俩说起这件事，两人都觉得其实我们可以快刀斩乱麻地解决矛盾。我明白了，彻底表达自己能带来更好结果，这次争吵让我亲身感受到这个道理。

洛丽是一位优秀的职业人士，曾是知名院校的优等生，下面是她对这次争吵的解读：

> 我正在学习，情感也是通往真相的一个途径。昨晚达伦和我吵了一架——这是我们这段时间争吵最激烈的一次，这和我们过去的争吵存在质的差异。达伦更加直接地表达他的愤怒和受伤，这超乎我的想象。比起以前，我们这次更快地找到了解决办法，即便我们的情感表达如此强烈（也恰好是因为这样）。我不确定，究竟是专注真相让我们更快地表达出真实的情感，还是表达真实的情感让我们更快地找到追寻的真相。不论如何，我觉得两者都有功劳。有一刻，我躲进卫生间里，想在里面静一会儿，可是这时我想起我的任务，于是有意识地提醒自己，我必须回去表达真实的情感，不论眼下这情感究竟是什么，哪怕自己不确定是否真的知道所谓的真实情感。最后，我感受到强烈的情感——悲喜交加。

丹尼尔·西格尔的研究显示，当我们用这类直接的方式与他人分享情感体验时，这种交流会让我们"感受被感受"，让别人了解我们有助于搭建新的神经网络，它们能改变神经可塑性。这再次证明情感的改变力量。

人际神经生物学的研究人员已经证实，当我们体会并表达这些强烈的情感，从而完成或解决某些事情时，这些以生物字为基础的情感将汇集成"活力、希望、信念、清晰、动力、质朴、激情、真相、自我和美感"的体验。如果能学会应对这些程序，我们就能爬得更高，潜得更深。神经学家理查德·大卫森发现，当我们坚持提高情商时，实际上就是在改变我们的大脑，改变里面的表达方式！我们改变感知、思考和实践的方式，因此，我们的大脑也改变了。

你太多愁善感了：这是辱骂还是夸奖？

花点时间，想想自己是如何对待自己的情感的。现在，回答下面两个问题：

你是否觉得自己任何一种情感都令你尴尬，你会把它当成敌人来打击？

你是否将它们分成"好"（关爱、喜悦、祝福）和"坏"（愤怒、恐惧、痛苦）？

我们推测，你会有一个或两个的肯定回答。在成长过程中，我们被告知哪种情感是"好"，哪种是"坏"，我们学会压抑的可不仅仅是后者。我们或许还被告知，放纵的喜悦是不道德的，或者我们"太过了"。我们控制自己不要表现出愤怒，或只能流露最少的一点怒火，因为我们坚信，愤怒会招致负面评价。通过任何一种形式来显示我们的活力我们都会觉得是对他人的威胁。有些家庭或文化对情感的态度要友善一些，可相比较而言，有些地方，诸如西方社会，则觉得情感是有问题的。

儿童时代得到的教训和社会准则让我们在某些情境下远离情感，而且不愿坦率表达我们的感知，甚至压根不显露出来。绝大多数家庭都有家规，或明言或暗示，不允许表达某些情感。在很多情形下，商界规则、社会文化和性别角色不许男士表达真情实感，尤其是受伤、恐惧、悲伤，因为这样做会让他们显得"懦弱"或"不专业"。

我们将情感表达局限在我们认为的合理而得体的范围内，可是局限某些情感就是局限所有情感。我们压抑了多少痛苦，也就压抑了多少喜悦。

让我们从神经学的角度分析情感。神经学家坎达斯·伯特（Candace Pert）的研究显示，我们未曾表达的情感会积压在整个身体里，除非你意识到它们，否则就无法彻底宣泄出来。原始情感贯穿整个身体，通过脊髓进入大脑，进入神经，它们努力要宣泄出来。然而，皮质却遏制这种宣泄。为什么？因为我们还守着对情感的错误观念（例如，表达恐惧不是男人）和所谓的理性（例如，如果我发脾气，大家就不会喜欢我），所以我们压制情绪，而不是表达情绪。皮质做出这种反应时，实际上是防止自己承载过大。这会造成心理矛盾，因为我们的情感希望宣泄出来、融合起来，可是皮质却不允许它们进入意识。但是，压制情感也要付出代价，我们不仅无法感受到情感的力量和恩赐，而且这个高强度的活动会耗尽我们前额皮质有限的精力和资源，这会降低我们回忆信息的能力，也会破坏我们的认知表现。

唉，可怜的史波克，这个没有情感的火神。他压抑自己的情感，耗尽了认知资源，降低了自己的回忆能力，最终限制了自己的认知！

如果我们意识到自己的情感被理性压抑，并且纠正它们，那么我们的皮质就能够轻而易举地让情感冲向意识。这不仅是更加健康的生活方式，还能让我们更具活力，感受到自己的重要性并活在当下。此时，我们的情感力量将有望促进改变。

试着回想一下我们时常听到的有关情感的消极信息，你或许也这么想过或说过：冷静，你怎么回事？……你真是个废物……镇定……我有办法让你哭……爱哭鬼……每月那个时候？……你太敏感了……回自己房间……冷静……淡定……你太柔弱了……你太不专业了……矫情。

如果你从未学会合理地表达情感，它们就会一直积压，最后将混乱不堪、歇斯底里地全部爆发出来，这或许可以解释这些说法的源头。这并不意味着我们必须去除这些情感。相反，我们需要意识到自己有限的应付情感的技能。情感不是敌人，也不存在坏感知，它们都是好东西。我们不会说感觉真好，而是

174

它们真好。虽然事实上我们很多时候感觉不好，可是它们的确有积极功能。换言之，我们需要提高感知情感和控制情感的能力，这就是改变者要做的。

情感的进出和起伏

现在我们意识到，改变者会去开发他们的情感能力，为改变赋予动力，为生活增添色彩，然而究竟什么是情感能力？很多时候，人们觉得这些能力就是去抑制、麻醉或驱赶情感。如果你马上要彻底崩溃、恶毒咒骂、濒临失控、歇斯底里，那么此时将情感抑制也许能有所帮助。但是，其他时候，你必须将情感释放，亦即改善你的情感空虚状况，让自己迅速投入，增强情感甚至是点燃怒火让自己行动起来。

培养情感能力对于改变者而言至关重要，我们将和你分享四个核心观念，我们的学员要想顺利完成莱特情商课程，就必须掌握这四个核心观念——情感的进、出、起、伏。

情感的进出起伏

起，发现并强化体验和表达情感的能力，赶走空虚

进，了解内心，听取他人的经验

出，自由但合理地流露情感，真诚沟通，情绪饱满

伏，调整强度以保持平衡、专注、镇定、责任心和发挥正常

175

·"进"意味着掌握并了解你的内心状态以及你的感知。这一领域和认知能力以及对当下有意识的感知能力密切相关，亦即要具备让体验涌入的能力。这需要拓展了解自我的能力，而且要通过与他人沟通的方式来认识对方。有的人会说这就是所谓的敏感。换言之，要拥有了解、感知并表达情感的能力，这将帮助你全面体验活力和共鸣——发现自己的祈盼。

·"出"代表着自由但合理地流露情感。这是彻底表达感知的能力，要让情感自我完善。这绝不是歇斯底里的咆哮，而是合情合理的情感沟通和表达，让我们与自己及他人更加和谐。这是投入和提升的关键。它包括真诚地表达情感、活在当下、具备所有合理的感知（从痛哭流涕到捧腹大笑）。

·"起"要求提高表达或接受的能力。它要求你注意当下的状态，提高意识，着眼目前。你必须能够强化自己的情感、深入体会你的感知、全面地享受喜悦并迅速地投入行动。它是动力和行动的关键，意味着赶紧走出空虚，快速提升。

·"伏"要求调整强度，尤其是当你试图与人结交、希望引起他人注意的时候。它包括安慰、镇定和控制情绪的能力，尤其是在你异常激动、眼看着就要口出不逊、火冒三丈、无法高效行动或必须冷静下来的时候。

这四种技能是随着时间慢慢培养起来的，它们是改变的核心。通过上文提到的达伦和洛丽的例子，你看到了达伦情绪的"起"和洛丽的"伏"所带来的结果，他们的处理方式都是合理负责的，这会让他们更加亲密，能够促进两人的改变，迎来未来最容光焕发的自己。现在，达伦开始明白，情感表达将有助于提高这种意识。他们听"进"去了彼此的表达，传达"出"一些情感，从而做到了"起"和"伏"的调节。

发现并表达

我们在莱特情感课程中设计了大量练习，帮助大家更好地了解自己的身体讯号、思维和感知，从而更准确、更有效地表达情感。我们无法在本书中将所有体验练习一一道尽，不过有两种技能或许能帮到你。

·**成为一名情感侦探**。一定要小心留意你的感知留下的蛛丝马迹。问题不在于，"我现在有某种情感吗？"你总是有某种情感。你应该问自己："我现在的初级情感是什么？"你将会注意到时刻存在的情感，它们每天都在不知不觉中穿透你的身体。找出你的思维模式和状态，它们能显示出值得你注意、正在萌发的情感。为了掩饰你的情感，你是否紧张、为自己辩解、对他人品头论足、害羞腼腆、讽刺挖苦甚至咄咄逼人？为了遮掩你的感知，你是否会沉迷于一些软瘾，例如总看电视、不停抱怨或故意拖延？你必须关注自己的情绪、状态、思维模式以及各类软瘾，它们正在告诉你，必须更加密切地关注自己的情感。扫描你的身体，找到情感证据——心一紧、后背痛、屏息静气、手心出汗、心跳加快、有气无力或脉搏猛跳，这些都是在暗示情感的存在。

·**每小时监控感知**。每个小时都要设定一个时间。时间一到，闭上眼睛，感受你这一刻的初级情感，然后迅速写下来。你或许会被自己此刻的心境吓一跳！

本杰明是一名毕业于某所常青藤联盟高校的顶尖律师，他以前从未认真想过要去改变人生，自然也不会想到将会由此而来的恐惧。他只是希望自己身上能再现他一位朋友所经历的那些质变。他这位朋友是我们的学员，也是一名非常成功的律师。本杰明目前还处在了解自我感知的初始阶段，为了帮助他，我们给了他每小时监控感知的任务。以下摘选自本杰明的一篇文章：

我最有趣的一个发现是，我的生活里充满乐趣。几乎每次时间一到，我都会为自己正在做的事情感到高兴。即便我觉得焦虑、沮丧、压力大、担心某个问题或某个截止时间……我基本上对自己现在的处境和正在做的事情感到满意。

　　可是以前，每当想起自己的情绪，我就总是纠结自己不喜欢的事。我有一个错误观念：情感是坏东西，它会阻碍我，因此我总将自己的情感等同于我的烦恼。我总是去想让自己焦虑或愤怒的事，以及自己为什么觉得自己不够优秀。这一周，我意识到原来我一直是快乐的，这真是一个惊喜。

　　这一发现为本杰明打下坚实的基础，有助于他全面遵循他的祈盼、跨出安全区并拓展自己，因为他已经摆脱了对自己情感的推断（而且还是错误推断），发现了其中的真谛。这对任何一个希望改变的人来说都至关重要，尤其是当恐惧出现的时候，因为恐惧会让很多积极改变者遭受重创。

　　恐惧是很多改变者面临的最大挑战，不过他们越是直面恐惧，就越能感受到自己的快乐。虽然改变者还要面对愤怒的挑战，不过正是因为顾虑他人或因为我们自身的判断力，我们才无法合理而有效地运用愤怒。我们还会害怕悲伤，担心自己无法应对，或担心我们会一直情绪沮丧。如果学会面对恐惧，释放藏在里面的祈盼，我们就能朝改变迈出一大步。

　　实际上，改变者们知道如何面对恐惧。他们知道，如果不能和恐惧保持有意识的关系，恐惧就会变成汽车上的刹车。但是，如果能保持与恐惧的有意识的关系，他们就能放开刹车，以祈盼为动力，推动我们前进。

情感例证

下文是两个改变者如何学会运用恐惧刺激成长的例子。他们不仅要在改变的旅程中直面强烈的情感，还要借用恐惧等情感作为改变动力。我们希望通过这两个故事告诉读者，恐惧是如何引发各类情感从而误导你，以及我们应该如何通过直面恐惧去促进个人发展。

我们在上文提到过道格，他在某个时期有意识地改变自己。他是一名顾问，总觉得这一行缺乏诚信精神，然而很少有人愿意承认这一点，就连他自己也不太情愿。他甚至不敢向别人说，直到后来他已经发生重大改变。从来没有人要把他培养成改革家，他总说自己腼腆、爱跟数字打交道以及逃避现实。当他学会直面恐惧时，他意识到这是一个巨大的能量源泉。他已经做好准备开始改变了。他曾希望能直面这一行缺乏诚信的现实，可是又害怕这样做将会流失很多客户。但是，直面这种恐惧绝非毫无成就，因为他预测，如果挑战成功，他就能上升到企业董事层面。

道格觉得目前的"最佳做法"不符合伦理道德，必须改进。道格不仅开始思考更好的措施，而且还和国家标准制定机构合作。为了改变，他真是冒了不少风险。他朝这个方向的每一次努力都面临着无可比拟的恐惧，可是他也发现，这有助于他进行更具分析性和策略性的思考。在构思更好措施的努力中，他寻求盟友的意识更加强烈，这激励他去结识更多有影响力的人。

最后，他准备好宣布他的重大策略，他与人合作组织了一次会议，要纠正缺乏诚信精神的现状，合作者不仅包括诺贝尔奖获得者，而且还有全国乃至全球领先的标准制定委员会。《华尔街日报》、《巴伦周刊》、《财富》等所有全国性的商业出版物都在关注。他的创举引发了全国大讨论，进而带来了时至今天还在进行的整体改变。一家大型出版社邀请道格撰写一本书，另一家也在邀请他，现在他的著作是其专业领域的企业圣经。

他的职业前途改变了，他进入了新阶段。他曾害怕会失去客户，可是客户非但没有流失，反而全球五十强的董事会还成了他的新客户。道格并没有摆脱恐惧，现在的他所面临的职业压力比以前更大。不过他说："比起一周以前，我每天感受到的伤害、悲伤、愤怒和喜悦都大大增加了。但是，这些情感不再是障碍，它们是对我的帮助。我直面它们，借用它们给我的信息，让自己更加了解它们，我的工作效率从此更高，我在生活中也获得了更多支持。"

现在，让我们看看另一个例子，几乎所有人都能从中找到共鸣。肯德拉（Kendra）是一位芝加哥的单身职业女性，多年来她每次和别人约会都是"小心翼翼"。恐惧支配着肯德拉的行为——害怕遭人拒绝，害怕别人指指点点，甚至害怕流言蜚语。结果，她总担心说错话做错事，总害怕如果对方知道她的真实感想或知道她是一个什么样的人，他们就会讨厌她，而且更糟糕的是，还会对她评头论足。在她开口说话之前，她试图去猜测对方想听什么、什么不会让他们发火或什么能让他们印象深刻。最后，她的约会一般都很平淡。她从未以真实或有意义的方式表达自己。她谈了好几个男友，可是从未修成正果，或者说，她从未认真对待这些约会。

当她开始意识到自己的祈盼是被人了解，并且学会了如何面对恐惧时，她开始强迫自己在约会中冒险。例如，她开始说出自己的真实想法。如果在餐馆里，对方对某位女服务员的行为或者对她的行为让她不满，她就会说出自己的想法。如果她不同意对方的政治观点，她也会说出自己的反对意见。如果她想去看某部电影，可是又担心对方会觉得这部电影太过严肃或太过文艺，她就会开诚布公地告诉对方自己非常想看这部影片。她让对方知道自己什么时候愤怒、高兴或害怕。

自然，有些男人拒绝她，可是同样的，有很多男人非常喜欢她，这让她非常惊喜！那么，她是如何克服了遭人拒绝的恐惧？她采用我们上文提及的一个方法——"他×的"。肯德拉有时会说这个词，而且觉得很有用。她说："最糟糕的事就是对象把我甩了。可实际上，最糟糕的事是我没有说出自己的想法，然后自欺欺人地开始下一次约会。"

值得恐惧的只有恐惧本身

做好准备，改变将引发各类情感反应。当某个朋友告诉你，你不像你，或你没以前那么招人喜欢，你或许会有些罪恶感。当你觉得特别高兴的时候，你觉得羞愧，因为从小到大别人就教育你，太幸福就是一种罪过。不过，恐惧是改变过程中最常见的情感反应，也最具挑战性，因此我们接下来将剖析藏在恐惧表象之下的东西。

大脑生来就是为了生存，在其他高要求冲进来的时候，它的首要任务是保护我们的安全，认识到这一点将有助于我们的剖析。如果我们总做重复、安稳和熟悉的事，那么大脑就能够预测结果，就不会觉得受到威胁。但是，当大脑无法预测结果，或者当新情况或难以预测的变化即将出现时，冲突、躲避或呆滞的恐惧反应将被激活。

这可以从进化的角度来理解，我们在面对生命威胁时（例如凶猛的野兽）会快速做出反应。不过，在早期人类历史中出现了另一种恐惧，而且日益重要，即社会恐惧——将会威胁到我们的归属感、人际关系或社会地位的任何事情（例如排斥、拒绝、取笑、羞辱或遗弃）。事实上，大脑中感知社会拒绝的痛苦的区域，恰好也是感知身体痛苦的地方！进化科学家指出，这种重叠是因为早期人类在结伴时会更有安全感——合力击退野兽，寻找食物。并且，不论在哪个群体，地位越高，资源越多，那么你的生存概率就越大。到了今天，类似有生命危险的环境已经很少了，不过我们的大脑还是会对有可能出现的拒绝或改变做出反应，而且大脑保留着原始机制，仿佛那些可能性是生死攸关的事情。

引发问题的不仅仅是害怕去做一些有挑战性或未知的事情。当我们面对成长机遇时也会感到害怕。我们心想：如果我接受升职，我就不能和原来的同事做朋友了，我成了他们的上司；如果我去实现自己的祈盼，我的改变会让配偶疏远。

请思考以下这个潜在恐惧清单，但是它只涵盖了小部分内容：

· 恐惧失败

· 恐惧成功

· 恐惧招人讨厌

· 恐惧羞辱

· 恐惧拒绝或排斥

· 恐惧失去朋友

· 恐惧犯错误

· 恐惧太过强势 / 咄咄逼人

· 恐惧太多愁善感

· 恐惧愤怒或遭遇其他某种初级情感

· 恐惧自己不真实

在现实生活中，恰恰是因为我们没有做真实的自己，所以我们才无法改变。作家卡洛琳·密斯认为："我们害怕的既非成功亦非失败。我们害怕的是一旦做真实的自己，就要去承担相应的责任。"作家玛丽安娜·威廉森换了一种说法："我们最深的恐惧不是我们不合适，而是我们难以衡量的能力……我们自问，优秀、卓越和出色的自己会是什么模样？"

换言之，我们害怕变成最优秀的自己。

在改变过程中，你最糟糕的行为就是忽视或最小化你的恐惧。通过本杰明、道格和肯德拉的故事，你已经体会到直面恐惧将为我们指引方向并带来动力。如果你向自己和别人坦诚自己的恐惧，你就消除了一部分它原本就有限的威力。你将刹车松开了一点。可你还是觉得惊恐，它还在阻止你前进，不过，当你揭开它的面目，你就更容易掌控它。你开始注意到藏在下面的祈盼。

但是，如果让恐惧耀武扬威，那种危害性是最大的。人们放弃往往是因为他们不能直面并克服恐惧，因此他们选择理性。他们最典型的做法是满怀信心甚至趾高气扬地开始新行动，这一般是没有直面恐惧的标志。他们扬言，管它是新工作、新学校还是新婚姻，自己已经做好一切准备，对一切要求都无所畏惧。他们这种雄心壮志为他们带来了前期的积极能量，可这股能量很容易就转为消极能量，它在他们的无意识思维中变成一种警告，提醒他们风险来临、要有新行动、要进入他们不擅长或感到不自在的领域。他们会为自己的半途而废找各种借口——"这项目不适合我……这岗位不合适……结婚就是个错误……我没时间……我压力太大……她和我设想的不一样"，可是真正的原因在于没有直面恐惧。他们没有直面恐惧，也没有培养出永不放弃和持续改变所需的技能。

忽视或将恐惧最小化往往遵循着一个普遍模式：起初是意气风发、热血沸腾和精力充沛，接下来是短暂地迎接挑战，最后找了一个站不住脚的借口，放弃或停止。有些被选入知名棒球联盟的最佳运动员最后还是功亏一篑，原因就是他们无法克服恐惧。鲍勃曾指导过这样一位运动员，他几年前出人意料地放弃了棒球，而且令人诧异的是，他正要结束自己的第二次婚姻。

留意恐惧

如果你曾被情感的浪潮席卷过，或许你会觉得，自己无力应对这股势力。

我们承认它威力巨大，可是我们绝非无计可施。进一步说，你不仅可以像道格和肯德拉那样乘风破浪，还可以借助它的力量向前迈进。一定要记得采用我们教你的应对强烈情感的各种方法。在"投入"那一章里，你已经了解"他×的"这一方法对情感宣泄的重要性。而在"释放"章节，我们和你分享了以下这些克服恐惧的方法：

· 说出来，克服它
· 做好准备接受"尚可忍耐的不适"
· 区分恐惧反应
· 使用认知再评估
· 寻求支持

这里还有一种方法能帮助你克服恐惧，采取正确行动：

判断这究竟是真实恐惧、假想恐惧还是真实假想恐惧。格式塔疗法的创始人费伦茨·皮尔斯曾提出"恐惧的三种维度"。如果能辨识你的恐惧维度——究竟有多"真实"，将引导你采取正确行动。它对衡量现实以及评估风险／回报都很有帮助。举例来说：当有人要拿匕首捅你一刀时，你感受到的是真实恐惧。几天、几周甚至几年之后，只要在类似要被捅刀子的环境中，你就开始大汗淋漓、全身颤抖、希望逃离——你害怕悲剧重演，这便是真实假想恐惧。如果你从来没被捅刀子或别人压根没打算这么对你，可你一直担心自己被捅一刀，那就属于假想恐惧。

当你感到害怕的时候，分析一下自己属于哪个恐惧维度。例如，当你投入的时候，如果你直接告诉小肚鸡肠的上司他的计划行不通，然后担心自己会被炒鱿鱼，这种情况也许属于真实恐惧。你也许还是选择直言，不过你会掂量怎样说最好，如果上司是消极反应，你该如何应对，到底怎样才能最有利于自己的发展。即便现在的上司非常开明,他也希望你有话直说,可是如果你曾被小肚鸡肠的上司炒过鱿鱼,那么在这种情境下你或许有一种真实假想恐惧。你必须认识到其中的不同,向你那位开明的上司说出自己的想法。如果你明知上司希望有话直说,而你之前也没有自己说出想法却被上司责怪的经历,那就属于假想恐惧。这时,有话就说!

艰难时期的策略:安慰、感动和小心

我们一直在鼓励你敢于冒险、挑战自己的观念体系并且进入未知领域,因为这是改变者的旅程。我们一直在倡导任务型的生活方式——这本书建议的各类活动和行为,它们的宗旨就是要教你直面各种情感,尤其是恐惧。我们曾经建议你要让自己身处令人紧张甚至害怕的情境中,因为这是帮助你有效克服它们并且向前跨进的不二法门,只有这样你才不会逃避恐惧,走回头路或是停滞不前。

我们在前面给出了如何提高情商的建议,希望你能采纳这些建议,例如成为情感侦探和表达感知。可是,如果你处在真正的情感波动下,比如你的改变行为让你火冒三丈以至于你都要破口大骂,或是让你悲痛欲绝以至于要大声痛哭?你该怎么做呢?

和所有改变者一样,在这段旅程里,你需要休息和支持,以下这些策略将有助于高效利用你的情感。

寻找安慰 VS 麻木。我们很喜欢那句古老的谚语,"人若安,天扰之;人若扰,天安之"。当我们生气、恐惧或情感上受到伤害时,我们往往会从软瘾中寻求错误的安慰,例如沉迷于电脑或电视、无节制地吃巧克力、疯狂买鞋。不过，虽然这些做法能麻痹我们的感知，可是它们并不能抚平情绪或解决问题，对推动改变毫无帮助。

我们感受安慰的能力源自幼儿时期的人际体验，在孩提时代，这种安慰能帮助我们管理情感，而且当我们成年之后，依旧能发挥作用。我们不会因为年龄增长就不需要伙伴、感动和安慰。

儿童会培养出自己的自我安慰技能，例如咀嚼大拇指或前后摇晃，你也需要有这种技能。我们可不是让你去嚼手指或前后摇晃——虽然还有其他更离奇的掌控强烈情感的方式，但我们希望你采取成年人的自我安慰方式。当你在大自然中散步、观赏海浪的起起伏伏并倾听它的声音、默默祈祷、梳一百次头发或是听听令人舒缓的音乐时，没人需要知道你内心在掂量什么。你可以列出属于自己的安慰清单，并且付诸实践，记得一定要经常使用。

寻求他人帮助。和他人沟通，说出你的顾虑。言语安慰和温暖拥抱同样奏效。拥抱是有功效的，如果婴儿没有得到足够多的拥抱，他们就难以成长，而如果成年人没有得到足够多的安慰，他们将无法改变。不论是言语还是身体，我们都需要有人握住我们的手，有人拍拍我们的后背。如果我们关心的人以及关心我们的人能给我们言语安慰或身体上的拥抱，我们就能产生一种安全感以及归属感，这和我们还是孩子时父母给予的感觉是一模一样的。它有助于我们远离悲伤，也能让我们深刻体会喜悦。研究证实，当人们担心要做核磁共振成像（他们要进入那黑漆漆、轰隆隆的金属管道）时，如果这时爱人哪怕某位护士握住他们的手，这种焦虑也会大幅度减少。

在情感波动的时候，向别人寻求帮助。例如，当你释放的时候，如果你因为要和习以为常的自己永别而感到悲伤，你可以和伴侣手牵手地一起散散步、在孩子睡觉前拥抱着她为她讲个故事、让你关心的人给你一些建议。

寻找导师、教练或其他人监督你。导师已经抵达了我们要去的地方。他们知道，我们所面对的困惑和挑战还存在另一面，他们也理解我们纠缠于复杂情感的困惑时刻。如果导师能认真倾听并为我们提供建议，这将很有帮助，他们其实扮演了父亲／母亲的角色。换言之，他们提醒你，有人在关心你以及你的行为，你尊重的权威人士正在监督你，也很尊重你。单单是他们就能为你带来巨大的信心，帮助你面对情感波动。他们能让你集中精力，让你镇定下来，这样你就能掌控自己的情感反应。

鲍勃还是个孩子的时候，叔叔阿姨带他去当地的一个游泳池。那时的鲍勃和许多孩子一样，不敢把头埋进水里——完全淹没在水里让很多孩子感到恐惧。鲍勃的叔叔把两只脚跨得宽宽的，阿姨从这头钻过去，从那头游出来。他们鼓励他跟着做，叔叔示意他向前，阿姨在叔叔身后，等鲍勃游过去就把他拉起来。在这之前，不论怎么鼓励鲍勃照做，鲍勃都不愿意。但是，他们一直在旁边照顾鲍勃，于是鲍勃克服了恐惧，跳进水中，还潜伏在水里。

找到你自己的导师，也就是类似鲍勃的叔叔和阿姨这样的成人。你要让他们知道现在让你纠结的感知，告诉他们，你需要他们倾听、建议或陪伴。

情感照亮道路

从祈盼到释放，再到永恒，这条路有时会曲折难料，但是你的情感为你指引了方向。倾听恐惧和喜悦向你传递的讯息，它们会提醒你，你在祈盼什么。

感知不仅为你提供有关祈盼的信息，同时它还是行动的基础和前进的动力，鼓励你去投入、提升、释放、重塑和永恒。请切记，了解每一种情感也是一种改变力量，某些特定的情感将引导你采取特定行为，帮助你踏上改变旅途。

必须学会掌握情感并利用其智慧。当你进入未知领域、承担风险时，你有时会感到焦虑、愤怒和受伤。这些感知会令人不自在，可这并非意味着必须逃避这些感知。恰好相反，某种程度的不自在也能激励人心，它能为你在六个阶段不断提供动力。它能让你投入行动，而不是像个局外人一样沉迷于一些软瘾。它能为你带来改变的力量。

因此，让我们花点时间听听朱迪斯的情感狂想曲：

> 敞开心胸，感受感知，我们蓬勃发展。我们将感受到释放的舒畅、喜悦的跃动、关爱的心跳、愤怒的力量、恐惧的警告和痛楚的温柔。我们发现情感体验的深层真相。我们做好准备，迎接情感的神奇力量和温暖。和情感结伴，发现它们的秘密，释放它们的能量。

全新的世界在等待你去发现。将情感作为改变的力量，它们将带领你发现超乎想象的可能性。这就像从未见过的美丽的海底世界，那里有天赋、真相、创造力以及等待你去创造的全新自己——未来更容光焕发的自己。

第十章　未来最容光焕发的自己

> 你的体内有一种活力、生命力、推动力，促使你
> 行动起来，因为你是历史上独一无二的存在。
>
> ——马莎·格雷厄姆（1894年—1991年，美国
> 舞蹈家）

改变是持续不断地塑造未来最容光焕发的自己，绝非是实现期待已久的梦想那么简单。比起遥远的梦想，生命本身更加浩瀚，而你自己更是如此。改变者学会怀抱梦想活在当下，虽然他们也有着传统意义上的梦想，可他们会走得更远。

对个人改变的最大误解之一是认为要去实现一个确定的目标：

我一直想去巴厘岛生活。

我这辈子最大的希望就是远离尔虞我诈，凭自己的爱好生活，我想成为一名陶艺师。

我梦想有一天我能站出来，告诉身边的其他人我的真实想法。

这些期待和梦想没有任何问题。事实上，作为改变过程的副产品，你或许能实现其中一部分、不少甚至全部梦想。但是，如果你固守在某个特定期望或梦想上，你就会阻碍自己。这些梦想会导致你选择将就、一笑了之以及默默忍受。简而言之，它们会妨碍你改变。它们局限了你的未来，让你的生活只围着某个单一而遥远的梦打转。改变是对目标的超越，你的目标只是宏大人生规划的一部分，它们很多时候只是一种正确的行为，而非值得追求的美好愿景。实

际上，改变过程将引导你不断实现各种目标，挑战的难度将越来越高，这些都源自你的祈盼。当你开始改变时，这些可能性甚至完全超乎你的想象。

一开始，祈盼指给我们的方向往往不是显而易见的，它们与我们孩提时代的或家庭的价值观不符合。为了刺激我们进步，我们必须留心自己的祈盼，不仅在改变旅程开始时要这样做，未来的人生路上都要如此。也许逃离激烈竞争、躲在蒙大拿的小木屋里，和我们的祈盼毫无关系。事实上，我们或许是想逃避我们最深层的欲望——宁愿躲在远离尘嚣的森林里，也不愿去面对让我们心惊肉跳的东西。绝大多数情况下，我们必须改变自己，而不是身边的环境。和逃离生活的幻想相比，努力在正确领域做出改变能让我们更满足。

如果能在正确领域以正确方式改变，我们将会迎来一个最容光焕发的自己，这个自己将永不停息地改变着。我们想让你看看，这个神采奕奕的自己究竟是什么模样，从人际关系、职业到精神追求等所有方面和以前都有不同。这样，你就能大致了解这一旅程将带你前往何处，那不是一个确定的终点或区域，而是发现这段旅程的本质，以及它为你准备的丰富回报。

不过，我们首先想和你分享鲍勃在巴黎的一段经历，这能帮助你对容光焕发的自己有所认识。

在莫奈的《鸢尾花》旁边等待朱迪斯

几年前，在一个复活节的周日，我俩来到奥赛博物馆，这里主要收藏巴黎印象派艺术品。因为是节假日，参观者人头攒动。朱迪斯对艺术真是痴迷。艺术带来的美和灵感总能让她感动，尤其是在这个博物馆，她时不时要激动得落泪。这种状态下，她根本不在乎身边其他参观者的推搡，她似乎可以一辈子沉浸在某一幅画作中，而我呢，摩肩接踵的人群让我烦躁不安，于是我找了个地儿休息。我坐在莫奈的《鸢尾花》正对面的一张长椅上。眼前来回走动的人群让我特别烦躁，因为他们让我只能匆匆瞥一眼这幅精美画作。参观者普遍穿着随便，和墙上这些精妙绝伦的作品很不相称。

我记不清是什么激发了我，但是突然间，我有一种顿悟。这些令人讨厌的人群刚刚还让我极度烦躁，可我忽然被他们深深感动了。神奇的是，那种精美从莫奈的画作转移到这些来来往往的人群之中。我感到每一个人都充满活力，这深深打动了我。我想起有人曾说印象派画家是光线大师。我以前总认为这是指物体上的光线。可是，当我看着熙来攘往的人群，他们汗水浸透的衣服不见了，我看到是每个人身上展示出的独一无二的美：高贵、愉悦、决心和温暖。

我回想在其他画廊欣赏过的画作，如果我将眼光局限在表面，画里的人看起来总是那么普通，有时还单调无趣。但是，如果深入观察，我便能发觉，艺术家捕捉到了每个人物内心的情感，这不仅仅是画中物体上的光线，更是由内而外释放出的独特光芒，如此活力四射，如此震慑人心。

我脑海里的这番顿悟渐渐成形：印象派的妙处是内在光线，这是捕捉每一个体最原始的美的能力。艺术家们描绘出物体的核心特质——未来最容光焕发的自己，它超越了当下的表征，可是却真实而又令人振奋。

米开朗基罗曾说，他能在每一块大理石中发现雕塑。其实，是他的鬼斧神工挖掘出藏在其中的雕像。同理，我以前总把光线当成物体之外的东西。实际上，印象派之所以令人叹为观止是因为他们笔下的人和物都被自己的内在光线照耀着。艺术家们发现了一个人的光辉，这是另一个自己深藏的秘密。

我坐在那里，参观者从我面前走过，我看到同一种四射的内在光线——每个人体内寻求释放的独特光芒。正是每个人心中的光芒让我热泪盈眶。我意识到，每个人心中都有一个期待释放的未来最容光焕发的自己。

我们分享这个故事是希望能帮助你理解改变的真正回报。当你参加某场个人成长研讨会、改变职业或要去朝圣时，你并未留意到内在的光芒。可是要想改变，你必须加快释放它。这种释放将会送来改变的礼物。未来最容光焕发的自己并不是天边某个固定终点，而是由内而外不断变化的光线。改变者面对的挑战是拥抱内心更深层的祈盼，它能帮助你展现未来最容光焕发的自己，引导你在改变的旅途中迎来更多的满足、挑战和意义。

我们知道，现在所说的和本性背道而驰。从小到大，我们接受的教导就是为了实现期待和梦想去成长，坚守雄心勃勃的目标，不顾一切在地要凤愿得偿。千万不要误解我们。我们绝不反对梦想、希望或目标，不过我们更推崇改变，因为改变能带来更多收获。我们绝非叫你丢掉自己的所有希望和梦想，我们只是希望你能明白，它们也许会阻碍你的思维和行为，最终变成一种限制。当你一步一步遵循祈盼并投入行动时，你燃起了希望和梦想，既有当下，也有将来，它们躲在意识的下面或边缘。

你永远无法感受自己与人结交的祈盼有多迫切，也不知道这种结交能带你去往何处——更深刻的谈话、新的恋人、曾经掩藏的恐惧、具有挑战性的职务、新的朋友，它们会改变你对生命的看法。你不断地在改变过程的六个阶段循环，因此你会不停地发现更多祈盼。如果你能遵循这些新出现的祈盼，你将会改变、蜕变。

下面让我们认识一位律师，他很聪明地遵循了徐徐展开的希望和梦想。

曲折而又惊喜的改变路程

乔是我们的一位学员，他的生活节奏很快，可是不知终点在哪。他的背景——重点学校、法学期刊编辑、联邦文员、曾就职于芝加哥某家头号法律事务所，这理应是事业有成的预兆。他在经济和社会地位上的确是成功的。可是乔告诉我们，虽然自己具备出众的法律技能，可是他已经感到厌倦了。他念念不忘要成为一名"诗人、小说家或政治家",要发挥自己的创造力。对乔而言,这些职业才符合他的梦想,它们才是天边的终点。如果我们能帮助他改变成一位作家或政治大腕,他就会相信,自己能够以令人惊喜且满意的方式变生活。

鲍勃建议他为自己的宏大战略尝试点小方法。他要求乔全心全意地为下一次在事务所举办的客户会议做准备,而不要仗着自己的能力草草了事。乔同意了。会议之前的那个夜晚,他几乎一整宿都在做研究。会议结束的第二天,乔来到我们办公室,他告诉鲍勃:"我都不敢相信。我掌控了会议!我能指出战略性问题和先例,尽管我是初级职务,可大家全都听得聚精会神。"乔开始体会到,未来最容光焕发的自己出现了,他一直祈盼自己有极强的实力和影响,他实现了这个祈盼,可之前他总把这个祈盼贬斥为白日梦。

这次经历与乔曾经的想象截然相反,他意识到,法律工作能实现自己的发挥作用、带来影响的祈盼。当他采取和祈盼相关的行动时,他就开始提升,而且发觉,自己曾经坚信不疑的真相其实都是错误的,还限制了自己的职业发展。

后来,乔加入了全球最大集团之一创立的事务所。这家机构有很多全职律师,乔的等级低。在一次总公司某位领导出席的高层会议上,大家讨论全球战略,包括分部首席执行官在内的所有人都献计献策。大家议论纷纷的时候,乔发觉这是错误的策略,一旦贯彻执行,结果是灾难性的。可如果他发言反对这项策略,无疑会违背很多不成文的公司法则。与此同时,他又祈盼自己能做出贡献,帮助公司取得成功。

幸运的是,乔已经在改变旅程中走了足够远,他已经能够走出安全区,即便心惊胆战,他也遵循祈盼、敢于冒险。他举起手,告诉大家这个策略有问题,肯定要失败。乔说完之后,事务所总顾问以及乔的直接上司的表情分明是想当场勒死他。总公司的领导脸色阴沉地说道:"请陈述理由。"克服了不断涌起的恐惧,他开始解释为什么这个策略的构思有漏洞,并预测贯彻之后可能出现的负面结局。又是一阵长长的沉默,众人犀利的眼神盯着乔。不过,总公司的领导并没有打量任何人，他似乎陷入深思。他打破沉默，还说乔的分析让他印象非常深刻，他指着乔说道："这就是我希望能负责我们全球辩护策略的人才。"

因此，乔违背规定，遵循祈盼，从而获得了自己之前不敢奢望的机会，对他所处的职业阶段尤其难能可贵。补充说一句，他大功告成，为所有参与人员赚了一大笔钱。

我们只是分析了乔的工作领域，他在人际关系、精神境界等其他人生领域也有令人震惊的飞跃。真正的改变难以预测，也没有逻辑。如果你决心遵循自己的祈盼，要完成改变的六个阶段，你就会发现，自己有能力去做曾经以为自己无计可施的事情，实现从未奢望的目标。

杰克就是一个例证。他来我们这里寻找一些自己都不知为何物的东西。从表面上看，杰克似乎一样不缺。他不仅事业有成，腰缠万贯，还极具活力，影响力大。他交往过的女朋友全都美若天仙。不过，他总觉得缺少些什么，他这些年参加课程、研讨会以及各种形式的自我改善活动，就是为了找到他缺少的东西。书、活动和药物，只要你提议，他就去读、去参加、去吃，无论是最新的研讨会、自助书籍、治疗方法、处方药、草药和非处方药、运动、跳蹦床、身心运动还是去印度向最受追捧的圣贤学习。当他有意识地响应祈盼，开始行动时，他还是满腹怀疑，不过提升帮助他实现了一定程度的释放。对于释放，总是有人欢喜有人忧。不过，杰克尊敬的那些人认为他成长了、变得更优秀了。杰克最终步入永恒阶段，全身心地投入改变过程。他不再是一个朝三暮四的人，他成了一位改变者。

杰克遵循自己的祈盼，谈话更真诚，人际关系更加深入。他未来最容光焕发的自己逐渐呈现，他正在帮助父母找到他们最容光焕发的自己，或许不一定能成功，因为失败例子也不是没有。他开始观察那些靓丽女友的内在，发现了自己以前并未认识到的价值。这些交流催生了一种新型的亲密关系，这是他过去从未期待过的关系。他和自己的女友坚持投入和提升。他更深刻地分享自己，最后发现，这种交往上升到了情感沟通，他和对方都大感惊喜。他已经很富有了，可是他开始在工作上冒险，于是职业也发生了类似的改变。他现在位居国际金融高位，这绝对超越了他以往做过的任何事情。

杰克不再寻求神奇的捷径，他意识到，个人改变需要时间、努力和坚持，他终于决定为自己做这番投资。投资回报超乎想象。

虽然杰克还在前进的过程中，所有改变者都是如此，不过他已经取得的飞跃绝对令人热血沸腾。以前的杰克非常自恋，只关心自己，以及现任女友的美貌是否能让他更有面子。现在的他正在经历他所说的"人生中第一场真正恋爱"。他对女友非常尊重和温柔。他非常惊奇地说道："我们连电视都没打开，因为我们有太多要说的话。"他说自己在遇到她以前，不懂何为爱情，可有一次，杰克说起这位女友，居然流下眼泪，他以前可从没为哪位女性掉过眼泪。

和乔一样，曾经的杰克压根没想过自己会有这样的一段恋情。如果他在改变之前为自己设立了一个恋爱目标，那很有可能就是女朋友必须是"维多利亚的秘密"内衣品牌的模特，必须能和他聊得火热。可是他不知道，自己内心期待的是与某位女性有一段深刻、有意义、彼此关怀的爱情。

这些例子都说明，改变是一个不断发现自我、进入身心未知领域的过程。这是不断重建自我的挑战和责任。

期待什么——改变的表征

构想未来能帮助你对前进方向有所认识。解析改变者的经历将大有裨益，这样你就能构想出自己的未来，期待自我人生将有更佳表现。这就像一位年轻的篮球运动员，正在为目前平局的比赛最后几秒那一决胜负的投球做准备，或是一位年轻的音乐家，正在为即将到来的卡耐基大厅音乐会练习俄罗斯作曲家拉赫曼尼诺夫的曲子，你也在为改变者的充实人生做准备。

改变的表征会因为个体不同而千差万别。杰克和乔代表了两种可能路径，不过你还有无穷无尽的选择。你的改变不一定要模仿邻居，至少用不着照搬细节。如果我们退后一步，从更为广阔的视角观察改变的表征，就会发现其中的共通点。

很多人在踏上改变旅程之前都会问："我会变成什么样子？"我们虽然无法预测你这段旅程的细枝末节，不过却知道你未来有很多种模样。事实上，改变者有五个相同的"变化"特点：变得更加优秀、变得生机勃勃、变成真实自我、变成潜在自我、变成一种催化剂。现在，让我们分析这些"变化"的特点，这样你就能知道你未来的样子：

变得更加优秀。改变没有给优质生活设定一个具体的终点。这是一段私人旅程，前路不停拓展，作用不断扩大。塑造、成长和改变的过程是一个变得更加优秀的过程，不仅要更好，更要改变。你的生活不论深度、广度和质量都将更加完美，方方面面都得到改善。尽管绝大多数人时不时有些光辉时刻，可是却没有持续性，也无法从这一领域拓展到其他领域。甚至有些时候，我们在生活的某一领域非常出色，可是在这区域之外却非常平庸。你明白个中含义：你工作成绩突出，可是却由于投入大量时间，因此没有空闲去锻炼身体；你胡吃海喝，你的健康状况，更别说你的体重，就会显示出糟糕结果。又或者，你的人际关系让你喘不过气来，也有可能，你的人际交往非常成功，可是在工作上却觉得自己大材小用。

设想一下，你的所有领域全都在提高、改善，你不停地学习、成长，直面各个领域的挑战——人际关系、工作、生活和心灵。

最典型的是，一旦你开始改变，你在某一领域就变得更加优秀，例如工作。你在职场上祈盼并投入，同时在其他领域也开始提升、期待并收获更多满足感。你的工作变得更加令人满意，你开始意识到其他领域的可能性，于是产生一股动力，要从与孩子、重要的人、宗教和社区的关系中寻找相同的满足感。

变得生机勃勃。有些人因为速度更快，所以相同距离花的时间就更少；同理，改变者能享受更多生活，因为他们活得朝气蓬勃。毋庸置疑，在生命中的某个时期，你曾有过这种感觉。有些人在探险时感受到这一刻，例如从飞机上跳伞；有些人是在听某段音乐或在某个冥想练习中，感受到前所未有的生机。对绝大多数人而言，这种生机勃勃的时刻少之又少，不过这完全可以改变。当你遵循你的祈盼，找到让容光焕发的自己显露出来的方法，你的能量将逐渐增加，你将减少对情感的抵触。你对生活每一刻的机遇愈发敏感，注意力、警觉性和接受力都会增强。一位改变者说："我更加专注于当下，这种体验带来的满足感超乎想象。"

亚伯拉罕·马斯洛发现，懂得如何实现自我的人能够全面而敏锐地体验生活，也就是我们所称的"变得生机勃勃"，这能提高他们获得巅峰体验的可能性，在这种时刻，我们全力投入、热血沸腾、融入世界。

改变者对时间有着不同的认知，马斯洛认为这是巅峰体验的一个表现。研究员米哈里·契克森米哈是积极心理学创始人之一，他认为这是"心涌(flow)"的一个方面。因为你更具活力，更专注于当下，你的时间观念将发生改变，正如下面这位改变者所说：

"生活要更有活力，这话听着就像是让人以超高速生活！他们说，如果你生活快乐，就会觉得时间飞逝，因此我的生活一定是非常优质的。我的生活就像以高速档开车，但不至于失去控制，你要知道，这是一种令人兴奋的快速生活。"另一位改变者这样描述改变后的感受："时光飞逝，不过我珍惜每一刻，因此又觉得时间很长久而且充实。"

变成真实自我。更加坚定、实在、专注、安全，这些是改变者描述他们的体验的部分词语。他们的自我观念更坚定，在生活中有更多收获。这种表征或许没有其他一些表征那么明显，因此，当我们试图解释什么叫做真实自我意识增强时，请一定要有耐心。我们的一位改变学员这样描述，"我对自己更加了解……我不再戴着面具，不管别人怎么想，我都要展示真实的自己"。

"自我"这个词有些负面意义，不过我们所描述的自我绝非指自恋。这不是指以自我为中心，而是关注自己的核心。在改变过程中，自信、自我接受和自我关怀将渐渐发展起来。做真正的自己，而不是遮遮掩掩，这种感觉令人振奋。正如我们一位学员所说，"我接受了真实的自己，不再躲躲藏藏"。

变成真实自我能让改变者甩掉原来的姿态和伪装，他们以前总觉得要凭借这些东西保护自己或保护别人。过去的他们坚信，自己必须冷静，必须掩饰自己的感知，如果他们在家庭动态关系中没有保持镇定，家人会感到不安。或者，他们以为，在职场上自己必须听天由命，这样才不至于冒犯上司。现在，他们会更加专注于提升自己，聚焦于手上的任务，而不是想着取悦他人。

让我们听听勒奈特怎么描述她"变成真实自我"的过程：

从女鬼到女神

从小到大，我在家里就像是一个幽灵，家里七个孩子，我排老六，是五个女孩中最小的一个。我在学校表现突出，参加戏剧、乐队和唱诗班的表演，可一旦从舞台上下来做回自己，我就立刻消失在家庭背景下了。我极其害羞，尽量不与他人交谈或有眼神接触。从那时起，这就成为我的生活模式。我表现好，可总消失在背景里。

当我开始改变，我意识到自己对生活的一些期待，连我本人都没有做好准备去面对它们，我发觉自己现在做的事情没有意义。如果想得到自己想要的，我还需要一些帮助和引导，这让我大吃一惊，于是我开始了改变……我学会了如何关注自己的思维和感知，我必须留心那些具有启发性的信息和行为，而不是只顾着自我批评并全盘接受这些批评。过去，对尝试新事物、新态度、新活法、判断究竟什么适合我这些事，我总是持悲观态度。我通过这些任务大步踏出牢笼，新长出的"粉嫩皮肤"首次接受考验时，我不免会觉得痛苦，可同时我也感受到那种被重视、被关心的喜悦。

现在，看看自己的进步，我感到很高兴。我在某家公司做全职工作已经第七个年头了，我的工作是帮助不同机构更加全面地实现它们的目标，向世界更加明确地传达它们的宗旨、目标和故事。这是我以前从未做过的事情，也从未意识到自己有这愿望或能力！我和大家一起坚守阵地，虽然也免不了会经历脆弱、痛楚、愤怒和沮丧，可是不论是在职场上，还是和家人朋友在一起时，我都能融入其中。

她身边的一些博识者鼓励她将自己的故事写成歌曲，下面是她以"变成真实自我"为主题编写的歌词：

睁开双眼

重新看看

这个世界

踏上征途

发现自我

我在路上

成为自己

从女鬼到女神，我走了漫漫长路

克服了局限观念和浇冷水的自言自语

展现了自己前所未知的优势和天赋

你该看看我们的世界，因为我为你而来！

我脱胎换骨！

不受阻挡，因为我心怀改变的祈盼！

我坚持永恒

要迎来未来最容光焕发的自己

噢，我要永永远远重塑自己！

登录 www.wrightliving.com/transformed 听勒奈特演唱自己的改变旅程，你可以亲眼见证她的改变。

勒奈特同时也是在变成潜在的自己。你是否还记得，我们上文曾说过，改变就是去说和去做自己先前从未想象过的事情。这将让你认识到自己潜在的崭新特质。不管你为自我发展做了多少努力，随着改变的强化，你将会发现，总有更为深层的潜在东西值得追求。对于已经获得成长动力却觉得进步不大的人而言，这尤其适用。

改变的过程令人大开眼界，它会揭示出我们能有多少成就、我们能忍受多少陌生所造成的不适、我们能拓展多远而不会粉身碎骨。当看见自己无穷无尽的潜能时，我们开始以更宽阔的眼界思考，我们将会有更大的作为。借用亚伯拉罕·马斯洛的话说，变成潜在自我，就是在实现自我，我们的行为"是出于越来越靠近本质的欲望，是出于成为完美自我的愿望"。

你是改变的代理人。这不仅是要重塑自己，更是要不管处于何种环境，你都要成为一股改变的力量。这倒不是说一有风吹草动你就要煽动革命（不过你也许会经常贡献一些革命性的点子）。当未来最容光焕发的自己开始显现，你就会意识到自己的力量和目标，你就能够发现周边人的最容光焕发的自己。你在推动这个过程。

希望借用这股力量为朋友、家人、社区等创造更好的生活是理所应当的事情。回应这一目标——祈盼自己能够发挥作用、带来不同——也是情理当中的事，你为他人勾勒宏伟前景，支持他们的改变，创建新公司，执行新计划以清洁本地环境，为帮助那些有需要的人而成立互助机构。

改变者自然而然就会成为贡献者、领导者以及能帮助身边人转变的催化剂。改变者的存在能积极影响并引导亲友，甚至包括那些他们不太熟稔的人，例如飞机上的陌生邻座、咖啡店的员工或是大楼里的门卫。有位改变者说："我经常帮助一些不认识的人，让他们知道大家都可以过上更好的生活。这是我的宏愿，也是我对社区的憧憬。"

从祈盼到活力

我们的祈盼将哺育未来最容光焕发的自己。我们祈盼过上更优质的生活、更具活力、活出真实自我、实现潜能、带来不同，"变化"能帮助我们实现这些愿望。

容光焕发意味着卓越，不论是在职业发展、经济状况还是在人际关系上，你都如同一位领袖。不仅如此，它还关乎改变者的优质生活，他们要变成梦想中的自己，过上梦想中的生活。改变者的生活靠散文都不足以表达，只有通过诗歌才能描绘出改变者的信念：

爱得彻底
笑得开怀

时时祈祷

深深感受

勇敢表达

尽情享受

快乐工作

全心贡献

温柔感知

认真生活

如果你和改变者在一起，你能立马将他们分辨出来，因为改变者能释放一种力量。他们的力量是能够感知的，他们的好奇心以及兴趣的深度和广度能激励人心。他们留意周边环境，自我意识强烈，头脑清醒。当他们走进屋里，你就能感觉到他们的存在。他们密切关注他人、时局以及人性的可能。他们是所处环境的附加值。他们给予别人关怀，而且无微不至。

如果你希望自己成为改变者，希望找到未来最容光焕发的自己，那你既要做好准备迎接更多乐趣，也要准备遭受更多伤害。我们无法逃避痛苦，只能矢志不渝地从中学习并成长。容光焕发的表现也许是笑容，很多改变者都说自己的幽默感更强，有更多欢笑，不论是独自一人还是和他人在一起时都是如此。未来最容光焕发的自己将更加奔放，少了一些自我保护和排斥，因此你能体会更多的生命活力。你会变得愈发真实，展现自己的痛苦和喜悦、愤怒和恐惧、天赋和缺陷。通过坚持提高自己的情商和社交能力，你以更加从容不迫、胜利在望的姿态面对生命中不可避免的挫折和烦恼。未来更加朝气蓬勃的你仍旧会经历失去、疾病和痛苦诀别，可是你的应对能力加强了。你将培养出心理学家所称的"成熟的适应能力"。

改变者不断踏入未知领域，勇敢创造未来最容光焕发的自己。最后，他们期待过上意义丰富、目标明确的生活，不断拓展，不断挖掘潜能，不断为自己、为世界创造可能性。

改变者的生活印证了保罗·科尔贺的一句话，这位广受爱戴的巴西作家撰写了《炼金术士》一书，他说："当我们竭尽所能地改善自我时，身边一切都将随之改善。"

活在当下——意识的路径

如果你回顾鲍勃欣赏印象派画作的体验，思考他的顿悟，你或许就能理解，这种顿悟需要全面的意识。鲍勃敏锐地意识到身边的事情，这样他才能发现其中的光芒。最后，我们通过研究发现，改变的旅程是意识能力的旅程，它需要意识能力，同时也能提高意识能力。神经学研究已经证实，我们的注意力将塑造我们的大脑，塑造我们的现实，并引导我们创造自己和眼前的世界。新奇、注意力和情感冲动将唤醒大脑，提示大脑要提高注意力，同时激活我们的神经可塑性。这一过程将提高我们的意识能力，而意识能力又将实现这一过程。

保持意识是指留心我们的基质，我们将因此认识到，我们的无意识思维是主导力量，它过去塑造了我们，现在影响着我们。另外，我们必须通过辩证思维来有意识地选择价值观和信念，避免基质的影响，从而有意识地做出抉择，这样才能创造出我们自己的未来。

改变的所有阶段都要求意识能力，即保持清醒状态，做出目标明确的抉择。你必须时刻感知祈盼的脉动，要有意识地投入从而实现这些祈盼。提升是持续进行的有意识的行为，即认识我们的情感、思维、动机、观念和影响我们的基质，我们必须能以崭新、释放的视角观察事物。释放是有意识地选择能对祈盼做出回应的行为，而重塑就是有意识地重建我们的信念、价值观和行为方式。永恒是有意识地将改变作为生活方式。改变是有意识地自我进化，这是一段从不敢想象到一切皆可能的旅途。

相信可能性

我们鼓励大家改变自己，从而释放出未来最容光焕发的自己，这是以多年研究成果和生活经验为基础的。我们都出生于二十世纪六十年代，我们见证了这一时期意识能力的积极变化。我们希望和你一起浏览一段简史，这样你就能理解我们为什么对改变的可能性坚信不疑。回到二十世纪六十年代，意识和行为的进步催生了民权运动、女权主义运动，也让社会各界人士对人类潜能有了更多的认知。这一时期出现了许多有利于个人发展的技术，让我们对活在当下有了更清晰的意识。另外还有绿色环保运动，它让我们认识到地球的神圣性。我们并不是说所有这些事件和运动都一帆风顺或目的单纯，可是它们汇聚在一起，增强了所有人的意识能力，激活了改变的祈盼，激活了我们无限的能力。

人类发展关乎世界存亡，正是基于这种信仰，这些运动的时代精神才更加蓬勃。未来主义者、发明家和预言家巴克敏斯特·福乐认为，我们站在悬崖峭壁上，这头是乌托邦，那头是湮灭，我们必须有意识地做出选择，要朝积极的方面努力。

对意识能力的呼唤并不局限于二十世纪六十年代。它是历史上人类领袖的呼唤，要唤醒这世界上未被发现的可能性。它要求我们变得卓越，要看到优质生活的可能性，去发现万事万物的价值，去找寻我们潜在的真理和未来。

过去四十年里，我们有幸从世界各地的教派中学习——基督教、印度教、佛教、犹太教、神秘的卡巴拉教（译者注：与拉比犹太教的神秘观点有关的一种训练课程）、苏菲派（为伊斯兰教的密契主义，追求精神层面提升）、耆那教（起源于古印度的古老宗教之一）以及锡克教（15世纪在印度教巴克提派的虔信运动和伊斯兰教苏菲派的共同基础上产生）等。我们也有幸走进各类乐于贡献的精神和经济团体，其中包括达曼胡尔（一个纯生态社会组织，其思想围绕实际行为、乐观主义、共享和贡献）、蒙德拉贡（该机构成立于1956年，有自己一套独特的合作社运作方式）、普世博爱（Focolare，自称其成员是"爱主爱人的火焰的守护者"）、位于泰国的谢明德道教中心（Mantak Chia，以道家养生思想为核心，融太极、气功、禅宗冥想及西方现代医学为一体）、位于印度恒河河岸的帕玛斯尼克坦瑜伽学院和盖亚提帕利沃瑜伽学院以及巴黎的耶路撒冷僧侣。我们与世界知名的思想领袖共同合作，组织或参加活动，其中包括诺贝尔和平奖和经济学奖得主。我们与全球大型企业最具永恒精神的领导以及成百上千祈盼自己和他人过上更好生活的人携手共进，他们来自各行各业，从教育行业到经济行业无所不包。我们有一个共同点，那就是我们听到一个呼唤，要关注意识能力、可能性和改变的祈盼，要做最好的自己，为这个地球创造公平公正、相互鼓励的可持续生活。

我们的改变将激活这一切，进而遇到未来最容光焕发的自己。

英雄的改变征程：愿力量与你同在

当我们眼前浮现出《星球大战》、《亚瑟王》和《哈利·波特》时，内心的热情就被激发了。

当我们看到卢克发现自己的"原力"、亚瑟找到将宝剑从石头中拔出的力量以及哈利·波特发现了自己的魔法能力时，我们激动莫名。这些故事和神话让我们产生共鸣，它们回应了我们内心的呼唤：我们体内有很多天赋有待发现，它是更加强大的"自己"等待释放。谁没有私底下将自己比作这些主人公，发觉内在的卓越迹象？我们祈盼着，希望能让未来那个最容光焕发的自己显山露水，释放出我们的内在能量。我们祈盼自己的改变旅程能进行下去，期待能像现实世界和虚拟世界的英雄那样打磨天赋塑造人格、书写命运。

这些英雄往往在孩提时代或少年时期就发觉了自己的能力，那时的我们更容易相信自己有实现卓越的可能性，我们对自己的潜能尚未失去信心。发掘自己的祈盼能够唤起孩子般的本性，那时的我们能看到无穷无尽的可能性，让我们不再自我怀疑，重新发现充满希望的本质。

年轻的英雄不会一发现自己的能力就"高枕无忧"，这和重塑的任务如出一辙，他们必须经过艰苦训练才能掌握、开发并应用这种能力。卢克先后接受欧比旺·克诺比和尤达的培训。亚瑟的导师是梅林。哈利·波特在霍格沃茨接受导师邓布利多以及其他魔法生物的严格教导。他们也需要练习——深入而细致的练习。和所有改变者一样，改变的路上他们有朋友相伴——卢克有韩·索罗、丘巴克和反抗军；亚瑟有圆桌骑士；哈利·波特有赫敏和罗恩。

这些英雄一开始并不是有意为之。天行者卢克刚开始时可没想过要将宇宙从黑暗中拯救出来。起初，他的确是有目标的，那就是离开星球，成为一名飞行员，可是他发现"原力"之后就发生了转变。亚瑟一开始也没想当国王，可是最后，他取代了那些想当国王的人。哈利·波特也没打算要成为一名魔法师，更没想过要消灭"那个连名字都不能提的人"。他们的命运都不是决定于某个目标，而是因为发现了内在的光芒、天赋和力量，他们勤学苦练，最终改变。他们由此书写了自己的命运。

他们的旅程与那些圣人和导师的人生如出一辙，那些圣人和导师回应内心的呼唤和祈盼，经年累月地祈祷和冥想，开发自己的天赋，他们精通技艺，通过了沙漠中的考验，从而迎来了未来最容光焕发的自己。

和他们一样，你生来就有改变的能力，释放未来最容光焕发的自己，完成自己的英雄征程。这话既有诗情又有深意，而且还有科学依据：人类能够遵循英雄故事所唤醒的内心祈盼，释放潜能，书写命运，站在属于你的位置上，这是你与生俱来的一种能力，也是人性的本质。

第十一章　如果改变大业成功了

我们生来就是梦想家，能看到未来的事物。在改变过程中，我们激活了这个天生的能力。当我们坚持不懈地提高额叶的运行能力（可能性就藏在这里）时，我们就能想象出更美好的机遇，构思新的未来。当我们有意识地集中注意力时，我们就能改善自己的意识能力。这就像点亮了一座灯塔，发现了藏在暗处的宝藏。我们能够感知大脑接收到却被我们忽视的信息。我们着眼当下，又遥想未来。我们逐步认识到自己更深刻的祈盼，发现新的可能性，发现世界和自我的新面貌。这能带领我们进入充满机遇的世界。坚持下去，我们就能以永恒精神重塑自我。

我们更深刻地感知他人，也更容易接收他人的感知。当我们发现生活各领域有无穷无尽的选择时，我们对自我能力的概念将不断扩展。我们逐渐习惯了拓展现实，我们找到方法去改善我们与家庭、职业、社区以及更广阔的世界之间的关系。我们能够发觉曾经被我们遗漏的信息。我们的注意力更加敏锐，从而增强了我们的意识能力。我们开始表达感想——那些曾被否决的观念和真相。我们投入的深度和广度均有提高，从而更全面地享受生活的冒险。我们感染了他人，给他们鼓励，也令自己惊喜。起初我们欣喜，接着我们发觉，不仅自己的生活视野更加开阔，我们的敏锐性也大大提高。

我们能从宇宙和生活中获得更多智慧。如果我们做到专注和全心全意，孤立的幻觉不过就是一层薄纱。我们敞开心胸，接受新信息，而不局限于已知信息。我们的额叶喜欢创造更大的观念模型。我们开始意识到，自己是这个持续发展的宇宙的一份子，我们是宇宙大爆炸的一部分，不停地从源头上向外拓展。开阔的思维能帮助我们改变，而改变让我们心怀梦想，思考更好的可能，

208

勾勒更好的未来。

我们感受到与大众的密切关联。我们心想，构想伟大可能性和潜在未来是为了自己和世界。当我们思考宏大设计、宇宙大爆炸、上帝或创世主时，我们的大脑将发生改变。科学研究显示，我们对宇宙议题、人性或创世可能性的思考越深，我们长久改变并重建大脑各特定区域的神经电路的可能性就越大，这些区域控制着我们的情绪，形成了我们的自我意识并塑造了我们对世界的看法。令人难以置信的是，思考上帝或其他精神价值能刺激大脑不同区域的神经活动，当我们思考宏大问题时，我们的大脑就在成长，不仅是大脑，就连我们的本质，都将改变。

试想一个充满变身者的世界，他们不断构筑梦想，他们创造出一个人人都能发挥潜能、不停自我改变的世界，他们有意识地改变自己，过上优质生活，并帮助他人实现潜能。设想在那个世界里，家庭、学校、机构、教会、邻居、企业甚至城市和国家都以促进人类发挥潜能为宗旨。设想学校的孩子们学习如何改变，他们学会遵循祈盼，投入生活；他们持续提高对学习、成长、提升、释放、重塑和永恒的意识。设想在那个世界里，学校以发现每个孩子未来最容光焕发的自己为责任，每个家庭都支持其成员做最卓越的自己。企业的成功不单单取决于盈利，更以挖掘每位员工的潜力为责任和荣耀。友谊是相互鼓励，婚姻则是共同成长、亲密无间和沟通顺畅的动态伙伴关系。

如果这些伴侣、家庭、个体和组织能学会以截然不同的价值观生活，能做到真实、真诚，他们会变成什么模样？通过大家的相互沟通和资源共享，基本需求更易满足，问题将得以解决。

试想，人性不断进步，创造出一个人人改变、帮助他人改变并实现自我潜能的世界。

试想，意识能力不断提高，所有人彼此相连，分享 70 亿兄弟姐妹的富饶的资源，集合人类大家庭的天赋、智慧和经验，这个家庭将持续演变。

这就像数百万台连在一起的处理天文数据的 SETI 计算机，它们一起从外太空收集数据。设想一下，人类凭借改善后的意识能力密切相连，甚至能预想出每个人和整个地球的福祉和潜能。

我们改变自己、家庭、社区、企业、组织和世界。这个世界不仅服务于所有人，而且帮助所有人改变，成为梦中的自己：最具意识性、最有爱心的自己。一切都要从你开始。

你体内的改变力量不可小觑。

一开始只需要小小的冲动，一个深层的祈盼，它会从内在和外在推动你前往未曾想象的领域，这恐怕是再多奇思妙想也难以企及的。希望改变能带你成为未来最容光焕发的自己，希望你能成为这世界上一座光芒万丈的灯塔。

尾　注

第一章　改变迫在眉睫

3 这种感触引发了数千年的共鸣

如果想了解详细的历史分析，请参阅朱迪斯·莱特博士《过上优质生活：变身理论》（*Living a Great Life: The Theory of Evolating*）、鲍勃·莱特博士和朱迪斯·莱特博士《终生学习和个人改变的基石》（*Foundations of Lifelong Learning and Personal Transformation*）（芝加哥：Evolating 出版社，2012）。如果想深入了解 eudaimonia（幸福）和 areté（美德），请参考"斯坦福哲学大百科"，http://plato.stanford.edu。

3 存在主义哲学家，例如克尔凯郭尔和尼采

如果想深入了解存在主义，请参考"斯坦福哲学大百科"，http://plato.stanford.edu。

4 尼采权力意志

如果想深入了解权力意志，请参考弗里德里希·尼采和瓦尔特·考夫曼（Walter Kaufmann）《善恶的彼岸》（*Beyond Good and Evil*）（纽约：Vintage Books 出版社，1989），以及弗里德里希·尼采、瓦尔特·考夫曼和 R·J·霍林代尔（R. J. Hollingdale）《权力意志》（*The Will to Power*）（纽约：Vintage Books 出版社，1968）。

4 个体心理学之父阿尔弗雷德·阿德勒

阿尔弗雷德·阿德勒，《阿尔弗雷德·阿德勒个体心理学：文集精选》（*The Individual Psychology of Alfred Adler: A Systematic Presentation in Selections from his Writings*），由海因茨·L·安斯巴彻（Heinz L. Ansbacher）和洛维纳·R·安斯巴彻（Rowena R. Ansbacher）注释（纽约：Basic 出版社，1956）。

4 人本主义心理学之父亚伯拉罕·马斯洛

请参考马斯洛，《动机与人格》（*Motivation and Personality*）（纽约：Harper 出版社，1954,1970），15–31。

4 研究幸福生活的积极心理学家和经济学家也发现

如果想了解其中一位积极心理学创始人的简介，请参考马丁·塞利格曼（Martin Seligman），《繁荣》（*Flourish*）（纽约：Free 出版社，2011）。如果想了解经济学家对优质生活的观察视角，请参考行为经济学创立者之一、诺贝尔奖得主丹尼尔·卡纳曼（Daniel

Kahneman)、行为经济学家丹尼尔·艾瑞里（Daniel Ariely）以及幸福经济学研究者的著作。

4 我们具备令人惊喜的神经可塑性

如果想了解神经可塑性发生作用的惊人案例以及神经学家迈克尔·梅策尼希（Michael Merzenich）开拓性的大脑可塑性研究，请参考诺曼·多吉（Norman Doidge）《改变是大脑的天性》（*The Brain That Changes Itself*）（纽约：Viking 出版社，2007），以及沙隆·贝格利（Sharon Begley）《训练你的思维，改变你的大脑》（*Train Your Mind, Change Your Brain*）（纽约：Ballantine 出版社，2007）。

5 要想激活我们的改变电路，我们只能通过主观意识选择和主观意愿

请参考诺曼·多吉对梅策尼希的介绍，《改变是大脑的天性》。

5 这种专注不仅能够重新构建我们的大脑电流

请参考理查德·大卫森（Richard Davidson）"心－脑关联：社会、情感和学术学习的神经学（The Heart-Brain Connection：The Neuroscience of Social, Emotional and Academic Learning）"，演讲，http://www.Edutopia.Org/Richard-Davidson-Sel-Brain-Video。另请参考理查德·大卫森和沙隆·贝格利《大脑的情感生活》（*The Emotional Life of Your Brain*）（纽约：Hudson Street 出版社，2012）。

5 我们的探寻电路就开始工作，激活大脑中某个愉悦中心

请参考雅克·潘克赛普（Jaak Panksepp），"大脑情感系统和精神生活质量（Brain Emotional Systems and Qualities of Mental Life）"，文集《情感的治愈力量》（*The Healing Power of Emotion*），戴安娜·弗沙（Diana Fosha）、丹尼尔·西格尔（Daniel J. Siegel）及玛丽昂·索勒蒙（Marion Solomon）（纽约：W.W. Norton & Company 出版社，2009）。另请参考艾米丽·约佛（Emily Yoffe），"探寻：大脑如何让我们依赖上谷歌、推特和发短信，此举为何危险（Seeking：How the Brain Hard-wires Us to Love Google, Twitter, and Texting. And Why That's Dangerous）"，《斯勒特网络杂志》（*Slate*），2009 年 8 月 12 日，http://www.slate.com/id/2224932/pagenum/all/。

5 大脑另一愉悦中心——满足中心

如果想了解满意中心和愉悦中心，请参考诺曼·多吉《改变是大脑的天性》。

5 不是最后结果，而是新奇

请参考格里高利·伯恩斯（Gregory Berns），《满意：找寻真正满足感的科学》（*Satisfaction: The Science of Finding True Fulfillment*）（纽约：Henry Holt 出版社，2005）。

5 我们的大脑将产生一系列的神经元活动

请参考诺曼·多吉《改变是大脑的天性》，以及乔·迪斯潘拉（Joe Dispenza）《大脑进化：改变思维的科学》（*Evolve Your Brain: The Science of Changing Your Mind*）（迪尔菲尔德海滩，佛罗里达州：Health Communications, Inc. 出版社，2007）。

5 我们的意图和意愿就蕴藏在额叶

请参考迪斯潘拉《大脑进化》，大卫·普莫特（David Perlmutter）和阿贝拖·维洛多（Alberto Villoldo）《给大脑充电：启发的神经学》（*Power Up Your Brain: The Neuroscience of Enlightenment*）（卡尔斯巴德，加利福尼亚州：Hay House 出版社，2011）。

6 不过到了成年，改变模式发生变化

如果想深入了解成年人大脑在改变速度和功能方面的能力，请参考梅策尼希，《重新设计大脑》（*Redesigning the Brain*），收录在诺曼·多吉《改变是大脑的天性》。

6 我们可以称之为变身

如果想了解变身理论的扎根理论研究，请参考朱迪斯·莱特博士《过上优质生活：变身理论》。

11 莱特培训机构是我们的个人及职业发展机构

任务型生活方式是莱特绩效教育的核心部分。如果想深入了解任务型生活方式和莱特绩效教育，请参考鲍勃·莱特博士和朱迪斯·莱特博士《终生学习和个人改变的基石》，以及朱迪斯·莱特博士《过上优质生活：变身理论》。

13 我们得到前期数据，然后立即亲自探寻

为了获得研究数据，我们采用了扎根理论方法，这种归纳式研究方法对获取数据和信息非常有用。传统社会学方法论中，研究人员首先是通过文献复述来构建理论，但是在扎根理论中，研究人员则是凭借数据从而系统性地提出推论。这些推论将采用传统方法进行检验。变身理论的数据则是源自扎根研究项目。如果想深入了解扎根理论研究，请参考巴尼·G·格莱塞（Barney G. Glaser）《理论触觉》（*Theoretical Sensitivity*）[磨坊谷，加利福尼亚州：社会学出版社（Sociology Press），1978]。另可参考巴尼·G·格莱塞和安瑟姆·斯特劳斯（Anselm Strauss）《发现扎根理论：定性研究策略》（*The Discovery of Grounded Theory: Strategies for Qualitative Research*）（纽约：Hawthorne 出版社，1967）。另可参考朱迪斯·莱特博士《过上优质生活：变身理论》。

第二章　小转变与大改变

17 改变就如同修改了建筑基础

请参考"作为整体的情感（Emotion as Integration）"，文集《情感的治愈力量》，戴安娜·弗沙、丹尼尔·西格尔及玛丽昂·索勒蒙（纽约：Norton 出版社，2009），148。

19 突破局限、大开眼界的研究

朱迪斯·莱特的博士论文就采用了扎根理论研究方法，考察了莱特培训学校一群卓越表现者。变身理论的提出便是依赖于这项研究所获得的数据，该理论描述了他们成功的可推广过程。研究结论和详细的支撑性研究请参考《过上优质生活：变身理论》。

20 人类发展技能

"人类发展技能"是我们提出的一个术语，特指能促进人类潜能开发的过程和方法。

21 积极偏离研究

请参考威廉·塞德曼（William Seidman）和迈克尔·麦考利（Michael McCauley），"组织的成功秘方（Your Organisation's Secret Sauce）"，http://www.cerebyte.com/articles/Pt%201%20-%20Discovering%20the%20Sauce.pdf。另可参考理查德·帕斯卡尔（Richard Pascale）、理查德·塔纳（Richard Tanner）和杰里·斯特宁（Jerry Sternin），"改变公司的秘密代理商（Your Company's Secret Change Agents）"，《哈佛商业评论》（*Harvard Business Review*），83，2005 年 5 月，第五期，72–81，以及理查德·帕斯卡尔、杰里·斯特宁和莫尼克·斯特宁（Monique Sternin）《积极偏离的力量：出乎寻常的创新者如何解决世界最大难题》（*The Power of Positive Deviance: How Unlikely Innovators Solve the World's Toughest Problems*）（波士顿：Harvard Business 出版社，2010）。

28 戴安娜·弗沙博士是新兴人际神经生物学的先锋人物

弗沙称这种改变的基本需求为"改变呈现（transformance）"。请参考戴安娜·弗沙，"有效情感和认知：能量、活力、喜悦、真相、欲望和改变体验的急迫现象学（Emotion and Recognition at Work：Energy, Vitality, Pleasure, Truth, Desire, and the Emergent Phenomenology of Transformational Experience）"，文集《情感的治愈力量》，戴安娜·弗沙、丹尼尔·西格尔及玛丽昂·索勒蒙（纽约：WW 诺顿出版公司，2009），172–204。另可参考弗沙，"改变表现、自我认知和高效行动（Transformance, Recognition of Self by Self, and Effective Action）"，文集《存在主义——有机主义

心理疗法：核心实战指南》（*Existential-Integrative Psychotherapy: Guideposts to the Core of Practice*），科克·J·施耐德（Kirk J. Schneider）［纽约：罗德里奇出版社（Routledge），2008］，290–320。另可参考朱迪斯·莱特博士《过上优质生活：变身理论》，该著作将内在动力描述为"期待更多"，并且从东西方的哲学和心理学传统中追溯了这一概念的起源。

28 "本体自责"

我们没有选择成为自己能够变成的模样，这种内在意识被存在主义者称为"本体自责"。换言之，人类能够选择本体自责或存在焦虑。所有人在面对自由选择时都会出现焦灼感，克尔凯郭尔（Kierkegaard）称其为"存在焦虑"。萨特（Sartre）认为否定选择是信心不足。如果想深入了解本体自责，请参考R·费尔斯通（R. Firestone），"'声音'：罪恶感反应的双重性（The 'Voice'：The Dual Nature of Guilt Reaction）"，《美国心理分析期刊》（*The American Journal of Psychoanalysis*），47，第三期：210–229。另可参考鲍勃·莱特博士和朱迪斯·莱特博士《终生学习和改变性领导力的基础》（*Foundations of Lifelong Learning and Transformational Leadership*）。关于生活方式适应以及本体自责和信心不足的应对，请参考朱迪斯·莱特博士《软瘾解决方案》（*The Soft Addiction Solution*）（纽约：Penguin/Tarcher 出版社，2007）。

29 2008 年，世界少年棒球联盟的儿童成员共有 260 万人

http://en.wikipedia.org/wiki/Little_League_Baseball。

http://espn.go.com/mlb/standings。

29 改变过程：六大阶段

如果想详细了解六个阶段、变身次级阶段以及该结构的研究基础，请参考朱迪斯·莱特博士《过上优质生活：变身理论》。

32 大脑可塑性

或者说神经可塑性，是指让我们能够学习、成长、改变并实现潜能的大脑特质。有关大脑可塑性的详细论述，请参考迈克尔·梅策尼希的理论，诺曼·多吉《改变是大脑的天性》（纽约：Viking 出版社，2007），46–48。

36 丹尼尔·西格尔是人际神经生物学专家

丹尼尔·J·西格尔：《心智洞察力：个人改变的新科学》（*Mindsight: The New Science of Personal Transformation*），（纽约：Bantam 出版社，2010）。

37 神经精神病专家杰弗瑞·施瓦茨（Jeffrey Schwartz）博士提出的"注意力密度"强化了这一概念

如果想深入了解注意力密度，请参考"以大脑为基础的培训方法（A Brain-Based Approach to Coaching)"，《组织培训期刊》（*Journal of Coaching in Organisations*），4，2006 年第二期：32-43。

37 四年之内 IQ 能提升 21 个点

请参考沙隆·贝格利，"充实大脑（Buff Your Brain)"，《新闻周刊》（*Newsweek*），2012 年 1 月 1 日，http://www.thedailybeast.com/newsweek/2012/01/01/buff-your-brain.html。

37 根据对僧侣的研究，他们冥想越久，他们的灰色物质就越发达

请参考《训练你的思维，改变你的大脑》（纽约：Ballantine 出版社，2008），贝格利记录了多项研究，其中包括理查德·大卫森研究冥想僧侣的大量材料。另请参考《上帝如何改变你的大脑》（*How God Changes Your Brain*）（纽约：Ballantine 出版社，2010），安德鲁·纽伯格（Andrew Newberg）博士和马可·罗伯特·沃德曼（Mark Robert Waldman）在书中详细论述了冥想和大脑改变的关联。有关冥想僧侣研究的额外材料，请参考大卫森和贝格利《大脑的情感生活》（纽约：Hudson Street 出版社，2012）。

38 大量研究显示，即便是正在衰老的成年人，其大脑可塑性仍旧能够提高

请参考迈克尔·梅策尼希的理论，诺曼·多吉《改变是大脑的天性》（纽约：Viking 出版社，2007），以及第一章论述的佩德罗·巴赫－利－瑞塔案列。

39 安德鲁·科恩（Andrew Cohen）和肯·威尔伯（Ken Wilber）等文化进化论者

如果想深入了解这一课题，请参考安德鲁·科恩《进化启蒙》（*Evolutionary Enlightenment*）纽约：Select 出版社，2011]，以及科恩与威尔伯在《下一站启蒙》（*EnlightenNext*）的对话，http://magazine.enlightennext.org/。

第三章　祈盼：心的呐喊点燃改变

42 马斯洛的需求层级

亚伯拉罕·马斯洛《动机与人格》（纽约：Harper 出版社，1954，1970），15-31。

45 积极心理学家丹尼尔·吉尔伯特（Daniel Gilbert）和提摩西·威尔森（Timothy Wilson）曾提出

丹尼尔·吉尔伯特和提摩西·威尔森"表层愿望：预测未来情感状态的一些问题 (Miswanting: Some Problems in the Forecasting Future Affective States)"，文集《感知与思考：情感在社会认知中的作用》(*Feeling and Thinking: The Role of Affect in Social Cognition*)，J·弗格斯 (J. Forgas)（纽约：剑桥大学出版社，2000），178–197。

45 神经学家已经辨别出大脑不同的愉悦中心

如果想了解兴奋、满足和愉悦中心，请参考多吉《改变是大脑的天性》。丹尼尔·奈特尔 (Daniel Nettle) 在《快乐》(*Happiness*) 一书中论述了喜欢和想要的区别（纽约：剑桥大学出版社，2005）；有关喜欢、回报和类鸦片活性肽，请参考苏桑纳·佩西纳 (Susana Pecina)、凯勒·S·史密斯以及肯特·C·贝里奇 (Kent C. Berridge)，"大脑的享乐热点 (Hedonic Hot Spots in the Brain)"，《神经学家》(*The Neuroscientist*)，12，2006 年第六期：500–51，以及肯特·C·贝里奇和泰利·E·罗宾森 (Terry E. Robinson)，"多巴胺对回报的作用：享乐作用、回报学习或激励凸显？ (What is the Role of Dopamine in Reward: Hedonic Impact, Reward Learning, or Incentive Salience?)"，《大脑研究评论》(*Brain Research Reviews*)，28（1998:309–369）。如果想了解雅克·潘克赛普关于探寻的相关论述，请参考艾米丽·约佛，"探寻：大脑如何让我们依赖上谷歌、推特和发短信，此举为何危险"，《斯勒特网络杂志》，2009 年 8 月 12 日，http://www.slate.com/id/2224932/pagenum/all/。

46 情感预测失误

请参考提摩西·威尔森和丹尼尔·吉尔伯特"情感预测：知道想要什么 (Affective Forecasting: Knowing What to Want)"，《心理学当代方向》(*Current Directions in Psychological Science*)，14，2005 年 6 月第三期，131–134。如果想了解表层愿望和情感预测失误对我们决策的影响，请参考约翰·盖特纳 (John Gertner)，"无用的幸福追求 (The Futile Pursuit of Happiness)"，《纽约时报》，2003 年 9 月 7 日。

50 较之于外在动机者，内在动力者能获得更高的成就感和愉快感

丹尼尔·H·宾科 (Daniel H. Pink)《动力：激励力量的惊天真相》(*Drive: The Surprising Truth about What Motivates Us*)（纽约：Riverhead 出版社，2009），77–81；R·M·莱恩 (R. M. Ryan) 和 E·L·德西 (E. L. Deci)"自我决定理论和内在动力、社会发展和幸福的提高 (Self-determination Theory and the Facilitation of Intrinsic

Motivation, Social Development, and Well-being)",《美国心理学家》(*American Psychologist*), 55,(2000),68-78。

54 冲动源自于更深层次的领域

如果想了解冲动和渴望以及两者与满足感的关系,请参考朱迪斯·莱特,"满足你的精神饥饿(Fulfill Your Spiritual Hungers)",《软瘾解决方案》(纽约:Penguin/Tarcher 出版社,2005)。

58 软瘾

"软瘾"这个术语由朱迪斯·莱特博士提出。请参考《软瘾解决方案》。

58 损失厌恶

"损失厌恶"是指人类本性中的一种现象,损失的痛苦超过了体验收获的喜悦。如果想深入了解损失厌恶,请参考丹尼尔·卡纳曼和阿莫斯·特沃斯基(Amos Tversky)获得诺贝尔和平奖的研究,"前景理论:分析风险背景下如何制定决策(Prospect Theory:An Analysis of Decision Under Risk)",《计量经济学》(*Econometrica*),47,1979 年第二期,263-292,以及"无风险选择的损失厌恶:以参考为基础的模式(Loss Aversion in Riskless Choice:A Reference-dependent Model)",《经济学季刊》(*Quarterly Journal of Economics*),106(1991),1039-1061。

第四章　投入:祈盼在先,行动在后

67 投入连续体

这是朱迪斯·莱特博士和鲍勃·莱特博士构建的有版权模型。类似模型请参考奥利·布拉夫曼(Ori Brafman)和洛姆·布拉夫曼(Rom Brafman)《点击:即时连接的魔力》(*Click: The Magic of Instant Connections*)(纽约:Broadway 出版社,2010)。

68 积极心理学新兴分支的研究

马丁·塞利格曼《繁荣:了解幸福快乐的新视野》(*Flourish: A Visionary New Understanding of Happiness and Well-Being*)(纽约:Free 出版社,2011),该书认为投入是真正幸福的关键因素。另可参考米哈里·契克森米哈(Mihaly Csikszentmihalyi)《心涌:最佳体验的心理学》(*Flow: The Psychology of Optimal Experience*)(纽约:哈珀柯林斯出版社,1990)。

68 要想在职场上保持快乐,关键在于有意识的投入

请参考艾米·瑞兹莱斯基(Amy Wrzesniewski)"科学告诉你能让人快乐的十件

事（Ten Things Science Says Will Make You Happy）"，《yes!》，http://www. yesmagazine.org/pdf/48/Happiness_Poster11x17.pdf。另可参考艾米·瑞兹莱斯基和简·E·杜顿（Jane E. Dutton），"创造工作：重新将雇员视为工作的积极创造者（Crafting a Job：Revisioning Employees as Active Crafters of Their Work）"，《管理学术评论》（*The Academy of Management Review*），26，2001年4月第二期，172—20。另可参考 http://www.jstor.org/stable/259118。

68 大脑活跃，会带来积极情绪

请参考格里高利·伯恩斯《满意：找寻真正满足感的科学》（纽约：Henry Holt 出版社，2005）。

68 大脑可塑性让我们学习、成长、转变并发挥潜能

请参考迈克尔·梅策尼希的理论，诺曼·多吉《改变是大脑的天性》。

68 留意、关注并刻意采取新行动

请参考大卫·洛克（David Rock）和杰弗瑞·施瓦茨（Jeffrey Schwartz），"领导力的神经学（The Neuroscience of Leadership）"，《策略和商业杂志》（*Strategy + Business Magazine*），2006年第43期，1—10。

68 对新奇体验的投入，而非单单关注结果

格里高利·伯恩斯《满意：找寻真正满足感的科学》（纽约：Henry Holt 出版社，2005）。

68 对工作的高度投入将会提高生产力

如果想深入了解投入对工作的影响，请参考大卫·洛克和唐伊远博士（Dr. Yiyuan Tang，音译），"投入的神经学（The Neuroscience of Engagement）"，《神经领导力期刊》（*NeuroLeadershipJournal*），2009，http://www.davidrock.net/files/A2_NOE_US.pdf，以及大卫·洛克和杰弗瑞·施瓦茨，"领导力的神经学"，《策略和商业杂志》，2006年第43期，1—10。

68 "坚韧"——实现长期目标所需的坚持不懈

安吉拉·达科沃斯（Angela Duckworth）首次提出这一人格特征，以此来解释个体成功的差异。请参考安吉拉·达科沃斯、克里斯托弗·皮特森（Christopher Peterson）、迈克尔·D·马修（Michael D. Matthews）和丹尼斯·R·科里（Dennis R. Kelly），"坚韧：为长期目标坚持不懈并激情永远（Grit：Perseverance and Passion for Long-Term Goals）"，《人格与社会心理学期刊》（*Journal of Personality and Social Psychology*），92，

2007 年第六期，1087−1101。

71 软瘾

请参考朱迪斯·莱特博士《软瘾解决方案》（纽约：Penguin/Tarcher 出版社，2007）。

71 长期局限性关注

也被称为长期局限性投入。如果想深入了解长期局限性关注，请参考琳达·斯通（Linda Stone），"与移动设备共享美餐（Fine Dining with Mobile Devices）"，《赫芬顿邮报》（*Huffington Post*），2008 年 1 月 9 日，http://huffingtonpost.com/linda-stone/fine-dining-with-mobile-d_b_80819.html。

71 培养真正的坚韧

乔那·莱赫（Jonah Lehrer）称之为保持"坚韧"的能力，请参考"爱是内衣的对立（Love is the Opposite of Underwear）"，http://www.wired.com/wiredscience/2011/08/love-is-the-opposite-of-underwear/。另可参考乔那·莱赫，"哪些特征能预言成功？（Which Traits Predict Success?）"，《连线》（*Wired*），http://www.wired.com/wiredscience/2011/03/what-is-success-true-grit/。

74 处在投入连续体右端的人具备另一种品质

卡罗·德威克（Carol Dweck）：《思维：新型成功心理学》（*Mindset: The New Psychology of Success*）[纽约：兰登书屋（Random House），2006]。

74 斯坦福大学心理学研究员卡罗·德威克（Carol Dweck）所提出的"成长思维"

卡罗·德威克，《思维：新型成功心理学》[纽约：兰登书屋，2006]。

77 如果你还需要证据说明名副其实的投入值得一试

请参考丹尼尔·高尔曼（Daniel Goleman），《情商》（*Emotional Intelligence*）（纽约：Bantam 出版社，1995），理查德·伯亚斯（Richard Boyatzis）以及安妮·麦基（Annie McKee）《首要领导力》（*Primal Leadership*）（波士顿：Harvard Business Review 出版社，2004）。另可参考戴安娜·弗沙，"有效情感和认知：能量、活力、喜悦、真相、欲望和改变体验的急迫现象学"，文集《情感的治愈力量》，戴安娜·弗沙、丹尼尔·西格尔及玛丽昂·索勒蒙（纽约：诺顿出版公司，2009），172−204。

77 彼得·圣吉

彼得·圣吉（Peter Senge）是组织学习协会（Society for Organisational Learning）的创建者及主席，请参考他的著作《第五项修炼：学习性组织的艺术与实践》（*The Fifth Discipline: The Art and Practice of the Learning Organisation*）（纽约：Doubleday/Currency

出版社，1990）。

78 俄罗斯心理学家、教育理论家利维·维果斯基（Lev Vygotsky）

请参考利维·维果斯基《社会思维：高级心理过程的发展》（*Mind in Society: The Development of Higher Psychological Process*）（剑桥，马萨诸塞州：哈佛大学出版社，1978）。如果想深入了解"做中学"，请参考鲍勃·莱特博士和朱迪斯·莱特博士《终生学习和个人改变的基石》（芝加哥：Evolating 出版社，2012）。如果想深入了解利维·维果斯基、约翰·杜威（John Dewey）、杰罗姆·布鲁纳（Jerome Bruner）和杰克·麦琪诺（Jack Mezirow）的教育理论，以及这些理论与莱特绩效教育的关联性，请参考朱迪斯·莱特博士《过上优质生活：变身理论》。

78 当代神经学研究显示，神经元是不间断连接在一起的

如果想深入了解从错误中学习以获得优良表现的重要性，请参考丹尼尔·科伊勒（Daniel Coyle）《天赋的密码：卓越不是与生俱来而是后天培养，方法在这里》（*The Talent Code: Greatness Isn't Born. It's Grown. Here's How*）（纽约：Bantam 出版社，2009）；杰弗里·科尔文（Geoffrey Colvin）《被高估的天赋：世界级优秀人才与其他人的真正区别》（*Talent Is Overrated: What Really Separates World-class Performers from Everybody Else*）（纽约：Portfolio 出版社，2008）；卡罗·德威克《思维》；诺曼·多吉《改变是大脑的天性》。另请参考乔那·莱赫，《我们如何决定》（*How We Decide*）（波士顿：Houghton Mifflin 出版社，2009）。

80 情感预测失误

如果想了解情感预测失误，请提摩西·威尔森和丹尼尔·吉尔伯特"情感预测：知道想要什么"，《心理学当代方向》，14，2009 年第三期：131—134。

80 焦虑

如果想了解有关焦虑的讨论，请参考戴安娜·弗沙，"有效情感和认知：能量、活力、喜悦、真相、欲望和改变体验的急迫现象学"，文集《情感的治愈力量》。如果想了解有关"极度焦虑者"的实验以及焦虑在大脑活动中的表现，请参考格里高利·伯恩斯，《传统破坏者》（*Iconoclast*）（波士顿：Harvard Business 出版社，2010）。

80 损失厌恶

"损失厌恶"是指人类本性中的一种现象，损失的痛苦超过了体验收获的喜悦。请参考丹尼尔·卡纳曼和阿莫斯·特沃斯基，"前景理论：分析风险背景下如何制定决策"，《计量经济学》，47，1979 年第二期，263—292，以及"无风险选择的损失厌恶：参考基石模式"，

《经济学季刊》，1991 年 106 期：1039-1061。

80 自我效能认知局限

如果想了解自我效能认知局限，请参考阿尔波特·班杜拉（Albert Bandura）《思想与行为的社会基础：社会认知理论》（*Social Foundations of Thought and Action: A Social Cognitive Theory*）（恩格尔伍德，新泽西州：Prentice-Hall 出版社，1986），以及卡罗·德威克《思维》。

84 任务型生活方式

任务型生活方式是莱特绩效教育的核心部分。如果想深入了解任务型生活方式和莱特绩效教育，请参考鲍勃·莱特博士和朱迪斯·莱特博士《终生学习和个人改变的基石》，以及朱迪斯·莱特博士《过上优质生活：变身理论》。

87 他说自己的生命就是一场实验

请参考 R·巴克敏斯特·福乐（R. Buckminster Fuller）《关键路径》（*Critical Path*）（纽约：St. Martin's 出版社，1981）。另可参考他的《试验品 B：56 年的实验》（*Guinea Pig B: The 56-Year Experiment*）（克莱顿，加利福尼亚州：Critical Path 出版社，2004），以及詹姆斯·T·鲍德温（James T. Baldwin）《巴克之作：巴克敏斯特·福乐对今天的构想》（*Buckyworks: Buckminster Fuller's Ideas for Today*）（纽约：John Wiley 出版社，1996）。

第五章　提升：发现目标，释放潜能

92 它们是神经元的相互交织

即所谓的赫布型学习（Hebbian learning），加拿大行为心理学家唐纳德·赫布（Donald Hebb）首次于 1949 年提出这一概念。如果想深入了解，请参考乔·迪斯潘拉《大脑进化》，184-185。如果想了解迈克尔·梅策尼希开拓性的研究，请参考诺曼·多吉《改变是大脑的天性》。

92 我们自出生后与最早关爱自己的人建立关系、沟通互动

我们从早期人际关系出发分析基质构成，如果想深入了解，请参考刘易斯·科佐林诺（Louis Cozolino），《人类关系的神经学》（*The Neuroscience of Human Relationships*）（纽约：诺顿出版社，2006），丹尼尔·西格尔《发展的思维：人际关系和大脑的互动如何改变了我们的身份》（*The Developing Mind: How Relationships and the Brain Interact to Shape Who We Are*）（纽约：Guildford 出版社，2012）。

92 神经学家所称的"经验依赖型神经发育"

有关神经发育的论述，请参考诺曼·多吉，《改变是大脑的天性》。

94 关于自己和世界的核心信念基质

请参考丹尼尔·西格尔《发展的思维》。另可参考刘易斯·科佐林诺，《人类关系的神经学》，以及"治疗社会大脑（Healing the Social Brain）"，《心理治疗的神经学》（*The Neuroscience of Psychotherapy*）（纽约：诺顿出版社，2010）。

94 正如硬科幻小说作家罗伯特·A·海莱因（Robert A. Heinlein）所言，"人类不是理性动物，而是理性化动物。"

《在永恒中分配》（*Assignment in Eternity*）（纽约：New American Library，1953）。

94《摇摆：难以抗拒的非理性诱惑》（*Sway: The Irresistible Pull of Irrational Behaviour*）一书援引了在麻省理工大学展开的一场实验

请参考奥利·布拉夫曼和洛姆·布拉夫曼，《摇摆：难以抗拒的非理性诱惑》（纽约：Doubleday 出版社，2008），71-73。

95 如果你的名字是丹尼斯（Dennis）或丹尼思（Denise）

请参考大卫·布鲁克斯，《社会动物：关爱、人格和成就的隐藏资源》（*The Social Animal: The Hidden Sources of Love, Character, and Achievement*）（纽约：兰登书屋，2011）。

95 诸如弗洛伊德和阿德勒这些开拓性精神病专家和心理学家及其后继者均认为，无意识会左右行为

如果想详细了解弗洛伊德的思想，请参考卡尔文·霍尔（Calvin Hall），《弗洛伊德心理学入门》（*A Primer of Freudian Psychology*）（克利夫兰，俄亥俄州：World Publishing 出版社，1954）；有关阿德勒的思想，请参考哈罗德·H·莫萨克（Harold H. Mosak）与迈克尔·马尼阿奇（Michael Maniacci），《阿德勒心理学入门：阿尔弗雷德·阿德勒的分析－行为－认知心理学》（*A Primer of Adlerian Psychology: The Analytic-behavioral-cognitive Psychology of Alfred Adler*）（费城：Brunner/Mazel 出版社，1999）。

95 性格心理学家奥托·兰克（Otto Rank）

请参考奥托·兰克，《艺术与艺术家：创造冲动和人格发展》（*Art & Artists: Creative Urge and Personality Development*）（纽约：诺顿出版社，1989）。兰克鼓励我们"走出主流意识形态的框架"，70。

95 存在主义哲学家，例如海德格尔（Heidegger）、克尔凯郭尔（Kierkegaard）、尼采和萨特（Sartre）

如果想深入了解存在主义对突破文化准则的思想，请参考鲍勃·莱特博士和朱迪斯·莱特博士《终生学习和个人改变的基石》。

95 "我们生来就在'他们之手'……"

请参考马丁·海德格尔（Martin Heidegger）《存在与时间》（*Being and Time*），约翰·马克奎利（John Macquarrie）和爱德华·罗宾森（Edward Robinson）翻译（纽约：Harper and Row 出版社，1962），312–313；另可参考约翰·斯塔姆博格（John Stambaugh）的译本（奥尔巴尼：纽约州立大学出版社，1996 年），248。

95 转变学习理论创始人杰克·梅兹罗（Jack Mezirow）

如果想深入了解，请参考"作为改变的学习：进步理论的核心视角（Learning as Transformation：Critical Perspectives on a Theory in Progress)"（旧金山：Jossey-Bass 出版社，2000）。

99 如果了解到我们的程序，接下来会发生什么

请参考多吉对梅策尼希的援引，另可参考《大脑进化》。另可参考 J·库尼欧斯（J. Kounios）和 M·琼比曼（M. Jung-Beeman)，"啊！洞见的认知神经学（Aha! The Cognitive Neuroscience of Insight)"，《心理学当代方向》，2009 年 18 期，210–216。

99 我们感受到肾上腺素激增，……这种刺激推动我们动起来

请参考大卫·洛克和杰弗瑞·施瓦茨，"领导力的神经学"，《策略和商业杂志》，2006 年 43 期，1–10。

103 丹尼尔·科伊勒曾论述要"燃烧"

如果想了解对优秀表现者的"燃烧"实例，请参考《天赋的密码》，97–120。

104 周哈里窗（Johari window）

乔瑟夫·勒夫（Joseph Luft）和哈里·英格拉姆（Harry Ingram）创建了周哈里窗，以此分析自我意识、个人发展、人际关系、团队活力和团队发展。

107 基质分割图

莱特和莱特的原创有版权图示。核心错误观念、相关观念和后续规矩多是基于阿尔弗雷德·阿德勒有关局限性观念及其对生活方式影响的思想。请参考阿尔弗雷德·阿德勒，《阿尔弗雷德·阿德勒个体心理学：文集精选》，（纽约：Basic 出版社，1956）。

109 自我认知预言

社会学家罗伯特·K·默顿（Robert K. Merton）提出了"自我认知预言"术语，请参考他的著作，《社会理论和社会结构》（*Social Theory and Social Structure*）（纽约：Free 出版社，1968），477。

114 要想获取并维持提升带来的启发十分困难

请参考 K·萨布拉玛尼姆（K·Subramaniam）、J·库尼欧斯、E·M·伯顿（E. M. Bowden）、T·B·帕里西（T. B. Parrish）和 M·琼比曼（M. Jung-Beeman），"积极心态、焦虑调整前扣带皮层活动以及洞见的认知准备（Positive Mood and Anxiety Modulate Anterior Cingulate Activity and Cognitive Preparation for Insight）"，《认知神经学期刊》（*Journal of Cognitive Neuroscience*），21（2012）：415-432。另可参考芭芭拉·弗雷德里克森（Barbara Frederickson），《积极》（*Positivity*）（纽约：Crown 出版社，2009）。

释放：突破束缚，精彩生活

120 尼采认为，自由和其承载的责任是真正的力量

请参考弗里德里希·尼采和瓦尔特·考夫曼《善恶的彼岸》（纽约：Vintage Books 出版社，1989），以及弗里德里希·尼采、瓦尔特·考夫曼和 R·J·霍林代尔《权力意志》（*The Will to Power*）（纽约：Vintage Books 出版社，1968）。

121 存在主义者所称的"本体自责"

请参考 R·费尔斯通，"'声音'：罪恶感反应的双重性"，《美国心理分析期刊》，47，第三期：210-229。另可参考鲍勃·莱特博士和朱迪斯·莱特博士《终生学习和改变性领导力的基础》。

121 真实自我不是接受曾经的自己

请参考马丁·海德格尔，《存在与时间》，约翰·马克奎利和爱德华·罗宾森翻译（纽约：Harper 出版社，1927，1962）。让-保罗·萨特（Jean-Paul Sartre），《存在与虚无》（*Being and Nothingness*）（纽约：Citadel 出版社，1956）；另可参考戈登·迈德洛克（Gordon Medlock），"真实的演变伦理：从人本视角到积极心理学（The Evolving Ethic of Authenticity：From Humanistic to Positive Psychology）"，《人本心理学家》（*The Humanistic Psychologist*），40，2012 年 2 月第一期，38-57。

121 那个被早期生活经验和程序（基质）塑造出来的自己

请参考维纳·厄哈德（Werner Erhard）、迈克尔·C·琼森（Michael C. Jensen）和斯蒂夫·扎夫隆（Steve Zaffron），"融合：涵盖道德、伦理和合法性的规范性现象积极模型（Integrity：A Positive Model that Incorporates the Normative Phenomena of Morality, Ethics, and Legality）"，《改变式经验：让普通人成为领导、并进入以本人和教育作为拓展思维工具的背景》（*The Transformational Experiences that Leave Ordinary People Being Leaders and Access to a Context that Uses You and Education as Stretching the Mind*），哈佛商学院谈判、组织和市场工作论文，第 10-061 号，Landmark Education 有限公司，2010 年 3 月 7 日修订；另可参考维纳·厄哈德、迈克尔·C·琼森、斯蒂夫·扎夫隆和卡利·格兰哥（Kari Granger），"成为领导者和高效领导实践导读：本体模型（Introductory Reading for Being a Leader and The Effective Exercise of Leadership：An Ontological Model）"，《哈佛商学院谈判、组织和市场研究论文集》（*Harvard Business School Negotiation, Organisations and Markets Research Papers*），2012 年 7 月 5 日。

124 你必须毅然接受实际存在的焦虑

请参考索伦·克尔凯郭尔（Søren Kierkegaard），《焦虑概念：对遗传罪恶教条问题的简单心理学导向沉思》（*The Concept of Anxiety: A Simple Psychologically Orientating Deliberation on the Dogmatic Issue of Hereditary Sin*）（普林斯顿，新泽西州：普林斯顿大学出版社，1980）。如果想深入了解存在焦虑，请参考鲍勃·莱特博士和朱迪斯·莱特博士《终生学习和改变性领导力的基础》。另可参考保罗·蒂利希（Paul Tillich），《存在的勇气》（*The Courage to Be*）（纽黑文，康涅狄格州：耶鲁大学出版社，1952）。

124 存在主义者、基督教牧师、哲学家索伦·克尔凯郭尔

请参考他的著作，《心之纯净，只待一事》（*Purity of Heart Is to Will One Thing*）（纽约：Harper 出版社，1938）。

124 人本主义心理学之父亚伯拉罕·马斯洛

亚伯拉罕·马斯洛，"人类动机理论（A Theory of Human Motivation）"，《心理学评论》（*Psychological Review*），50，1943 年第四期，370-96。

127 加州大学著名教授、神经学专家迈克尔·梅策尼希

如果想了解梅策尼希的思想，请参考诺曼·多吉《改变是大脑的天性》。

127 激活大脑可塑性依赖于崭新迥异的行为

如果想深入了解大脑可塑性和神经可塑性，请参考丹尼尔·J·西格尔《心智洞察力》、诺曼·多吉《改变是大脑的天性》、丹尼尔·科伊勒《天赋的密码》以及杰弗里·科尔文《被高估的天赋》。

128 有重点的聚焦和重复

如果想深入了解，请参考丹尼尔·J·西格尔《心智洞察力》、诺曼·多吉《改变是大脑的天性》、丹尼尔·科伊勒《天赋的密码》以及杰弗里·科尔文《被高估的天赋》。

128 在应对养成新习惯的挑战时，我们的大脑学习效率更高

请参考格里高利·伯恩斯《满意》和《传统破坏者》。

128 斯坦福心理学家卡罗·德威克

请参考卡罗·德威克，《思维》。

128 菲利普·津巴多（Philip Zimbardo）博士创立了斯坦福大学害羞诊所（Shyness Clinic）

请参考菲利普·津巴多，《害羞：是什么，如何克服》（*Shyness: What It Is, What to Do About It*）（雷丁，马萨诸塞州：Addison–Wesley 出版社，1977）。

129 大脑化学

请参考乔·迪斯潘拉，《大脑进化》。

130 华特·迪士尼（Walt Disney）曾被炒鱿鱼

请参考美林达·贝克（Melinda Beck），"有人和你一样，没有一举成功（If at First You Don't Succeed, You're in Good Company）"，《华尔街邮报》（*Wall Street Journal*），2008 年 4 月 29 日。

130 神经学研究成果证实了犯错误的作用

请参考乔那·莱赫，《我们如何决定》（*How We Decide*）（波士顿：Houghton Mifflin 出版社，2009）。另请参考丹尼尔·科伊勒《天赋的密码》以及杰弗里·科尔文《被高估的天赋》。

130 心里纠结唯恐犯错误，而不愿实际行动

请参考希安·贝洛克（Sian Beilock），《窒息：迫不得已时大脑所揭示的秘密》（*Choke: What the Secrets of the Brain Reveal About Getting It Right When You Have To*）（纽约：Free 出版社，2010）。

130 说出来，克服它

请参考马修·D·利伯曼（Matthew D. Lieberman）、娜奥米·I·埃森伯格（Naomi I. Eisenberger）、莫利·J·克洛科特（Molly J. Crockett）、萨巴利纳·M·汤姆

(Sabrina M. Tom)、詹妮弗·H·普费夫 (Jennifer H. Pfeifer)、鲍德温·M·维 (Baldwon M. Way)，"将情感化作文字：情感受到刺激时，定义情感对杏仁核行为的干扰 (Putting Feelings into Words：Affect Labelling Disrupts Amygdala Activity in Response to Affective Stimuli)"，《心理科学》(*Psychological Science*)，18（2007）：421-428，http://www.scn.ucla.edu/pdf/AL(2007).pdf and http://www.scn.ucla.edu/pdf/Lieberman-Todorov-Ch13.pdf。另可参考丹尼尔·J·西格尔，《心智洞察力》。

131 写下这些感触，或是干脆作一首诗

请参考理查德·埃利纳 (Richard Alleyne)，"美国艺术与科学研究院科学家表示，写诗能帮助大脑应对情感波动 (AAAS：Writing Poems Helps Brain Cope with Emotional Turmoil，Say Scientists)"，《每日电讯报》(*The Telegraph*)，http://www.telegraph.co.uk/culture/culturenews/4630043/AAAS-Writing-poems-helps-brain-cope-with-emotional-turmoil-say-scientists.html。

132 俄罗斯心理学家和教育家利维·维谷斯基（Lev Vygotsky）所称的博识者（More Knowledgeable Others，简称 MKOs）

请参考利维·维谷斯基，《社会思维：高级心理过程的发展》（剑桥，马萨诸塞州：哈佛大学出版社，1978）。如果想深入了解"做中学"，请参考鲍勃·莱特博士和朱迪斯·莱特博士《终生学习和个人改变的基石》（芝加哥：Evolating 出版社，2012）。如果想深入了解利维·维果斯基的教育理论，请参考朱迪斯·莱特博士《过上优质生活：变身理论》。

133 适应任务型生活方式

如果想深入了解任务型生活方式，请参考鲍勃·莱特博士和朱迪斯·莱特博士《终生学习和个人改变的基石》（芝加哥：Evolating 出版社，2012），以及朱迪斯·莱特博士《过上优质生活：变身理论》，其中详细论述了任务型生活方式的教育理论依据。

137 大脑是预测性器官

请参考格里高利·伯恩斯，《传统破坏者》。

138 眼神交流、肢体接触、鼓舞性的言辞安慰

弗吉尼亚大学情感神经学实验室（Affective Neuroscience Lab）主任詹姆斯·科安博士（Dr. James Coan）的研究显示，握住亲密伙伴的手，的确能让我们大脑中的紧张神经元镇定下来。请参考 J·A·科安、H·S·夏夫 (H. S. Schaefer) 和 R·J·大卫森 (R. J. Davidson)，"伸出一只手：面对威胁时神经反应的社会调控 (Lending a Hand：Social Regulation of the Neural Response to Threat)"，《心理学》(*Psychological Science*)，17

（2006），1032–1039。另可参考本尼迪克特·凯瑞（Benedict Carey），"小接触带来大意义的证据（Evidence That Little Touches Do Mean So Much）"，《纽约时报》，2010年2月23日。另可参考丹尼尔·J·西格尔《心智洞察力》，以及伯尼·巴登诺赫（Bonnie Badenoch），《成为大脑智慧的治疗师：人际神经生理学实战指南》（*Being a Brainwise Therapist: A Practical Guide to Interpersonal Neurobiology*）（纽约：W.W. Norton出版社，2008）。

138 "人类并未意识到自己的失败意识会阻碍他们原本可以完美完成的事情。"

保罗·纽曼（Paul Newman）在"阿布拉萨斯无极限（Abraxas Unbound）"对科林·威尔森（Colin Wilson）的采访，以及科林·威尔森的新闻简报 http://abrax7. stormloader.com/interview.htm。

139 固定思维和成长思维的对立

请参考卡罗·德威克，《思维》。

142 马斯洛将"巅峰体验"视为个体实现自我的一大标志

请参考马斯洛，《学习存在心理学》（*Toward a Psychology of Being*）（纽约：Van Nostrand Reinhold出版社，1968），以及《深入了解人类本质》（*The Farther Reaches of Human Nature*）（纽约：Penguin出版社，1993），44–45。

第七章　重塑：转变思维，转变生活

146 满足持续改变的条件

请参考丹尼尔·科伊勒的《天赋的密码》、诺曼·多吉《改变是大脑的天性》以及杰弗里·科尔文《被高估的天赋》。

148 孩子的身体会释放出脑源性神经营养因子（brain–derived neurotrophic factor，简称BDNF）

请参考多吉，"重新设计大脑（Redesigning the Brain）"，《改变是大脑的天性》，其中详细论述了梅策尼希的思想。

148 梅策尼希等神经学家已经发现，大脑形成新神经细胞……

如果想深入了解梅策尼希的思想，请参考沙隆·贝格利（Sharon Begley）《训练你的思维，改变你的大脑》（纽约：Ballantine出版社，2007），以及诺曼·多吉《改变是大脑的天性》。

149 你一定接触过 K·安德斯·埃里克森（K. Anders Ericsson）的研究

请参考马尔科姆·格拉德威尔（Malcolm Gladwell），《异数》（*Outliers*）（纽约：Little&Brown 出版公司，2008）。丹尼尔·科伊勒《天赋的密码》为埃里克森有关细致练习、表现和髓磷脂的相关研究提供了详细信息。另请参考 K·安德斯·埃里克森，"经验和细致练习对高级专家能力发展的影响（The Influence of Experience and Deliberate Practice on the Development of Superior Expert Performance)"，文集《剑桥指南：专业技能和专家表现》（*The Cambridge Handbook of Expertise and Expert Performance*），K·安德斯·埃里克森、奈尔·查尼斯（Neil Charness）、保罗·J·费托维奇（Paul J. Feltovich）和罗伯特·R·霍夫曼（Robert R. Hoffman）（纽约：剑桥大学出版社，2006）。杰弗里·科尔文的《被高估的天赋》详细论述了埃里克森的研究，并解释了细致练习的构成部分。

149 当弗拉基米尔·霍洛维茨（Vladimir Horowitz）被问及为何要如此反复练习

《天赋的密码》，第 88 页。这一说法经常会归到其它一些世界级的音乐大师，例如卢奇亚诺·帕瓦罗蒂和伊格纳奇·帕德雷夫斯基，请参考科尔文，"怎样变得优秀（What It Takes to Be Great)"，《财富》（*Fortune*）（2006 年 10 月），http://money.cnn.com/magazines/fortune/fortune_archive/2006/10/30/8391794/index.htm。

149 科尔文详细解释了细致练习的各项要求

请参考杰弗里·科尔文《被高估的天赋》以及"怎样变得优秀"。

150 草山音乐夏令营（Meadowmount School of Music）

如果想深入了解该音乐营，请参考丹尼尔·科伊勒《天赋的密码》，以及音乐营官网 http://www.meadowmount.com/。

151 事实上，等到了 35 岁，我们就很少再学习或成长了

如果想深入了解梅策尼希的思想，请参考诺曼·多吉《改变是大脑的天性》、乔·迪斯潘拉《大脑进化》，以及约翰·阿索夫于 2007 年 3 月 12 日对迪斯潘拉的采访，http://www.johnassaraf.com/resources/Joe_Dispenza-Evolve_Your_Brain_the_Science_of_Changing_Your_Mind.pdf。

151 等到了 70 岁，我们或许就不再有计划地改变大脑系统，不会再刺激神经可塑性

如果想深入了解梅策尼希关于重建大脑可塑性的研究，请参考诺曼·多吉《改变是大脑的天性》以及乔·迪斯潘拉《大脑进化》。

151 否则我们就无法重新构建大脑线路，也无法从局限性观念造成的神经化学牢笼中解脱出来

乔·迪斯潘拉《大脑进化》，以及约翰·阿索夫于 2007 年 3 月 12 日对迪斯潘拉的采访，请参见上文。

151 多年的"经验"无法带来精通

请参考杰弗里·科尔文《被高估的天赋》以及"怎样变得优秀"。

152 丹尼尔·科伊勒所说的"能力的剃刀边缘（razor edge of our ability）"

请参考"熟能生巧？（Practice Makes Perfect?）"，http://www.abc.net.au/radionational/programs/allinthemind/practice-makes-perfect/3611212。

152 研究人员所称的"学习速率（learning velocity）"

请参考丹尼尔·科伊勒《天赋的密码》。

152 正如科伊勒所说，"这和在大脑里安装宽带是同一个道理。"

请参考"提高天赋：采访丹尼尔·科伊勒：髓磷脂、技能和大脑（Growing Talent; Interview with Daniel Coyle: Myelin, Skill and the Brain）"，http://www.superconsciousness.com/topics/knowledge/growing-talent-interview-daniel-coyle。另请参考丹尼尔·科伊勒《天赋的密码》。

152 改变者不会因为小改变就停下脚步

如果想了解不停实现目标的重要性，请参考丹尼尔·科伊勒《天赋的密码》。

153 可是单靠想是实现不了改变的

请参考戴安娜·弗沙，"有效情感和认知"，文集《情感的治愈力量》，戴安娜·弗沙、丹尼尔·西格尔及玛丽昂·索勒蒙。

153 改变在希望和恐惧之间形成了激烈冲突

请参考戴安娜·弗沙，"有效情感和认知"，文集《情感的治愈力量》。

154 因为我们的大脑还有竞争可塑性

请参考梅策尼希，诺曼·多吉《改变是大脑的天性》，58-60。

155 查尔斯·杜希格（Charles Duhigg）在其《习惯的力量》（*The Power of Habit*）一书中援引了对一位妇女的研究

请参考查尔斯·杜希格，《习惯的力量》（纽约：兰登书屋，2012），ixv。

157 芭芭拉·弗雷德里克森博士构建了"拓展与建设"的积极情绪理论

芭芭拉·弗雷德里克森，《积极》。

161 跳离 OK 状态

乔舒亚·福尔（Joshua Foer），《与爱因斯坦月球漫步》（*Moonwalking with Einstein*）（纽约：Penguin 出版社，2011）。

161 吉姆·柯林斯（Jim Collins）的论断，"良好是优秀的敌人"

《良好到优秀：为何有些公司能飞跃……有些不能》（*Good to Great: Why Some Companies Make the Leap...and Others Don't*）（纽约：HarperBusiness 出版社，2001）。

161 K·安德斯·埃里克森对技能精通方面的突破性研究

请参考 K·安德斯·埃里克森，"经验和细致练习对高级专家能力发展的影响"，文集《剑桥指南：专业技能和专家表现》，K·安德斯·埃里克森、奈尔·查尼斯、保罗·J·费托维奇和罗伯特·R·霍夫曼（纽约：剑桥大学出版社，2006）。关于细致练习的详细论述，请参考杰弗里·科尔文的《被高估的天赋》。有关深入练习，请参考丹尼尔·科伊勒《天赋的密码》。

163 极具传奇性的大提琴家帕布罗·卡萨尔斯（Pablo Casals）在 90 多岁的时候

诺曼·多吉《改变是大脑的天性》，257。

164 改变你的自我认知预言循环

社会学家罗伯特·K·默顿提出了"自我认知预言"术语，请参考他的著作，《社会理论和社会结构》（纽约：Free 出版社，1968）。莱特绩效教育项目经常在个人责任和选择的存在主义原则背景下借用这一概念。

167 杰弗里·科尔文提出，你对以下两个问题的回答，将成为你能取得多少成就的基石

杰弗里·科尔文，《被高估的天赋》。

第八章　永恒：不断超越，永不停歇

172 我们就是在开发丰富的变革能源

http://www.personalbrandingblog.com/personal-branding-interview-daniel-coyle/。采访丹尼尔·科伊勒，《天赋的密码》。

172 盖瑞·麦佛森（Gary McPherson）做了一项非常有趣的研究，说明了其中原理

盖瑞·麦佛森，"承诺与练习：在学习乐器演奏的早期阶段取得成功的关键（Commitment and Practice: Key Ingredients for Achievement During the Early Stages of Learning a Musical Instrument）"，《音乐教育研究指南》（*Council for Research in Music*

Education），147（2001）：122–127。另请参考丹尼尔·科伊勒，《天赋的密码》。

172 他们进行了深入练习，这是重塑和培养专业技能的标志

请参考上文所述丹尼尔·科伊勒和杰弗里·科尔文对深入和细致练习的论述。

173 他们更有可能投入更艰苦而又细致的练习

请参考上文所述丹尼尔·科伊勒和杰弗里·科尔文对深入和细致练习的论述。

173 将改变作为自己身体一部分，这才能释放出力量

请参考"熟能生巧？"，娜塔莎·米歇尔（Natasha Mitchell）采访 K·安德斯·埃里克森、丹尼尔·科伊勒、玛利亚·提科勒（Maria Tickle）、乔利亚·维勒（Georia Wheeler）。澳大利亚广播公司，2011 年 11 月 5 日，http://www.abc.net.au/radionational/programs/allinthemind/practice–makes–perfect/3611212。另请参考 K·安德斯·埃里克森，"经验和细致练习对高级专家能力发展的影响"，文集《剑桥指南：专业技能和专家表现》，K·安德斯·埃里克森、奈尔·查尼斯、保罗·J·费托维奇和罗伯特·R·霍夫曼（纽约：剑桥大学出版社，2006）。

173 永恒，外加有目标的生活，能够刺激大脑最发达的区域

大卫·普莫特（硕士）和阿贝拖·维洛多（博士），《给大脑充电：启发的神经学》（纽约：Hay House 出版社，2011），19–20，23–31。另请参考乔·迪斯潘拉，"控制：思维和行为的额叶（Taking Control：The Frontal Lobe in Thought and Action）"，《大脑进化》，337–380。

175 缺乏永恒信念的症状

如果想深入了解额叶对决策和意图的作用，请参考乔·迪斯潘拉，"控制"，《大脑进化》，337–380。

175 "注意力密度"——类似于激光束的关注，牢牢盯住生活各领域的挑战性目标

请参考大卫·洛克和杰弗瑞·施瓦茨，"领导力的神经学"，《策略和商业杂志》，43（2006）：1–10。

176 20 世纪 60 年代，斯坦福大学展开了一场著名的棉花糖实验

请参考乔那·莱赫，"不要！自我控制的秘诀（Don't！The Secret of Self Control）"，《纽约客》（*The New Yorker*），2009 年 5 月 18 日，26–32。沃尔特·米歇尔（Walter Mischel）是斯坦福大学心理学教授，用棉花糖做实验，考察孩子们推迟获得奖赏的能力，请参考 http://www.newyorker.com/reporting/2009/05/18/090518fa_fact_lehrer。

177 传记作者沃尔特·艾萨克森（Walter Isaacson）评价富兰克林是"那一时代最有成就的美国人"

请参考沃尔特·艾萨克森，《本杰明·富兰克林：一个美国人的一生》（*Benjamin Franklin: An American Life*）（纽约：Simon & Schuster 出版社，2003），以及 H·W·布兰德斯（H. W. Brands），《第一个美国人：本杰明·富兰克林的生命和时代》（*The First American: The Life and Times of Benjamin Franklin*）（纽约：Anchor Books 出版社，2000）。

178 "……然而在这奋斗过程中，我变得更加优秀、更加快乐……"

本杰明·富兰克林，《本杰明·富兰克林自传》（*Autobiography*）（纽约：SoHoBooks 出版社，2012）。

180 我们先来检视这一阶段的六个组成部分

如果想详细了解变身的永恒环节的特点和阶段，请参考朱迪斯·莱特博士《过上优质生活：变身理论》关于永恒的章节。

180 放弃安全选择，做出成长选择

请参考马斯洛，《动机与人格》。

181 不要因为拒绝而让梦想偏离，要将失误视为有待解决的问题

罗伯特·布鲁克斯（Robert Brooks）提醒我们，"你能在任何年龄段培养复苏思维"。如果想了解更多信息，请参考美林达·贝克，"有人和你一样，没有一举成功"，《华尔街邮报》，2008 年 4 月 29 日。

182 居安思变

居安思变借用了卡纳曼（Kahneman）和特沃斯基（Tversky）的思想，《前景理论：分析风险背景下如何制定决策》（*Prospect Theory: An Analysis of Decision-Making Under Risk*）（尤金，俄勒冈州：决策研究，感知器学，1977）。所谓"居安思变"是指当一切顺利时，投入资源以实现收益最大化，而不是屏住呼吸或坐等事态恶化，然后才做出投入以扭转事态。绝大多数人都要等到情况不妙、每况愈下时才有所行动。极小的"居安思变"，即在一切顺利时就做出投入，将得到最大收获。如果想深入了解居安思变，请参考朱迪斯·莱特博士《过上优质生活：变身理论》关于永恒的章节，这一部分详细介绍了选择改变的人的投入程度。

183 有目标的生活

如果想深入了解有原则的生活，请参考朱迪斯·莱特博士《唯一决定》（*The One Decision*）中"登顶关键（The Keys to the Kingdom）"章节。有关从人类发展周期看待这些原则的论述，请参考"人类成长和发展的莱特模型（Wright Model of Human Growth and Development）"。有关该模型所吸纳的哲学和心理学理论，详细内容请参考鲍勃·莱特博士和朱迪斯·莱特博士《终生学习和个人改变的基石》。有关生命目标和发展个人及商业宗旨的详细内容，请参考罗伯特·J·莱特（Robert J. Wright），《有目标的商业：超越时间管理》（*Business with Purpose: Beyond Time Management*）（波士顿：Butterworth-Heinemann，1997）。

185 当我们向其他正在做出成绩的人看齐，就会爆发出一股动力

有关杰弗·科恩（Geoff Cohen）博士对选择、动力和目标的论述，请参考丹尼尔·科伊勒《天赋的密码》，109。另请参考同部著作中关于原始暗示和燃烧及其对动力、目标和选择的影响。

187 塞尚何止是有人帮助，他有个支持他的梦幻团队。

马尔科姆·格拉德威尔，"后起之秀：我们为何要将天才和早熟划等号？（Late Bloomers：Why Do We Equate Genius with Precocity?）"，《纽约客》，2006 年 10 月 19 日，http://www.newyorker.com/reporting/2008/10/20/081020fa_fact_gladwell。 如果想了解卡米耶·毕沙罗（Camille Pissarro）与同时代印象派画家彼此影响的感人故事，请参考欧文·斯通（Irving Stone）《光荣的深度》（*Depths of Glory*）。

第九章　改变的心

193 情商能带给我们的、经研究证实的巨大好处

如果想深入了解情商，请参考丹尼尔·高尔曼，《情商：为何比智商更重要》（*Emotional Intelligence: Why It Can Matter More Than IQ*）以及《与情商合作》（*Working with Emotional Intelligence*）（纽约：Bantam 出版社，1998），他的这两本著作将社交智能和情商发展纳入浓厚的商业背景。另请参考芭芭拉·弗雷德里克森《积极》以及理查德·大卫森"心－脑关联：社会、情感和学术学习的神经学"，http://www.Edutopia.Org/Richard-Davidson-Sel-Brain-Video。有关改善个人社交智能和情商的健康好处，请参考 S·科恩（S. Cohen）与莎拉·D·普莱斯曼（Sarah D. Pressman），"积极情绪是否影响健康？（Does Positive Affect Influence Health?）"，《心理学简报》（*Psychological Bulletin*），131，2005 年第六期，925-971，以及索亚·鲁伯米斯基（Sonja Lyubomirsky）、劳拉·金（Laura King）和艾德·迪纳（Ed Diener），"长期积极情绪的益处：快乐能否带来成功？（The Benefits of Frequent Positive Affect：Does Happiness Lead to Success?）"，《心理学简报》，131，2005年11月第六期，803–855。另请参考艾德·迪纳、卡罗·尼克森（Carol Nickerson）、理查德·卢卡斯（Richard Lucas）和艾德·桑德维克（Ed Sandvik），"性情与工作成果（Dispositional Affect and Job Outcomes）"，《社会指标研究》（*Social Indicators Research*），社会科学期刊数据库（ProQuest Social Science Journals），59，2002年9月第三期，229–259，根据研究，拥有积极情感的人，在生命当中能有更多收获。有关积极情感和诸如婚姻和快乐等满意生活的关联，请参考L·哈克（L. Harker）与D·科特纳（D. Keltner），"女子学院年度照片的积极情感表达及其与成年时代个性和生活成果的关联（Expressions of Positive Emotion in Women's College Yearbook Pictures and Their Relationship to Personality and Life Outcomes Across Adulthood）"，《个性与社会心理学期刊》（*Journal of Personality and Social Psychology*），80，2001年第一期，112–124。

194 神经学的一个分支就是致力于研究情感——情感神经学

如果想了解该领域的研究，请参考雅克·潘克赛普，"情感神经学：人类和动物情感的基础（Affective Neuroscience：The Foundations of Human and Animal Emotion）"，文集《情感的治愈力量：情感神经学、发展和临床实践》（*The Healing Power of Emotion: Affective Neuroscience, Development and Clinical Practice*）。

195 初级情感包括恐惧、愤怒、伤害、悲伤和喜悦

如果想深入了解初级情感和二级情感，请参考鲍勃·莱特博士和朱迪斯·莱特博士《终生学习和个人改变的基石》。

196 二级情感是基于我们本人独特的内在体验

请参考安东尼奥·达马西欧（Antonio Damasio），《笛卡尔的错误：情感、理性和人类大脑》（*Descartes' Error: Emotion, Reason, and Human Brain*）（纽约：Putnam出版社，1994）。

198 从演化的角度来说，每一种情感都致力于为我们提供应对各种环境所需要的资源

请参考尼科·H·弗利达（Nico H. Frijda），《情感法则》（*The Laws of Emotion*）（莫沃，新泽西州：Lawrence Erlbaum Associates出版社，2007）。另可参考尼科·H·弗利达，《情感》（*Emotions*）（剑桥，英国：剑桥大学出版社，1986）。

198 神经学研究显示，我们的情感会预测我们的需求

请参考W·G·帕洛特（W. G. Parrot）及J·舒尔金（J. Schulkin），"神经心理学

和情感的认知本质（Neuropsychology and the Cognitive Nature of the Emotioins），"《认知与情感》（*Cognition and Emotion*）7（1993），43–59；以及爱德华·W·泰勒（Edward W．Taylor），"质变学习理论：从神经生物学视角考察情感和无意识认知方法的作用（Transformative Learning Theory：A Neurobiological Perspective of the Role of Emotions and Unconscious Ways of Knowing）"，《终生教育国际期刊》（*International Journal of Lifelong Education*），20，2001 年 5 月—6 月第三期，218–236。

198 情感是我们高兴 – 痛苦机制的仲裁者

请参考鲍勃·莱特博士和朱迪斯·莱特博士《终生学习和个人改变的基石》。

198 产生力量和活力、更开阔的意识、开放的观念以及幸福的感觉

请参考芭芭拉·弗雷德里克森，《积极》（纽约：Crown 出版社，2009），以及芭芭拉·弗雷德里克森和马歇尔·洛萨达（Marcial Losada），"人类发展的积极情感和复杂动态（Positive Affect and the Complex Dynamics of Human Flouring）"，《美国心理学家》（*American Psychologist*），60，2005 年第七期，678–686。请参考戴安娜·弗沙，"有效情感和认知：能量、活力、喜悦、真相、欲望和改变体验的急迫现象学"，文集《情感的治愈力量》（戴安娜·弗沙、丹尼尔·西格尔及玛丽昂·索勒蒙编辑）。

198 它们是理性的关键

请参考安东尼奥·达马西欧，《感受发生的事情：身体、情感和意识形成》（*The Feeling of What Happens: Body, Emotion, and the Making of Consciousness*）（纽约：Harcourt Brace 出版社，1999）。

199《纽约时报》专栏作家和《社会动物》（*The Social Animal*）的作者大卫·布鲁克斯（David Brooks）

大卫·布鲁克斯，TED（技术、娱乐、设计）演讲，"社会动物"，2011 年 3 月录影并上传，http://www.ted.com/talks/david_brooks_the_social_animal.html。

199 达马西欧发现，对于那些情感中心有创伤的人而言

请参考乔那·莱赫，《我们如何决定》。

199 "僵化和混乱堤岸"

丹尼尔·J·西格尔，《心智洞察力：个人改变的新科学》（纽约：Bantam 出版社，2010）。

199 丹尼尔·高尔曼论述情感的作品

1998 年，丹尼尔·高尔曼在《哈佛商业评论》上发表的《如何成为领导者》（*What*

Makes a Leader）引起轰动，促使《哈佛商业评论》重新分析情商数据，并于 2003 年 4 月发表《未来企业规划的突破性思想》（*Breakthrough Ideas for Tomorrow's Business Agenda*），其中还援引了这篇文章。

200 只有表达出来，你才能全面感受到它们的改变力量

这一隐喻借用自詹姆斯·特维曼（James Twyman），《爱、上帝和法国烹饪艺术》（*Love, God, and the Art of French Cooking*）（卡尔斯巴德，加利福尼亚州：Hay House 出版社，2011）。

200 认知的同时去体会并感受身体里面的情绪

请参考 E·T·耿德林（E. T. Gendlin），《以聚焦为导向的心理治疗：体验方法手册》（*Focusing-oriented Psychotherapy: A Manual of the Experiential Method*）（纽约：Guildford 出版社，1996）。另可参考 L·S·格林伯格（L. S. Greenberg）及 S·C·帕维奥（S. C. Paivio），《与情感协作的心理治疗》（*Working with Emotions in Psycholtherapy*）（纽约：Guildford 出版社，1997）。另可参考 P·列温（P. Levine），《唤醒猛虎：治愈创伤》（*Waking the Tiger: Healing Trauma*）（伯克利，加利福尼亚州：North Atlantic Books 出版社，1997）。另可参考戴安娜·弗沙，"情感、真实自我、真实他者、核心状态：迈向情感改变过程的临床理论（Emotion, True Self, True Other, Core State：Toward a Clinical Theory of Affective Change Process)"，《心理分析评论》（*Psychoanalytic Review*），92，2005 年第四期，513－552。

201 力量、内在坚强和自信心

请参考戴安娜·弗沙，"情感、真实自我、真实他者、核心状态：迈向情感改变过程的临床理论"。

202 丹尼尔·西格尔的研究显示，当我们用这类方式与他人分享情感体验

丹尼尔·J·西格尔《心智洞察力》及《发展的思维》。

202 "活力、希望、信念、清晰、动力、简单、激情、真相、自我和美感"的体验

请参考戴安娜·弗沙，"有效情感和认知：能量、活力、喜悦、真相、欲望和改变体验的急迫现象学"，文集《情感的治愈力量》（戴安娜·弗沙、丹尼尔·西格尔及玛丽昂·索勒蒙编辑）。

202 实际上就是在改变我们的大脑，转变里面的表达基因

请参考理查德·大卫森，"心－脑关联：社会、情感和学术学习的神经学"，http://www.Edutopia.Org/Richard-Davidson-Sel-Brain-Video。

203 神经学家坎达斯·伯特（Candace Pert）的研究

请参考坎达斯·伯特，《情感分子：你为何能感知到你的感知》（*Molecules of Emotion: Why You Feel the Way You Feel*）（纽约：Scribner 出版社，1997）。

204 这会降低我们回忆信息的能力，也会破坏我们的认知表现

请参考大卫·洛克，《工作中的大脑：克服分心、重新聚焦、全天候更灵活工作的策略》（*Your Brain at Work: Strategies for Overcoming Distraction, Regaining Focus, and Working Smarter All Day Long*）（纽约：Harper Business 出版社，2009），以及简·M·理查德斯（Jane M. Richards）和詹姆斯·J·格洛斯（James J. Gross），"情感管理和记忆：保持头脑清醒的认知成本（Emotion Regulation and Memory：The Cognitive Costs of Keeping One's Cool）"，《人格与社会心理学期刊》，79，2000 年第三期，410–424。请参考菲利普·R·高德林（Philippe R. Goldin）、凯特利·迈克瑞（Kateri McRae）、维夫卡·拉麦尔（Wiveka Ramel）及詹姆斯·J·格洛斯，"情感管理的神经基础：消极情感的再评估和克制（The Neural Bases of Emotion Regulation：Reappraisal and Suppression of Negative Emotion）"，《生物精神病学》（*Biological Psychiatry*），63（2008）：577–586。

205 情感能力的进出和起伏

情感能力和情感管理是社会和情感智商的关键技能。进出起伏模式是莱特培训学院情感证书的情感能力课程的一部分，该学员是莱特人类潜能实现中心（Wright Foundation for the Realisation of Human Potential）的一部分。

212 出现了另一种恐惧，而且愈发重要

请参考娜奥米·I·埃森伯格及马修·D·利伯曼，"为何拒绝让人痛苦：身体和社会痛楚的共同神经警报体系（Why Rejection Hurts：A Common Neural Alarm System for Physical and Social Pain）"，《认知学趋势》（*Trends in Cognitive Sciences*），8，2004 年 7 月第七期，294–300。另可参考马修·D·利伯曼及娜奥米·I·埃森伯格，"社会生活的苦与乐（Pains and Pleasures of Social Life）"，《科学》（*Science*），323，2009 年 2 月 13 日第 5916 期，890–891。另可参考大卫·洛克，《工作中的大脑》。

212 大脑中感知社会拒绝的痛苦的区域，恰好也是感知身体痛苦的地方

请参考娜奥米·I·埃森伯格及马修·D·利伯曼，"为何拒绝让人痛苦：身体和社会痛楚的共同神经警报体系"，《认知学趋势》，8，2004 年 7 月第七期，294–300。另可参考马修·D·利伯曼及娜奥米·I·埃森伯格，"社会生活的苦与乐"，《科学》，323，2009 年 2 月

13 日第 5916 期，890–891。另可参考大卫·洛克，《工作中的大脑》。

216 我们被抚慰的能力源自于幼儿时期的人际体验

请参考刘易斯·科佐林诺《人类关系的神经学》，丹尼尔·西格尔《发展的思维》及《心智洞察力》。另可参考伯尼·巴登诺赫《成为大脑智慧的治疗师：人际神经生理学实战指南》。

217 研究证实，当人们担心要做磁共振成像

请参考詹姆斯·科安的研究，援引自苏·约翰逊（Sue Johnson）《握紧我》（*Hold Me Tight*）（纽约：Little, Brown and Company 出版社，2008）。

219 敞开心胸，感受感知，我们蓬勃发展

请参考朱迪斯·莱特博士，"四个关爱真相（The Four Loving Truths）"，《软瘾解决方案》以及"心灵方式（The Way of the Heart）"，《唯一决定》。

第十章　未来最容光焕发的自己

228 期待什么——改变的表征

改变的表征是基于针对积极偏离者的扎根理论研究数据，这也是朱迪斯·莱特的博士论文的基础，《过上优质生活：变身理论》。如果想深入了解该研究以及参与者的经历，请参考第四章"解读过上优质生活：变身理论"。

230 亚伯拉罕·马斯洛发现，懂得如何实现自我的人能够全面而敏锐地体验生活

请参考马斯洛，《学习存在心理学》以及《动机与人格》。

230 研究员米哈里·契克森米哈（Mihaly Csikszentmihalyi）是积极心理学创始人之一

请参考米哈里·契克森米哈，《心涌》（*Flow*）（纽约：Harper and Row 出版社，1990）。

236 心理学家所称的"成熟的适应能力"

请参考安娜·弗洛伊德（Ana Freud），《自我与防御机制》（*Ego and Mechanisms of Defence*）（纽约：International Universities 出版社，1946）。另可参考乔治·E·维兰特（George E. Vaillant），《适应生活》（*Adaptation to Life*）（波士顿：Little, Brown 出版社，1977）。另可参考约书亚·沃尔夫·尚克（Joshua Wolf Shenk），"什么让我们幸福？（What Makes Us Happy?）"，《大西洋月刊》（*The Atlantic*）2009 年 6 月，36–53。

236 改变者的生活印证了保罗·科尔贺（Paulo Coelho）的一句话

请参考保罗·科尔贺，《炼金术士》（*The Alchemist*）（旧金山：Harper 出版社，1993）。

239 自己有实现卓越的可能性

从存在主义者、人本哲学家到心理学家，关于人类潜能的存在素来是一个永恒主题。如果想了解更多信息，请参考鲍勃·莱特博士和朱迪斯·莱特博士《终生学习和个人改变的基石》。另可参考本书第一章修订版《改变迫在眉睫》，这一章对人类潜能从历史视角进行分析。

第十一章　如果改变大业成功了

242 额叶

乔·迪斯潘拉《大脑进化》，以及大卫·普莫特和阿贝拖·维洛多《给大脑充电》。

242 当我们思考宏大设计、宇宙大爆炸、上帝或创世主时

请参考安德鲁·纽贝格及马可·罗伯特·沃德曼《上帝如何改变你的大脑》（纽约：Ballantine press, 2009）。

致　谢

除了要感谢书中正文提及的改变者，我们还要谢谢历史上出现过的那些改变者和积极偏离者，从追求完善人生的古希腊人到当代科学家，他们探索实现神经可塑性最大化的途径。

撰写过程中，我们是站在巨人的肩膀上——阿尔弗雷德·阿德勒、弗里德里希·尼采、西格蒙德·弗洛伊德、保罗·蒂利希、卡尔·罗哲斯（译者注：20世纪美国心理学家，人本主义的创始者之一）、利维·维谷斯基及其追随者，人数众多，不计其数。在此要特别感谢简·洛文哲、克莱尔·W·格拉夫斯、唐·贝克和吉姆·莫宁斯塔，这些博士们就个人发展进行了大量研究，本书从中受益匪浅。

特别值得一提的是罗伯特·伯斯特尔，他在研究人类发展方面取得重大进展，将个体和集体工作纳入他的当代阿德勒首要关系培训项目（Contemporary Adlerian Primary Relationship Training），我们后来以此为基础提出了任务型生活方式。

我们衷心感谢本书所提到的研究者。在借用各位的研究成果时，如不慎有所失误，我们提前表示歉意，而作为一家学习型机构，我们希望，如果真有纰漏，还望您能告知我们。

在莱特人类发展模式的研究和构思中，戈登·迈德洛克博士一直是我们的思想伙伴。安吉拉·凯松、巴伯·博杰斯、凯特·霍姆凯斯特和约翰·阿奎利纳为本书付出了难以数计的时间，为各个项目通宵达旦地工作。吉利安·埃歇尔、拜瑞尔·斯托姆斯塔和格特鲁德·利昂斯也为此付出大量心血。他们日以继夜，不辞辛劳，在截止时间之前完成了"不可能完成的工作"，我们对他们的感激之情难以言表。在聘用他们之前，我们就曾提醒过，他们的工作任务将会是其他地方的两倍，可薪水只有其他地方的一半，可是那种满足感是无价之宝。他们当时满腹狐疑。现在，他们大概会同意这种说法，不过工作时间有误——工作任务是之前说的三倍。

迈克尔·茨威尔博士推动了培训机构的诞生，当然还有其他贡献。詹妮弗·斯蒂芬和迈克是我们首批学员领导，他们拓宽了我们的高级课程范围。我们培训中心其他的委员会成员和支持者（其中不少还兼任助理教员或职员）包括斯坦·V·史密斯博士、戴尼斯·达夫斯博士和唐·达夫斯博士、约翰·大卫多夫和杰奇·大卫多夫、利奇·利昂斯和格特鲁德·利昂斯、司各特·斯蒂芬和珍·斯蒂芬。

我们要向学员表达最深的谢意，他们与我们分享改变的惊奇体验，这让我们备感荣幸。我们还要感谢聆听我们演讲和接受采访的观众，以及我们的读者朋友。莱特洋溢着慷慨和贡献精神。我们的工作是真诚的社区活动。

我们还要特别感谢凯伦·威尔森·史密斯鲍尔，她为我们捐赠了很多礼物，她的慷慨解囊让莱特培训机构得以推出"实现人类潜能"的中级课程。凯伦和汤姆·泰瑞还为改变领导力中心（Foundation for Transformational Leadership）和泰瑞人类发展研究中心（Terry Human Emergence Research Institute）的高级课程捐赠资金。另一位捐赠者、我们领导力项目的"老爷子"是埃特·西尔弗。我们要特别感谢简奈特·安德森（Janet Anderson）和布莱德·安德森（Brad Anderson）等人，他们为最近的改变领导力论坛提供赞助。

伯纳德·罗斯金博士带领我们完成博士课程学习，基于此，我们才孕育了这部著作。罗伯特·摩尔博士为鲍勃提供了大量的帮助。比尔·塞德曼博士为我们的积极偏离者研究提供初期成果。为我们提供学术支持的还有朱迪·维特博士、托尼·格里高利博士、欧迪斯·西蒙斯博士和李·玛洪博士。很多人都参与了研究，并分享他们的成果。我们要特别感谢科林·康瑞特和克里斯汀娜·康瑞特、迪·达纳、玛里琳·皮尔森博士、埃里克·马西（封面设计）、女性在行动协会的女同胞们以及我们夏季领导力培训课程的参与者，他们贡献了自己的心血、智慧和资源。如果没有信念坚定、具备战略眼光的布鲁斯·维克斯勒这个专业技术过硬的编辑，这本书要想付梓出版恐怕是困难重重，甚至遥遥无期。我们要特别感谢出版商托德·伯特福、策划编辑迪安娜·盖迪敏、编辑和图书合作人克里斯汀娜·胡弗尼斯以及代理商卡罗·曼。卡罗是这段旅途的领路人。

　　我们想感谢的人如此之多，悉数列举恐怕需要另一本书的篇幅。我们最敬爱的精神祖母弗吉利亚·罗杰斯在祈祷时总说："天父，A、B、C……X、Y、Z。请您满足我愿，这世间那些姓名以这些字母开头的人，请您保佑他们。"我们也要照读这段字母，感谢那些姓名以这些字母开头的贡献者。

　　最后，我们向上苍表示最深的谢意。

作者介绍

朱迪斯·莱特博士和鲍勃·莱特博士已经培养了上千名学员。这个过程中充满了挑战和机遇。培训内容涵盖了职业、人际关系、自信和领导力。他们还帮助一些商学院毕业生登上跨国上市企业的高级行政官职位。除此之外，两位博士共同创建了旨在实现人类潜能的培训机构，提供改变教育、领导力和学习的中级课程。通过与友好机构泰瑞人类发展研究中心的合作，人类潜能培训机构还提供改变学习、领导力和指导的高级课程。朱迪斯和鲍勃已经成为美国最知名的改变领导力专家，创立了改变领导力中心和改变领导力论坛，汇集了全美的领导力专家从而挖掘出最优秀的领导人才，其中包括百思买前任首席执行官布莱德·安德森以及 2012 年论坛得奖者穆罕默德·尤纳斯。

朱迪斯·莱特博士

朱迪斯·莱特博士是颇受媒体追捧的演说家、受人尊敬的领导、畅销书作者、世界一流的导师和企业顾问，曾撰写著作《还能更好》(*There Must Be More Than This*)(Random House/Broadway Books 出版社)、《唯一决定》以及《软瘾解决方案》(*The Soft Addiction Solution*)(Penguin/Tarcher 出版社)，她向众多读者分享了她个人经实践证实的改变方法 (www.drjudithwright. com)。她是一位受人欢迎的特别生活方式专家和导师，曾接受美国广播公司 (ABC) 20/20 节目、奥普拉脱口秀、《早安美国》及《今天》等节目采访，她参加的电视广播访谈多达上百场。她被誉为"世界顶级专家"，她的文章发表在全球超过 80 家杂志报纸上，其中包括《嘉人》(*Marie Claire*)、《健身杂志》、《健康》、《美好家园》、《体型》、《纽约每日新闻》、《芝加哥论坛报》、《波士顿先驱报》、《旧金山纪事报》等。

朱迪斯·莱特博士是人类发展领域的开拓者,她创立极具典范性的无障碍大学教育模式,引发全国关注,而之后又为残疾人及其家庭赢得创新教育和早期儿童发展项目的全国示范资金,享誉全美国。这些经历揭示了人类的成功秘诀,点燃了她开发人类潜能的激情,她信念坚定,要去帮助那些背景各异的人过上优质生活。

朱迪斯·莱特博士近期的成果是基于长达十年的全面研究,这些研究即是变身过程的基石,也是本书的基础。莱特博士还创建了女性在行动协会,为妇女提供变革性的领导力培训。她具有心理学学士学位、教育学和顾问硕士学位以及博士学位(教育领导力和改变)。

鲍勃·莱特博士

鲍勃·莱特博士被很多人尊称为人类发展的领先思想家之一,也是全球知名预言家、教育家、项目推动者、作家、演说家、企业家、顾问和执行官导师。他为全美知名大型企业及极具开拓精神的新兴企业的首席执行官提供培训,被商业杂志《克瑞恩芝加哥商业》评为顶级执行官导师。鲍勃·莱特博士的"人类发展模式"极具革命性,被誉为同类中最强大、最全面的模式,将理论应用到必需的日常实践中。鲍勃·莱特博士和他的妻子朱迪斯共同创建了莱特培训机构,他极具革命性的个人和职业培训及发展方法构成了课程核心内容。这些方法不仅能带来职业辉煌,也能在生活各领域带来满足感。

鲍勃·莱特博士在不同领域都取得了成功。他是知名的广播电视节目常客,作家安德鲁·哈维称他的表现是"强硬之光"。鲍勃的著作聚焦于企业和人际技能,被翻译成多种语言,全球销量达到20万册。他创建的人力高效股份有限公司是一家全国知名公司,以员工援助和精神健康为宗旨,被美世·美定格医疗审计所及安达信会计师事务所列为全国最佳公司。鲍勃·莱特博士不仅投身于环保事业，同时还创立了男士协会，这家强大的男性组织旨在推动新型男性主义；他还建立了倾听协会，从而促进政界对环保事业的实际支持行动。

鲍勃·莱特博士的教育、指导、领导力培训和研究催生了他所称的"基础领导力"技能，这套技能对具有改变精神的领导者而言具有不可估量的推动作用。鲍勃·莱特博士建立了人类潜能实现培训机构以及改变领导力中心。他具有社会学学士学位、沟通学硕士学位、临床社会工作硕士学位以及博士学位（教育、领导和改变）。

图书在版编目（CIP）数据

持续改变才是真正的改变/（美）朱迪斯·莱特（Dr.Judith Wright），
（美）鲍勃·莱特（Dr.Bob Wright）著；蒋小虎译. --北京：华夏出版
社，2017.6

书名原文：THE SCIENCE TRANSFORMED OF SPECTACULAR
LIVING

ISBN 978-7-5080-9169-3

Ⅰ.①持…　Ⅱ.①朱…　②鲍…　③蒋…　Ⅲ.①职业选择—通俗
读物　Ⅳ.①C913.2-49

中国版本图书馆 CIP 数据核字（2017）第 067545 号

持续改变才是真正的改变

著　　者　〔美〕朱迪斯·莱特　〔美〕鲍勃·莱特
译　　者　蒋小虎
责任编辑　梅　子
责任印制　顾瑞清

出版发行　华夏出版社
经　　销　新华书店
印　　装　三河市少明印务有限公司
版　　次　2017 年 6 月北京第 1 版
　　　　　2017 年 6 月北京第 1 次印刷
开　　本　710×1000　1/16 开
印　　张　17
字　　数　250 千字
定　　价　49.00 元

华夏出版社　地址：北京市东直门外香河园北里 4 号　邮编：100028
网址:www.hxph.com.cn　　电话：（010）64663331（转）
若发现本版图书有印装质量问题，请与我社营销中心联系调换。